上图 / 1956年2月，孙敬良在苏联茹科夫斯基空军工程学院留学期间，被授予空军中尉军衔

下图 / 1978年8月，孙敬良（中）出访日本参加宇宙科学博览会

上图 / 1988 年 8 月，孙敬良在太原卫星发射中心技术阵地长征四号 A 型运载火箭首飞箭前留影

下图 / 1988 年 9 月，孙敬良（右一）等在上海出席长征四号 A 型运载火箭成功发射风云一号卫星庆祝大会

上图 / 1987 年，孙敬良（右）在上海与来访的美国登月航天员合影
下图 / 1988 年，孙敬良（右）在上海与来访的苏联第一位女航天员合影

上图 / 1991 年 12 月，孙敬良在人民大会堂接受国家科学技术进步奖特等奖颁奖

下图 / 1992 年 8 月，孙敬良（左二）与任新民（右四）等领导在即将发射第一颗第二代返回式卫星的长征二号丁运载火箭前合影留念

上图 / 1992 年8 月，长征二号丁运载火箭在酒泉卫星发射中心发射成功，第一次“龙抬头”胜利后，孙敬良露出灿烂的笑容

下图 / 2001 年，孙敬良（右二）出席上海航天局成立40 周年庆典

上图 / 1990年，孙敬良出访欧洲，参观贝多芬纪念馆

下图 / 2005年8月，孙敬良为毕业的硕士研究生拨穗授学位

上图 / 1960 年，孙敬良与夫人王莉华
下图 / 1998 年，孙敬良与夫人带着第三代游览上海动物园

2008 年4 月，孙敬良在太原卫星发射中心协调指导风云三号气象卫星工程首颗上午星发射工作

孙敬良院士传记

Academician Sun Jingliang's Biography

《中国航天院士传记丛书》总编委会　组织编写

曹海钧　著

中国宇航出版社

·北京·

图书在版编目(CIP)数据

孙敬良院士传记 / 曹海钧著 ;《中国航天院士传记丛书》总编委会组织编写. --北京 : 中国宇航出版社, 2016.8

(中国航天院士传记丛书)

ISBN 978-7-5159-1158-8

Ⅰ. ①孙… Ⅱ. ①曹… ②中… Ⅲ. ①孙敬良一传记 Ⅳ. ①K826.16

中国版本图书馆 CIP 数据核字(2016)第 185057 号

责任编辑　黄　莘
责任校对　王　妍　　**装帧设计**　宇星文化

出　版
发　行　中国宇航出版社

社　址　北京市阜成路 8 号　**邮　编**　100830
(010)60286808　(010)68768548
网　址　www.caphbook.com
经　销　新华书店
发行部　(010)60286888　(010)68371900
(010)60286887　(010)60286804(传真)
零售店　读者服务部
(010)68371105
承　印　三河市君旺印务有限公司

版　次　2016 年 8 月第 1 版
2016 年 8 月第 1 次印刷
规　格　787×960
开　本　1/16
印　张　23　**彩　插**　8 面
字　数　320 千字
书　号　ISBN 978-7-5159-1158-8
定　价　78.00 元

本书如有印装质量问题，可与发行部联系调换

《中国航天院士传记丛书》
总编委会名单

《孙敬良院士传记》
编委会名单

编审委员会

主　任　代守仑

副主任　宗文波　马　佳　张春明

委　员　徐洪青　徐伟中　李东宁

编撰委员会

主　任　代守仑

副主任　宗文波　徐洪青

委　员　翁伟樑　潘　军　徐伟中　李东宁

编审委员会办公室

主　任　潘　军

成　员　陈　沁　蒋　锋　王　卫　周剑雄　马　静
陈伟霞　张慧燕　曹海钧

序 一
Preface I

中国航天事业自1956年创建以来，已经走过50多年的发展历程。在党中央、国务院、中央军委的亲切关怀和英明领导下，中国航天人团结一心、顽强拼搏、勇于创新、无私奉献，不仅取得了以“两弹一星”、载人航天工程和月球探测工程为代表的辉煌成就，孕育形成了航天传统精神、“两弹一星”精神和载人航天精神，也造就了一支技术精湛、作风优良的航天人才队伍。

航天系统的中国科学院院士和中国工程院院士就是这支队伍的杰出代表。中国航天科技集团公司和中国航天科工集团公司先后有50多位科学家和航天工程专家当选为两院院士。其中，有7位院士获得过“两弹一星”功勋奖章，2位院士获得过国家最高科学技术奖。他们不仅是航天成就的主要创造者，也是航天精神的重要孕育者和忠实践行者。

中国航天事业是在新中国成立不久，工业实力、科技实力、综合国力都很薄弱，帝国主义严密封锁，苏联撕毁协定、撤走专家的情况下发展起来的。以航天院士为代表的中国航天人，自力更生，艰苦奋斗，奋发图强，顽强拼搏，在一穷二白的基础上，独立自主地创建起了中国的航天事业。

航天型号研制是复杂的系统工程，涉及很多领域，需要众人参与，必须大力协同、集智攻关才能完成。以航天院士为代表的中国航天人，在航天工程研制实践中，齐心协力，密切配合，实现了一次又一次技术突破，铸造了一项又一项辉煌成就。他们为祖国的航天事业作出了巨大贡献，却淡泊名利，不计得失，将个人利益置之度外。

航天事业属于尖端技术领域，难度大、风险高、技术复杂，在发展历程中碰到过很多难题，经历过各种坎坷，甚至遭受过重大失利。以航天院士为代表的中国航天人，在困难和失败面前不动摇、不退缩，树立百折不挠、锲而不舍、脚踏实地、严谨务实的工作作风，不断攻坚克难、勇攀高峰，取得了一个又一个胜利，树立了一座又一座丰碑。

今天，在由航天大国向航天强国迈进的征程中，航天院士的科学思想、创新意识、坚定信念和爱国情怀是全体航天人宝贵的精神财富。中国航天科技集团公司和中国航天科工集团公司决定出版《中国航天院士传记丛书》，不仅是为了宣传航天院士的科研成就，总结航天院士的成长规律，更是为了传承航天院士的宝贵精神，使之生生不息、薪火相传，为“续航天梦、筑强军梦、圆中国梦”的伟大实践提供精神动力和思想源泉。

许达哲

2014年1月

序 二
Preface Ⅱ

中国航天事业创建半个多世纪以来，培养和塑造了一大批功勋卓著、德高望重的中国科学院院士和中国工程院院士。他们具有坚定的理想信念和强烈的爱国情怀，理论功底深厚，技术水平高超，善于引领科学发展和技术创新，在中国航天事业发展的关键时期发挥了重要作用，为中国航天事业取得辉煌成就、孕育航天精神作出了突出贡献。

为了全面、系统地总结航天院士的成长规律，把航天院士的科学思想和创新方法记录下来、传承下去，为中国航天事业积累精神财富，为航天强国建设提供有益借鉴，中国航天科技集团公司和中国航天科工集团公司研究决定，组织编写一套《中国航天院士传记丛书》（以下简称《丛书》）。

党的十八大描绘了坚持中国特色社会主义道路、全面建成小康社会、实现中华民族伟大复兴的宏伟蓝图，同时也为加强国防和军队现代化建设、推进我国由航天大国向航天强国迈进指明了方向。在中国航天事业“续航天梦、筑强军梦、圆中国梦”的新形势下，出版这套《丛书》，具有重大的现实意义和深远的历史意义。

记载航天历史。航天院士是中国航天事业的宝贵财富，他们的成长历程反映了航天事业的发展轨迹。这套《丛书》不仅是航天院士个人的传记，也从不同侧面记载了中国航天从技术到管理、从思想到精神的真实历史。

弘扬航天文化。宣传航天院士，就是站在科学的高度，向社会各界全面宣传航天事业，弘扬航天文化，使其成为中华民族文化宝库的重要组成部分，增强中华民族的自信心、自豪感和凝聚力，提升国家的软实力。

传承航天精神。航天精神是包括航天院士在内的几代航天人，在中国航天事业发展历程中，不断积累、提炼、传承而逐渐形成的，是民族精神、时代精神与航天实践相结合的产物，是中国航天事业之魂。《丛书》全面反映了航天院士的学术成就、科学作风和思想品格，有助于航天精神薪火相传。

培育航天人才。中国航天事业已经完成了新老交替，一代航天新人正在茁壮成长。《丛书》是泽被后世的人才工程，对于培育航天人才、发展航天事业、铸造新的辉煌将产生积极的促进作用。

总之，《丛书》是一套具有航天特色的爱国主义教材，是不可多得的精神食粮。相信这套《丛书》的出版发行，必将吸引更多的年轻人热爱航天、投身航天、奉献航天，以饱满的热情和昂扬的斗志再攀高峰，使中国航天事业后继有人，蓬勃发展，续写辉煌。

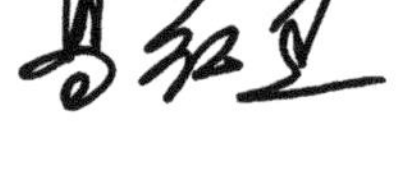

2014 年 1 月

目 录
Contents

引 言

山东在先秦时期属齐国和鲁国，故其别名曰“齐鲁”，这里是统治了中国两千多年的儒家文化发祥地。以“大成至圣先师”孔子和“亚圣”孟子为代表的一大批先贤都诞生在这块人杰地灵的土地上。

作为中华文化思想集大成者的孔子，被全世界各地的炎黄子孙尊为万世师表，他倡导“仁义”、“礼乐”、“德治教化”等哲学思想，创立的儒家学说自西汉以来被历朝历代的统治者奉为中华文化的正统，他的好学精神更为华夏儿女广泛传诵。《论语·公冶长》记载：“子曰：十室之邑，必有忠信如丘者焉，不如丘之好学也”；《史记·孔子世家》载：“孔子晚而喜《易》……读《易》，韦编三绝”；《论语·述而》载：“子曰：加我数年，五十以学《易》，可以无大过矣。”

斗转星移，时光荏苒，数千年的沧海桑田一代代传承着中华传统文化的精髓。今天，在东海之滨，居住着这样一位老人，一位为中国航天事业奋斗了大半辈子的老人，一位用成功树立起共和国丰碑的老人。他早年留学苏联，回国后主持过大发动机的研制，担任过多个运载火箭型号的总设计师和技术负责人。他带领着他的团队，攻坚克难，屡胜屡战，数次取得新型号试验首飞成功和发发成功的骄人战绩；在成功当选中国工程院院士和国际宇航科学院院士，功成名就之后，他仍以年近古稀之龄，挑战人过四十不学艺的古谚，凭借韦编三绝的精神和永不服输的气概，实现了从运载火箭总设计师到卫星工程总设计师的跨越，在多个工程项目中一次次创造着中国航天的辉煌，一次次续写着中国航天的神话。他，就是齐鲁之子——孙敬良。

他的领导们说，孙老是一名上下求索、永不服输的斗士，就像点火后的发动机，瞄准目标，勇往直前。

他的同事们说，孙总是一个高瞻远瞩、敢于担当的领导，就像零秒后的控制系统，带领队伍一次次地实现梦想。

他的学生们说，孙先生是一位朴实博学、严谨慈爱的导师，就像起飞后的惯导系统，在传道、授业、解惑中引导弟子成人成才。

他不止一次说过，自己是一个平凡的人，干过一些平凡的事。

他自认为只是一个老知识分子，而不是一个大科学家。

他主张对航天成就客观评价，实事求是。

老子曰：君子之身可大可小也。

孟子云：丈夫之志能屈能伸也。

学界泰斗季羡林先生在《一个老知识分子的心声》中写到："按我出生的环境，我本应该终生成为一个贫农。但是造化小儿却偏偏要播弄我，把我播弄成一个知识分子，从小知识分子把我播弄成一个中年知识分子，又从中年知识分子把我播弄成一个老知识分子。"[①]

---

①《收获》1995年第5期。

同为齐鲁之子的孙敬良也和季羡林先生一样，从一个农村的孩子，靠着自己的执着奋斗，通过几十年如一日的艰苦努力，成为了一名老知识分子。非淡泊无以明志，非宁静无以致远，这位老知识分子八十多年平凡人生的背后是将近一个甲子不平凡的航天经历。

孙敬良

孙敬良院士传记

Academician Sun Jingliang's Biography

第一章

求学生涯

孙敬良青少年时期的学习之路充满了曲折：酷爱国学，却学起了科学；书生本色，却投笔从戎。凭着永不服输的不懈努力，他自“泯然众人”中脱颖而出，成为了一名军人“海归”。

从孩提到青年，孙敬良一直在学习科学文化知识。无论是七七卢沟桥事变的枪炮，还是抗美援朝的硝烟，都没有挡住他的求学之路。从私塾学到高校，从中国学到苏联，子曰诗云的中华传统国学和震撼激昂的西洋交响乐在孙敬良的身上得以完美融合，统一成了他谦和儒雅的风度与舍我其谁的气魄。关外的白山黑水和异国的金顶红墙不仅成就了他严谨、博学的知识体系，同样造就了其敢于挑战、永不服输的性格特点。

1. 面壁十年图破壁

1930 年 9 月 6 日（农历庚午年七月十四），孙敬良出生在山东省掖县（今莱州市）朱由村的一个大家庭。据村史记载：明神宗万历年间，朱、由两姓由四川迁掖县立村，以姓氏取村名为朱由。巧合的是，神宗万历皇帝有两个孙子曾承继大统，君临天下，分别是明熹宗天启皇帝朱由校和明思宗崇祯皇帝朱由检。

“掖县”一名最早见于《战国策》：“（齐襄王）益封安平君（田单）夜邑万户”，这里的“夜”通“掖”，据说“夜”字源于“东莱有日夜出”——夜里有太阳出现，至今在掖县还流传着这个美丽而吉祥的传说。

掖县西连内陆，北临内海，长久以来一直是莱地中心，从西汉到中华民国的两千多年间，有 1800 多年是上级行政区的治所所在。古代中国称周边为东夷、西戎、南蛮、北狄，故又名莱夷。商朝时莱地称莱侯国，周朝为莱子国，汉高祖四年（公元前 203 年）置掖县为东莱郡治所，隋朝时有了莱州这个名字，明洪武元年（1368 年）升莱州为府，为当时山东六府之一，中华民国废府留县，由省直辖。1988 年，中华人民共和国国务院批准撤销掖县，正式更名为莱州市。

1986 年夏天，56 岁的孙敬良利用外出开会的机会，在时隔近半个世纪后第一次回到自己魂牵梦萦的故乡。再次站在这片生他养他的土地上，46 年前离家时那个对未知世界懵懵懂懂的孩子，记忆中炊烟袅袅的旧屋，慈母手中的一针一线，留下儿时足迹的沙滩，童年时期的学习生活经历……往事如电影般，一幕幕呈现在孙敬良的眼前。

弗洛伊德说：一个人的童年往往会决定一个人的一生。

孙敬良有四位伯父和一位叔父，父亲排行第五，一大家子人中有的做小生意，有的务农，正是“起于寒士，非阀阅衣冠之族”①。孙敬良有两个姐姐和一个弟弟，虽说他是家中的长子，但是父母在生活上对他并不偏爱，在他 5 岁半时便早早地将他送进了私塾，开始了对他的启蒙教育。

私塾也叫私学、民学、书馆等，是由儒生、秀才等私人开办的学校，与“学在官府”相对，教学目标是培养以修身、齐家、治国、平天下为己任的贤达文人，教授的内容通常是传统国学的人文修养和经世致用的策论学问，包括以识字启蒙教育为主的“三百千”（三字经、百家姓、千字文），人文基础、生活修养方面的礼乐，以及展现个人文学水平的诗词歌赋等。

私塾的教学内容里没有现代教育体系中的体音美等课程，只有政治课和语

① 《张太岳集》，明 · 张嗣修、张懋修整理。

文课，这对一个5岁半的孩子来说是何等的枯燥；而传统儒生笃信“教不严，师之惰”的传道理念，秉承“书读百遍其义自见”的授业方法，这对一个5岁半的孩子而言是怎样的残酷。对先生传授的子曰诗云，5岁半的孙敬良又哪能理解领会古圣先贤的微言大义，只能硬着头皮跟着大家摇头晃脑，死记硬背。尽管理解不了，但孙敬良在私塾中还是认得了不少字，听先生讲了许多古人之事，记住了一些子曰诗云，迈出了修齐治平的第一步。

孙敬良6岁时祖上分家，虽然分到了几亩薄地，但要维持一家六口人的生活还是比较困难，于是，父亲决定去东北闯荡做生意，而母亲、两个姐姐、一个弟弟还有孙敬良留守在家中。依靠父亲定期寄来的钱款和田地的收成，母亲将家里操持得井然有序。日子虽然清苦，但学业还可以继续，在如饥似渴地汲取知识的同时，课余时间拾草和摸螃蟹是孙敬良作为家庭长子的最主要职责和最大的快乐——草是家里生火做饭的燃料，螃蟹腌起来则是家里冬天的美味主菜。

田园的生活总是无忧无虑，充满了欢乐。夏天的傍晚，辛苦了一天的人们吃完晚饭，都来到村口的打谷场上吹海风纳凉。男人们三三两两地聚在一起抽烟聊天，女人们嘴里说着话，眼睛盯着场上自己家的孩子，手里还不停地忙活着针线活。最开心的当属孩子们，在大人的缝隙里钻来窜去，到处奔跑，互相追逐打闹，偶尔被大人呵斥一句，又赶紧跑开，整个打谷场上充满了欢声笑语。正如范成大在《四时田园杂兴》中描写的那样：“昼出耘田夜绩麻，村庄儿女各当家，童孙未解供耕织，也傍桑阴学种瓜。”

孙家平静的日子并没有持续多久。1937年爆发了七七卢沟桥事变，日本发动了全面侵华战争，华夏大地到处狼烟烽火，人民颠沛流离。1938年，日本侵略军打到了掖县，一辆辆挂着太阳旗的装甲车闯进了孙敬良的家乡，野蛮地打破了往日的宁静，“虏骑所过，莫不溃散”[①]。

中华民族到了最危险的时候！掖县成立了抗日民主政权，在与日寇开展武装斗争的同时，还创建了北海银行和公办学校，直接抓票子和书本。在这里吃尽了苦头的日本人认为：掖县的共产党不仅会打仗，还会搞经济和教育，诚为帝国在胶东之心腹大患。私塾读不下去了，孙敬良辗转进入了八路军办的学校继续学业。

20世纪30年代的中国已经放不下一张平静的书桌了。在战争阴影的笼罩下，为了防备日本人的随时扫荡，学校的课程时断时续，艰难维系，安心读书成了一个奢望。一天正上课时，在外面担任警戒的哨兵老师突然冲了进来，边跑边喊：“鬼子来了，大家快跑！”正在上课的孩子们立刻四处逃散。年幼的孙敬良慌不择路，情急之下竟闯进了一个死胡同。面对道路尽头远高出自己的围墙，听着不断逼近的日语叫骂声，看着墙角处被三八大盖上刺刀反射过来的光影，孙敬良拼死一跃，竟一下子翻了过去。他蜷缩在墙角下，双手紧紧捂住嘴和鼻子，大气都不敢出，心里怦怦乱跳，害怕一不小心，心脏会从嘴里跳出来。良久，日语叫骂声渐行渐远，鬼子们完成了突袭，撤回据点，孙敬良心情才渐渐平复，他打算回去继续上课，但面对刚翻过来的围墙，却怎么也翻不回去了。

儿时的求学竟以生命为赌注！这样刻骨铭心的经历也没有中断孙敬良对学业的追求。在这种极端艰难的情况下，渴望知识的孙敬良从来没有逃过一次课。他学习的课本里并没有都德的《最后一课》，也没有为中华之崛起而读书的名人名言，但伴随着侵略者渐渐远去的皮靴声，躲在墙角的孙敬良比任何人都明白自己是为何而读书。在华夏民族最为黑暗的年代，年幼的孙敬良心中燃起了星星之火。

① 《朱子语类》，南宋·朱熹。

1940年，孙敬良的母亲带着四个儿女，一家五口半夜坐船辗转到大连。生平第一次坐上火车，举家搬到哈尔滨，和父亲团聚，开始了孙氏一家人的关外历程。

关外是日本扶植的伪满洲国统治区，伪满政府对统治区的汉人实行殖民化和奴化教育，官方语言是满语和日语，哈尔滨是伪满洲国的特别市。1941年，孙敬良插班进入新城小学读四年级，一年后考入公园优级小学。1944年，孙敬良考入了四年制的哈尔滨第二高等学校。此时的德意日轴心国在第二次世界大战的各个战场上节节败退，以艾森豪威尔将军为首的盟军成功在诺曼底登陆，对希特勒的欧洲堡垒发动了大反攻；美军在太平洋战场转入进攻，大规模空袭日本本土；中国的抗日战争经过艰苦的战略防御和相持阶段，转入战略反攻。1945年8月，日本裕仁天皇发布终战诏书，日本无条件投降。

旷日持久的战争，使得孙敬良一家的日常生活难以维系，父亲决定回山东老家做生意。此时，第二高等学校也已名存实亡，无人管理，即便是想上学也没有人教。生活的艰苦并没有磨灭对知识的渴求，孙敬良依然在想方设法地读书。对他来说，只要有书读，比什么都好。

没有学校的系统教育，孙敬良又捧起了私塾的书，一位邻居老先生成了他的国学老师。在邻居的讲解和指导下，他通读了儒学经典的四书五经和《左传》《吕氏春秋》等国学的传统读物，幼时在私塾中听先生讲述的古人故事、死记硬背下来的微言大义，在这个时候得到理解，修齐治平的修养和对经世致用的认识在这个时候得到升华。在知识的海洋中，孙敬良总是忘记时间，一捧起书本，就要读到子时，直到眼睛实在睁不开才肯睡觉。

1946年6月，解放战争全面爆发，哈尔滨和山东的交通被阻隔，阻断了孙敬良的父亲和他们全家的联系。失去了主要的经济来源，作为家中的长子，孙敬良责无旁贷地挑起了养活家人的重担。这时，大姐已经出嫁，为了生计，他在大姐、姐夫开办的小药店里当起了小伙计，帮着做卖药的生意。

日子虽然艰辛，但还能勉强度日，孙敬良依然在坚持读书。白天，他帮着卖药、出力干活，靠着补贴家用剩余的零花钱买几本书，晚上，便一个人靠在床头安静地阅读。只要一有空闲时间，孙敬良就会钻进图书馆去看书。因为卖药的生意不错，孙敬良在看书时，遇到自己无法理解的问题，还会请老师来家中讲解。书，成了孙敬良青年时代最重要的伙伴。

年轻的孙敬良，像牛角挂书的李密那样刻苦读书，但从未奢望突然遇到越国公杨素。他秉承传统儒家“独善其身”的教义，沉浸在自己的书籍海洋里，为修齐治平奠定着扎实的基础，受益几十年的爱读书习惯就是这个时候养成的，“勇若孟贲，捷若庆忌，廉若鲍叔，信若尾生”①的行为准则就是从这个时候确立的，并且引领着他此后的人生。他如饥似渴地汲取着知识，朝着“兼济天下”的目标一步一步迈进。

2. 文科状元学理工

19 世纪末，帝国主义列强掀起了瓜分中国的狂潮。“俄罗斯，自北方，包我三面；英吉利，假通商，毒计中藏；法兰西，占广州，窥伺黔桂；德意志，胶州领，虎视东方”②，哈尔滨独特的地理位置及其优越的水陆交通条件，使之成为俄国沙皇政府在中国东北最先攫取的一块土地。东清铁路（后称中东铁路）的竣工通车，实现了 1895 年沙皇政府制订的西伯利亚铁路穿过中国东北到达符拉迪沃斯托克（即海参崴），进而控制东方的计划。

中东铁路建成以后，特别是在俄国十月革命胜利以后，大批俄国铁路工程技术人员及其他领域的工业技术专家纷纷携家带眷来到中国东北，大都集中到

① 《汉书・东方朔传》，东汉・班固。

② 《猛回头》，陈天华。

了哈尔滨，到这里来的商人、传教士以及形形色色的俄国人与日俱增。大批高级专业技术人才的到来，为在哈尔滨建立专门从事高等教育的大学提供了师资条件；而俄籍铁路员工子女又有着接受高等教育的迫切要求；中东铁路运营业务的迅速发展，也急需补充大量的铁路工程技术人员。在众多条件的背景下，1920 年 5 月，由中东铁路管理局创办、中苏两国政府共同管理的哈尔滨中俄工业学校正式成立，根据苏联同类性质高等工业学校的教学计划，学制四年（后改为五年），一律用俄语教学。1928 年 10 月 20 日，哈尔滨中俄工业学校更名为哈尔滨工业大学校，由中苏共管，张学良将军出任哈尔滨工业大学校理事会主席。1938 年 1 月 1 日，学校改名为哈尔滨工业大学。

沈从文先生说："凡事都若偶然的凑巧，结果却又若宿命的必然。"1947 年夏天，街坊一位邻居偶然告诉孙敬良，哈尔滨工业大学开始招生了。早就渴望重返课堂的孙敬良听到消息后兴奋不已，马上报名参加考试，凭借着多年刻苦读书的扎实功底，孙敬良不出意料地榜上有名，一同参加入学考试的邻居反而名落孙山。

孙敬良本人的意愿是进入文科高校深造国学，继续研究经世致用的学问。此时的哈尔滨没有官办的文科高校，只有一所私人办的"建国大学"招收国文专业本科生，而养家的重担使他不能选择哈尔滨以外的学校。对国学的热爱使孙敬良前去"建国大学"报名应试，凭着多年的知识积累，他取得了第一名的优异成绩。奇怪的是，"一甲头名"的孙敬良没有得到建国大学的录取通知书，他多次去考试处查询也没有结果，此事也就不了了之。而哈尔滨工业大学的这一张录取通知书，使孙敬良的人生之路偏离了他理想中的预定航线。

尽管孙敬良已经顺利通过了哈尔滨工业大学的入学考试，但哈尔滨工业大学执行苏联高等工业学校的教学计划。苏联的中学是六年制，而孙敬良在伪满时期上的中学是四年制，因此，进入哈尔滨工业大学后，必须先读 2 年包括算术、代数、几何、化学、物理、俄语等课程的“预科”。

虽然一举中第，如愿成了一名知识分子，但此时父亲尚在山东，家里还是没有固定的经济来源，孙敬良只能在下课后继续去卖药，用以维持一家人的生计。靠着预科掌握的俄语，机灵的他做起了苏联人和犹太人的药品生意。一个来回的采购和销售，在路途中就得花上几个小时，用来学习的时间就更加可贵。

在预科，年轻的孙敬良接触到了近现代中外文化。他阅读了《复活》《死魂灵》等俄国名著，了解了列夫·托尔斯泰、果戈里等一位位蜚声世界的文学巨匠；他读完了1938年版《鲁迅全集》中的每一篇文章，为鲁迅先生的投枪匕首拍案叫绝；他学习了《现代评论》《独立评论》等刊物，对胡适先生倡导的“大胆地假设、小心地求证”的治学方法佩服得五体投地……

随着解放战争逐步接近尾声，被战争阻隔的关内外交通重新恢复畅通，孙敬良的父亲从山东老家回到哈尔滨，一家人终于团聚了。孙敬良的学习和生活逐步走上正轨，他更是把所有的时间都用在了学习上。但是，由于伪满时期中学打的基础较差，尽管孙敬良很用心，但学得很吃力，他在预科成绩总是处于十几名的中等偏上水平，想再进一步十分困难，为了学好主业，修身养性的书只能先放一放了。

1948年，思想活跃、追求进步的孙敬良加入了新民主主义青年团（后更名为中国共产主义青年团）。1949年夏天，读完2年预科的孙敬良面临分系。填报志愿时，孙敬良分别选择了航空工程学系和采矿学系：选择航空工程学系是出于幼时对蓝天的神往，选择采矿学系是想实现读万卷书行万里路的愿望。

在中华人民共和国成立的那年，造化小儿播弄了年轻的孙敬良，把他对蓝天的神往留给了他的将来，帮助他进入了读万卷书行万里路的采矿学系。在采矿学系，孙敬良发愤图强，一心一意地读好专业书籍，除了完成课堂上老师布置的作业，还到外面找参考书、买习题做，对学习上的每一个问题都不放过。

3. 投笔从戎多面手

1949 年 10 月，中央军委决定，以第十四兵团机关、军委航空局和第四野战军六分部为基础，组建军委空军领导机关，在哈尔滨、长春、锦州、沈阳、济南和南苑设立航空学校。11 月 11 日，中国人民解放军空军领导机构在北京成立。至此，空军正式成为人民解放军的一个军种。刚组建的人民空军条件异常艰苦，国家也需要更多的人才投入到航空队伍中去。

1950 年农历正月十五，中国的传统节日元宵节，按中国北方的风俗：不过正月十五，春节就算没过完。此时学校还没开学，大姐、姐夫不知为什么事在家中吵了起来，喜欢安静、不愿多管闲事的孙敬良就跑回了学校。

吃完晚饭，学生们接到学校发布的通知：为了加快建设中国空军的步伐，中国人民解放军空军要在学生中挑选人员去空军航校，有意的学生可立即自愿报名接受挑选。

自幼经历过中华民族的孱弱，少年经受过日本侵略者的铁蹄，青年孙敬良深深地知道一支强大的军队对国民意味着什么。一听说可以参军，成为一名战士，尤其是成为一名空军战士，被尘封的蓝天神往立即被唤醒，男儿的热血一下子沸腾起来。他没有和家里商量，自己拿定主意，投笔从戎。

当天申请，当晚获批。孙敬良连夜收拾包裹，赶回家匆匆拿了点东西，连出去串门的母亲都顾不上等，只和父亲说了几句话，就立即赶往火车站。

母亲回家一听说大儿子要去外地参军，急忙追到火车站，可哪里还找得到儿子？想到疼爱的儿子头一次离开自己，连嘱咐的话都没说上；想到疼爱的儿子背井离乡，不知道何时才能归来，母亲不禁痛哭流涕。

在火车上颠簸了两天三夜，孙敬良到了天津，后又辗转到了北京。半个月后开始分配，孙敬良被分配到空军锦州第三航空学校。

到锦州时已经是公历的 3 月份。由于参军时走得太匆忙，孙敬良没有带上足够的衣服，他穿着一件大皮袄，忍受着多日没有洗澡的难受，怀着对未来的憧憬和对军人生涯的渴望来到了锦州。换上蓝军装，孙敬良精神抖擞地成为了一名共和国战士，开始了俄语军事气象学翻译生涯。

空军锦州第三航空学校俄语翻译奇缺，孙敬良的俄语不错，很快就进入了翻译的角色。上岗第一天，孙敬良被分配做空勤翻译，他单薄的身体让航校领导微微皱起了眉，第二天他就被“照顾”进了地勤翻译组。凭借着大学时的努力和卖药时俄语的“实战经验”，他的地勤翻译做起来算是得心应手，游刃有余。然而，日常生活俄语和航空专业俄语的词汇差别很大，初来乍到的孙敬良闹过一次笑话。一天，苏联专家说了一长串专有名词，孙敬良一时语塞，翻译不出来，连比划带“蹦字”地折腾了半天，弄得苏联专家和学员们都是一头雾水。

这件事给了年轻的孙敬良很大触动，他懂得了语言是文化底蕴的积累。从此以后，孙敬良除了课前预习外，还看了很多书，以丰富对苏联文化的了解，增加自己的俄语底蕴。一段时间后，孙敬良的俄语水平有了明显的提高，不久后被上级任命为翻译组组长。在工作上得到组织的认可是难能可贵的，但年轻的孙敬良没有丝毫骄傲，努力求知的欲望更加强烈。除了气象专业外，他还努力学习航校其他学科的俄语专业词汇及用语，为航空发动机、飞机等专业做翻译，成为了航校里“小有名气”的多面手。

4. 书山妙景勤为径

在战争废墟上刚刚建立起来的人民共和国满目疮痍，百废待兴，整个中国连一辆拖拉机都造不出来，国防工业更是无从谈起。千疮百孔的国民经济亟待恢复，工业体系的重建、各行业的复苏急需大量的专业人才。薄弱的工业基础和落后的科学技术成了年轻的共和国恢复国家经济的两只“拦路虎”。

第二次世界大战结束后，苏、美两国成为了世界上的两大头等强国，雅尔塔体系的确立，形成了战后苏美两极格局。新中国建立后，以美国为首的西方国家对中国采取敌对政策，千方百计地阻挠中国留学欧美的爱国人士返回祖国，更谈不上给中国人才和技术的援助。在这种局面下，意识形态领域的一致，使得襁褓中的新中国主动加入了以苏联为首的社会主义阵营。

新中国成立后，毛泽东主席首先出访了苏联，明确表示希望得到苏联全面援助的设想，也希望可以派遣考察团或者留学生赴苏学习，借助苏联的力量培养中国自己的科学技术人才。中、苏两国领导人签订了《中苏友好同盟互助条约》，两国关系进入一个崭新的历史阶段。

1950年，中国国内迅速掀起了全面向“老大哥”学习的高潮。“以苏为首、以俄为师”成为新中国成立之初的奋斗目标，“苏联的今天就是我们的明天”的口号响彻全国，深入人心。作为国家科学教育发展十年规划的一部分，中国决定向苏联和东欧各社会主义国家大规模派遣留学生。

留学生是时代的宠儿，承载着同胞的希望，肩负着未来建设强大祖国的光荣使命。1950年9月，中国首先和波兰、匈牙利等东欧五国达成互换留学生协议，并向五国派遣35名留学生，为此后大规模派遣留苏学生积累了经验。

机会只留给有准备的人。1951年，空军司令员刘亚楼要求从空军队伍中挑选一些青年骨干去苏联军事学院学习，以充实国家的科技力量。经过多轮考核筛选，层层选拔审批，孙敬良进入了面试的300多人大名单。再经过领导、专家最严格的联合测试，最终有30人被选送去苏联茹科夫斯基空军工程学院读书，孙敬良以出色的工作和勤奋努力，得到了造化小儿的再次播弄。

1951年是新中国第一次留苏高潮。新中国全年共派出留学生380名，有375名去了苏联。1951年秋天，孙敬良与他的战友们一起，怀揣着对先进科学知识的渴望和对异国他乡生活的憧憬，踏上了北去的列车，离开了亲爱的祖国，奔向世界上第一个社会主义国家，奔向他向往已久的茹科夫斯基空军工程学院。

乘坐了整整七天七夜的火车，穿越了大半个西伯利亚，孙敬良一行终于到了莫斯科。

第一次世界大战前，沙皇俄国是欧洲最落后的国家。十月革命胜利后，短短 20 年的时间，在完全没有外资和技术可用，又在西方的经济封锁下，苏联成功地形成了比较齐全的工业体系，基本上实现了以重工业为中心的国家工业化，从一个落后的农业国崛起，一跃成为欧洲第一、世界第二的工业强国。来到这个神奇的国度，莫斯科的一切对来自中国的学生都显得那么新鲜：火车可以在地下飞驰，上下三层的红场地铁站简直就是一个迷宫；规模化的工厂建筑宏伟，机器轰鸣；市政设施完善，铁路纵横交错，公路四通八达……孙敬良深深感受到了苏联科学技术的先进和工业化的发达，他暗自下定决心，一定要把握住这个来之不易的机会，掌握先进的科学技术和文化知识，实现报效祖国、建设强大国防的理想。

尼古拉·叶戈洛维奇·茹科夫斯基是俄国著名空气动力学家，航空科学的开创者，苏联航空的奠基人，被誉为“俄罗斯航空之父”。以他的名字命名的茹科夫斯基空军工程学院是苏联著名的军事学府，是苏联武装力量培养空军各种专业工程师的高等军事学校，是研究航空技术装备及其技术维护与战斗使用方面问题的科研中心，先后为苏军培养出了众多优秀的工程技术干部和高级将领，此时的学院院长是沃尔科夫中将。

能到这样一所功勋卓著的著名军事院校学习，孙敬良是幸运的。为了使这批中国军人留学生能够尽快地融入学院的学习和生活，苏联方面为他们安排了最好的教官，制定了适合中国学生基础的学习计划。为了提高他们的语言能力，巩固他们的基础知识，学院决定，孙敬良他们必须先读 1 年预科，再进行 5 年的本科学习。30 人按照文化基础的高低被划分到了 3 个班级，孙敬良这些“科班出身”的“知识分子”军官学员被编入高班。

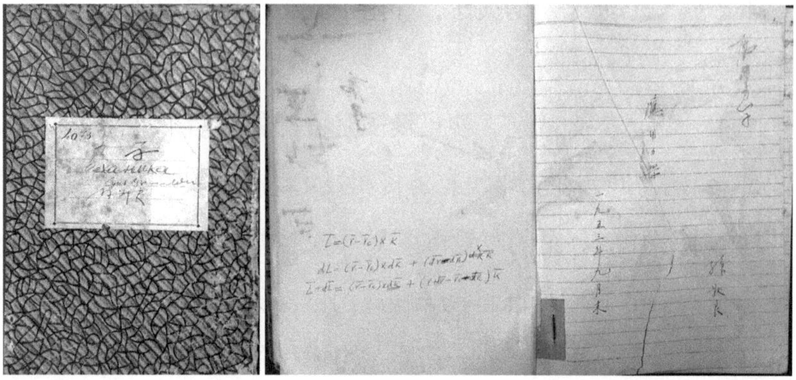

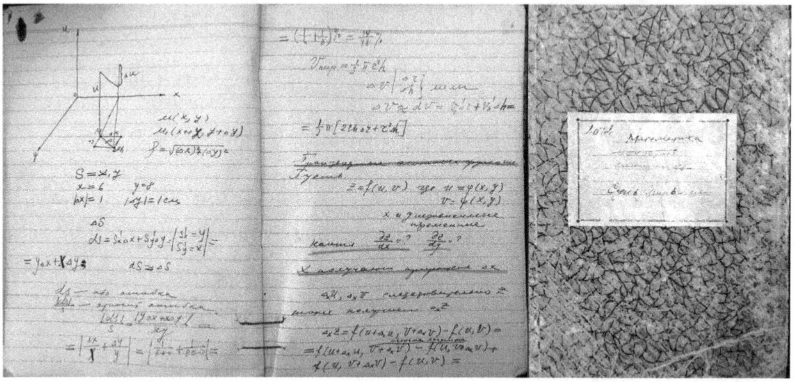

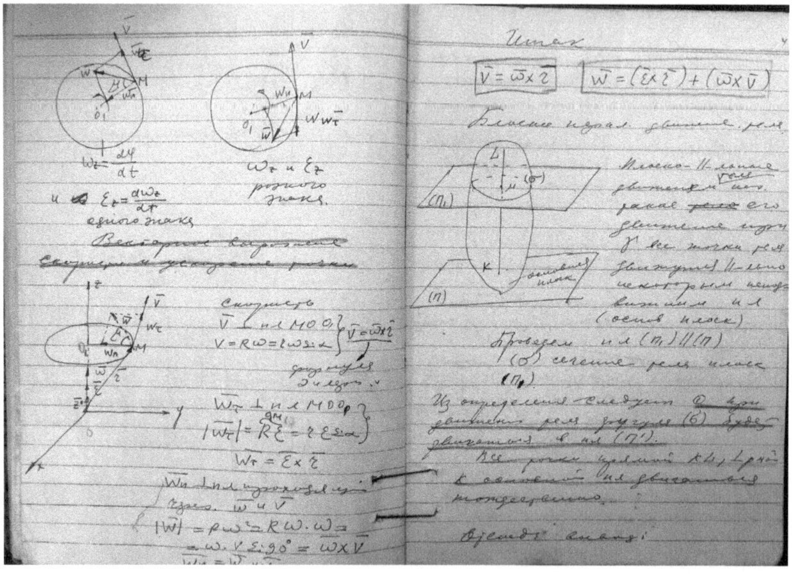

孙敬良在苏联留学时的笔记

虽然是预科高班，但是学业并不轻松。要将严厉的苏联教官规定的学习量在一年时间内保质学完，除了抓紧时间努力学习，没有任何捷径。孙敬良自知在高班中基础并不算好，因此全身心地投入到学习中，他除了睡觉外，就连吃饭都不离开书本，几乎将所有的时间都用在学习上，每天都要学到晚上十一二点，思考问题的逻辑也转变成了俄式，就连做梦说梦话说的也是俄语。发愤读书的紧迫感伴随着孙敬良度过了一个个夜晚，由于刻苦读书，他的眼睛近视了。

整整一年的预科学习，孙敬良手不释卷，深入钻研，熟读万卷，举一反三，各科的学习成绩都名列前茅，达到“熟能生巧、巧能生妙、妙能生绝、绝能生神”[①]的境界，顺利完成了基础理论学习，正式进入本科阶段。

本科低年级阶段的学习依然紧张，基础课学习的压力非常大，中国留学生们每天除了学习还是学习，在他们心里，一半教室一半宿舍的一层楼就是整个的生活空间，学习、吃饭、睡觉就是全部的生活内容。只有在每周日到市区公共浴室洗澡时，同学们才会意识到，他们是在莫斯科。

俄罗斯民族有着深厚的历史文化底蕴和较高的

①《欧阳文忠公文集》，北宋·欧阳修作，南宋·罗泌编次。

1955年，孙敬良（右一）在苏联茹科夫斯基空军工程学院学习期间，与同学纪绍钧（左一）、程映雪（左二）、李伯勇（中）、夏云辉（右二）在莫斯科高尔基公园合影留念

民众文化素养，茹科夫斯基空军工程学院的大喇叭每天都要播放震撼人心的西洋交响乐。本科学习阶段的潜移默化，使孙敬良喜欢上了交响乐。交响乐被认为是一种最复杂、最庞大、最高级的音乐体裁，被音乐家誉为“音乐皇后”。交响乐源于西方歌剧序曲，海顿将主题发展引入其中定型，被誉为“近代交响乐之父”；莫扎特奠定了近代协奏曲的形式，将交响乐的表现力进一步丰富；贝多芬集古典音乐之大成，开浪漫音乐之先河，成为西方近代音乐史上的巨人。孙敬良特别喜爱莫扎特和贝多芬的乐曲，他认为莫扎特的作品像春天的太阳一样给人愉悦和温暖，同时又不失表现深度；而贝多芬的音乐，既有莫扎特式的丰富旋律，又具有海顿式的主题发展，其高度无人企及。交响乐中蕴含着的精神力量可以陶冶人的情操，使聆听者的心灵得到净化和升华。

5. 暴风骤雪迎考验

在莫斯科这所著名的军事学院里，还有罗马尼亚、波兰、保加利亚等社会主义阵营中其他国家的学生和中国学生一起学习。学校里，起床最早的是中国学生，熄灯最晚的还是他们。孙敬良从小就有从不服输的个性，无论做什么都要跑到人家前面去。这份刻苦不仅仅用于学习知识，在军体课上也是不甘示弱。

莫斯科靠近北极圈，夏无酷暑冬有严寒。1956年冬季的一个星期天，天公作美，风和日丽，金色的阳光映照在白雪覆盖的黑土地上，一大早，苏联体育教官带着孙敬良他们30多名学生去近郊滑雪。到了滑雪场，这些风华正茂、意气风发的青年们被大自然的美景感染，在教官的带领下，他们兴高采烈地滑上山坡，又沿着滑道向下俯冲，像一片白桦叶轻盈地落下，又敏捷地飘上另一个山坡。雪地上偶有因得意忘形被摔得连滚带爬下来的战友，大家不时发出欢快的笑声。这一刻，繁重的学习压力和所有的烦恼都被抛到了九霄云外。

天有不测风云。正当大家玩得高兴时，忽然狂风呼啸，天空中乌云翻滚，鹅毛大雪顷刻间扑面而来，近在咫尺的人都看不清对方。经验丰富的体育教官大吼一声："大家快往回滑！" 所有人立即遵照军令开始折返，但滑行了一个多小时，却仍不见人烟。这时，教官和孙敬良他们都意识到：迷路了！

根据野外生存训练知识判断，教官选择了前进方向，带领大家继续前行，此时风雪更加肆虐。刚刚经过了急行军，大家又累又饿，队伍变得不那么紧凑、整齐，渐渐地，有同学开始掉队了。又滑了一段，孙敬良的衣服已经被汗水浸湿了，他的呼吸越来越急促，只有张大嘴才感觉稍微好受些。雪花飘进了他嘴里，他呼出的热气在帽檐上、衣领上、眉毛上、胡须上凝成了白霜。孙敬良咬紧牙关，紧跟在教官后面，回头望去，同学们已不见踪影，只有他一人紧紧跟随着教官。

不停地滑呀滑呀，训练有素的苏联教官都到了身体耐力的极限点，更何况一介书生的孙敬良！他真想停下来休息休息，哪怕只是5分钟也好。但他知道，一旦停下来，再要重新向前滑会更加艰难。此刻，孙敬良骨子里不服输的个性被漫天大雪激发出来：冲破极限，才是强者！风在耳边呼啸，雪片砸在脸上，手冻麻了，脚磨肿了，孙敬良什么都不去想，心中只有一个念头：跟上教官，不能掉队!

不知道又过了多久，眼前出现了熟悉的红墙和房屋，终于回到学校了！孙敬良全身充满着胜利后的兴奋，整理了一下军容，昂首挺胸地进了校园。过了相当长的一段时间，其他学员才陆陆续续回到学校。

事实上，这已不是一场与暴风雪的较量，而是一场和自己的比拼。令孙敬良感到骄傲的是，在这场战天斗己的“战役”中，中国空军战士孙敬良，不但没有被击倒，反而取得了压倒性的胜利。在后来几十年的比拼中，每当遇到困难，孙敬良都会想起这场暴风雪带给自己的财富，记忆清晰得如同昨天：在恶劣条件下，坚韧不拔，保持信心和斗志是多么的重要！在遇到挫折和困难的时候，他总是情不自禁地想到这场暴风雪，而这场暴风雪总能给他增添无穷的信心和力量，令他豪情万丈，斗志昂扬。

6.中尉党员留学生

1956年2月的一天清晨，孙敬良和班上的同学奉命来到中华人民共和国驻

1956年，孙敬良被授予空军中尉军衔

苏联大使馆，使馆大礼堂前聚集了来自军医大学、炮兵学院等中国军校的在苏留学生。今天，他们将被授予中国人民解放军军衔，成为一支正规的、各种条令和等级制度森严的人民军队的一员。

喇叭里播放着高亢的中国人民解放军军歌，“我们的队伍向太阳”响彻整个礼堂。学员们昂首挺胸，迈着整齐的步伐，列队依次进入礼堂，主席台的正中央端坐着身穿元帅服的中国人民解放军总司令朱德，他肩章上硕大的金色国徽闪闪发光。授衔仪式开始，朱德元帅宣布中央军委命令，学员们5名一组从侧面登上主席台，迈着标准的军人正步走到主席台中央，向元帅敬礼，聂荣臻元帅亲自为他们逐一颁发领章和军衔肩章。英俊消瘦的孙敬良，穿着合身的军装登上主席台，被授予空军中尉军衔。他坚定地注视着前方，肩章耀眼夺目，显得尤为意气风发。从这一天起，中国的军人将以崭新的形象出现在异国他乡的土地上。

授衔的场面隆重而庄严，强大的震撼力使得个别学员感到紧张和不适。一名学员竟紧张得将平时训练的正步走忘得一干二净，同手同脚地向主席台正中央的元帅走去。台下的学员们看得清清楚楚，但在这个庄严的场合下，没有一个人发笑，大家只是事后说起来，给留学生国外学习的枯燥生活增添了一丝欢乐。

授衔仪式结束后，中华人民共和国驻苏联大使馆刘晓大使设俄罗斯民族风味的冷餐会，招待远道而来的元帅和学员们。传说中只有黑面包的苏联，居然有这么多美味的特色食品！学员们顾不得惊讶，纷纷发扬“召之即来，来之能战”的军人作风，大快朵颐，竟然忘记了向为自己授衔的元帅敬酒致谢。元帅看着这群年轻而充满活力的军人学员，目光中充满着慈爱。

1957 年 4 月，政治优良、成绩优异、军体优秀的孙敬良光荣地加入了中国共产党，成为一名光荣的中国共产党党员。他以一名党员的标准严格要求自己，时刻牢记着自己军人和留学生的双重使命，刻苦学习着学院安排的每一门课程。

7. 领袖教导记心间

1957 年 11 月 17 日，莫斯科的冬天，地面积雪一尺多厚，数千名中国留学生从四面八方赶往莫斯科大学，毛泽东主席将在这里与莫斯科的中国留学生们见面。此次毛泽东主席率领中国代表团来到莫斯科，是为了参加苏联十月革命胜利 40 周年庆典活动，并出席各国共产党和工人党的代表大会。这是毛泽东主席第二次来到苏联，他在繁忙的外事日程之中，专程安排时间接见中国留苏学生，充分体现了党和国家领导人对这批留苏学生的重视和关怀。

从茹科夫斯基空军工程学院出发前，孙敬良在宿舍将身上的军装整了又整，皮鞋擦了又擦，直到认为哪怕是最挑剔的军容纠察站在面前，也不可能对自己的军容风纪挑出半点毛病，才和其他学员一起换乘几次地铁，来到位于莫斯科河南岸的莫斯科大学。莫斯科大学礼堂里挤满了来自全市各大学的 3000 多名中国留学生，由于座位有限，不少坐不下的同学就挤在过道上，但大家的热情丝毫不减，都想在第一时间近距离一睹领袖风采。为了保持现场秩序，孙敬良他们这些穿军装佩军衔的军官学员们被安排在主席台下的最前方位置，大家都焦急而兴奋地等待着毛泽东主席的亲切接见。

下午 6 时许，当毛泽东主席、国务院副总理兼国防部长彭德怀元帅、中共中央书记处总书记邓小平、国务院副总理乌兰夫以及杨尚昆、胡乔木等党和国家领导人迈着稳健的步伐出现在大礼堂时，全场沸腾，欢声雷动。毛主席高兴地走到主席台的前沿和两端，频频向大家挥手致意。队伍中的孙敬良仰望着主席台上敬爱的毛主席，激动之情难以言表。

毛主席向大家亲切地招手致意，等台下的欢呼声渐渐平息后，开始用浓重的湖南口音发表讲话："世界是你们的，也是我们的，但是归根结底是你们的。你们青年人朝气蓬勃，正在兴旺时期，好像早上八九点钟的太阳，希望寄托在你们身上。"毛主席热情洋溢的讲话，引发了全场一阵阵雷鸣般的掌声。

毛主席还教导同学们说：青年人应具备两点，一是朝气蓬勃，二是谦虚谨慎。讲话中，毛主席纵论天下，旁征博引，讲出了"世界上怕就怕'认真'二字，共产党就最讲认真"的名言。

为了满足更多同学亲睹领袖风采、聆听领袖教诲的愿望，毛主席又特地从大礼堂来到学生俱乐部。他微笑着对早已聚集在那里的数百名留学生说："第一，青年人既要勇敢又要谦虚；第二，祝你们身体好、学习好、工作好；第三，和苏联朋友要亲密团结。"还勉励大家"要努力学习，建设祖国，加强与苏联师生的友谊"。留学生们认真地听着毛主席说的每一个字，有的学生甚至流下了激动的眼泪。近一个半小时的接见和讲话，使大家沉浸在无比的激动和幸福之中，"为党奋斗 50 年”“为祖国工作 50 年”的口号声响彻天空。

回到学院后很久，孙敬良的耳边依然回荡着毛主席那振奋人心的话语。主席的谆谆教诲，不仅鼓舞着孙敬良他们这些在现场的留学生，而且一直鼓舞了中国整整一代人。孙敬良始终没有忘记那个激动人心的时刻，始终不忘自己是为何而读书。那个踌躇满志、饱含一腔热血、不远万里踏上异国求学之路的中国学子，在这冰天雪地的异国他乡，更加坚定了自己为强国而学习的信念。

8. 金质奖章擦肩过

茹科夫斯基空军工程学院有一个激励学生的传统做法，学院每年都会把年终考试获得全优成绩的学生照片放在学院大门口最醒目位置的“明星榜”上。如果有学生年年保持全优，他照片的位置就会一年往上挪一次，照片尺寸也一年比一年大。照片到达最顶端时，学生就到了该毕业的时候。毕业时，这些照片占据最顶端位置的学生将会荣获一枚纯金材质的“斯大林奖章”，这枚奖章是每位在茹科夫斯基空军工程学院读书的学生都梦寐以求的最高荣誉。

这样的激励政策使学员们之间的竞争激烈而持久。中国的留学生们个个都在努力争取考满分——5 分，每个人都想站在最前面和最高处，孙敬良也不例外。靠着艰辛的努力和灵活的头脑，更凭着永不服输的志气，在本科 5 年每一次的“明星榜”上，孙敬良都榜上有名。在留苏期间数百次的大小考试中，孙敬良更是次次满分，“斯大林奖章”已经在向他招手。

人的命运常常会这样，“过五关斩六将”的屡次辉煌都无法阻挡曹魏一统北方的步伐，而“走麦城”的一次失败就足以改变魏蜀吴三分天下的局面。一天，制图课老师在课上随堂测验，这是一次再平常不过的课堂小测验。孙敬良看着测验卷上的题目，脑子里飞快地思考着，手中拿着笔，三下两下就完成试题交卷了。隔天测验卷发下来，他看到卷面上一个大大的红色“4”字，顿时傻了眼。

再仔细一看，原来是少标注了一个尺寸链的关联尺寸，孙敬良后悔得直拍大腿：如此低级的错误，若是仔细检查一遍肯定能发现！可是，世界上哪里有后悔药啊！老师的一句话“这次成绩将被记录”让孙敬良品尝到了大意失荆州的苦果，这一个小小的失误，断送了孙敬良获得纯金“斯大林奖章”的机会。孙敬良创巨痛深，无比懊悔。此后的几十年间，孙敬良一直以此事告诫自己：无论做什么事情，差一丁点儿都不行。几十年慎细慎微、严谨严格的工作作风，从这时起在他的心中开始生根发芽。

9. 毕业答辩终圆满

光阴如梭。孙敬良所在的新中国空军学员班在莫斯科留学已经 6 年了，和世界上所有的高等院校一样，毕业论文是每个学员面临的最后也是最重要的挑战，是对每个学员本科阶段学习知识的最全面、最严格的检验。所有人都倍感压力，孙敬良也不例外，全身心地投入到毕业论文的写作之中。

一天早上，孙敬良由于心里惦记着前一天没有处理完的试验数据而睡不踏实，便早早地起了床，身着两星一杠的中尉军服，带上帽子，赶往距离宿舍有四五站路的学校教室。世界各国的正规军队都是等级制度森严的队伍，各国的军人条例虽然内容各不相同，但都有类似的严格规定：着军装时需戴军帽，要主动向比自己军衔高的军官敬礼，对方必须还礼。孙敬良严格执行军人条例，向路上遇到的每一个中尉以上军官举手敬礼，但却没有一个军官向他还礼。

孙敬良对这些并没有在意，他一路思考着走到了学校食堂。在门口的衣帽架旁，孙敬良机械地脱下大衣、挂上帽子，排队领饭、吃饭，满脑子都是各种数据、曲线、参数。吃完早饭，孙敬良来到衣帽架前穿上自己的大衣，可军帽怎么也找不到了，没准儿是别人拿错了，那就等等吧。等了很久，眼看食堂只剩下几个人了，也不见有人来换军帽，真是奇怪，孙敬良突然感觉衣帽架上挂着的一只黑皮帽子好眼熟，仔细一看才发现是自己的。原来，心不在焉的孙敬良身穿军服、戴着老百姓的帽子从宿舍一路走来，他这才明白为什么路上有那么多军官不向他还礼，唉，居然是自己公然“违反”了军人条例。

紧张的日子在不知不觉中悄悄过去，终于迎来了毕业论文答辩。答辩是对留苏学子们专业知识和俄语技能的双重考验，台上一分钟，台下十年功。孙敬良平时的刻苦努力终于得到了回报，6 年来的日积月累，6 年来的手不释卷，6 年来的废寝忘食，6 年来的悬梁刺股，终于赢得了毕业答辩的 5 分满分！

1958 年 4 月，寒风还在西伯利亚上空呼啸，但在世界的东方，中国的春天已经到来。在取得第一个五年计划辉煌成就的基础上，全面经济建设正如火如荼地展开。告别了异国的老师和同学，孙敬良这些中国留苏学生登上了奔向东方的火车，踏上了归国的旅途，在外学习 6 年多的留苏学员们终于要回归到祖国的怀抱。

列车在广袤的西伯利亚行进，向着古老而新生的中国飞驰。

别了，茹科夫斯基空军工程学院!

别了，莫斯科!

别了，苏维埃社会主义共和国联盟!

孙敬良

孙敬良院士传记

Academician Sun Jingliang's Biography

第二章

京华烟云

孙敬良经历了总体部“一日游”后，选择了大型液体火箭发动机研制工作作为自己毕生的职业，燃烧不稳定问题成了他工作的“伙伴”，他的目标是“我们可以骑在发动机上试车”。

“斯普特尼克1号”人造地球卫星的成功发射，标志着人类太空时代的到来，苏维埃社会主义共和国联盟在冷战时期的太空竞争中取得了领先地位，在莫斯科茹科夫斯基空军工程学院学习的孙敬良和苏联同学为之欢呼雀跃。他刚回国不久，毛泽东主席在中共八大二次会议上发出了“我们也要搞人造卫星”的号召，孙敬良和国防部第五研究院的战友们为之欢欣鼓舞，决心向苏联老大哥学习，继续人类探索太空的旅程。他并不知道，此时的社会主义阵营已经开始出现了裂痕;让他更加没有想到的是，两年后，苏联老大哥带走了在华的全部图纸资料。新中国第一代航天人，在这条布满荆棘和沼泽的天路上，靠着自己的不懈努力蹒跚前行。

1. 服从分配进航天

1955 年初冬，刚刚冲破美国当局重重阻挠回到祖国怀抱的著名科学家钱学森，来到哈尔滨军事工程学院参观访问，陪同他参观的是时任中国人民解放军副总参谋长兼哈尔滨军事工程学院院长陈赓大将。在参观炮兵工程系固体火箭试车台时，钱学森指出研制的关键问题是自动控制技术和发动机技术，盛赞“你们的研究深度实在出乎我的意料”。陈赓院长问：“钱先生，您看我们能不能自己造出火箭来？”钱学森脱口而出：“有什么不能的，外国人能造出来的，我们中国人同样能造得出来，难道中国人比外国人矮一截不成？”陈赓激动地握着钱学森的手：“好，钱先生，我就要您这句话。”爱国科学家和开国将军掷地有声的对话，激励着在场的所有人。

1956年2月，钱学森向中央呈送《建立中国国防航空工业的意见书》（出于保密要求，以航空工业代表导弹项目），他在《意见书》中提出：一个国家健全的航空工业除了制造工厂外，还应该有一个强大的、为设计服务的研究及试验单位，应该有一个做长远及基本研究的单位。这几个部门应该有一个统一的领导机构，做全面规划及安排的工作。1956年3月，国务院制订《1956~1967年科学技术发展远景规划纲要（草案）》，提出要在12年内使中国喷气和火箭技术走上独立发展的道路。1956年4月，经中央军委会议研究决定：组建导弹科学研究的领导机构——中华人民共和国航空工业委员会，直属国防部，国务院副总理聂荣臻元帅任航空工业委员会主任。1956年5月，聂荣臻向国务院和中央军委提出《建立中国导弹研究工作的初步意见》，建议组建导弹研究和管理机构。5月26日，周恩来总理主持召开中央军委会议，会议同意聂荣臻的初步意见，决定由航空工业委员会负责组建导弹研究机构（国防部第五研究院），全面负责导弹的研究、设计和试制任务。

1956年10月8日，国防部第五研究院在北京西郊空军466医院举行成立大会。中央任命钱学森为国防部第五研究院院长，聂荣臻参加大会并致辞。这是新中国第一个火箭和导弹研究机构，它的成立正式拉开了中国航天事业发展的序幕，10月8日成为新中国航天事业奠基的历史性纪念日。祖国的导弹和航天事业正在艰难起步，召唤着孙敬良他们这些在异国他乡勤奋求学、满怀报国之志的青年学子。

1956年12月，国防部第五研究院制定了“自力更生为主，力争外援和利用资本主义国家已有的科学成果”的建院方针，中国政府按照中苏相关协议，接回两发苏联援助的P-1液体近程弹道导弹（苏联仿制德国的V-2导弹）及其辅助配套设备，中国导弹的仿（研）制工作在国防部第五研究院全面展开。1957年10月4日，苏联将世界上第一颗人造地球卫星“斯普特尼克1号”成功地送入太空，集中体现了苏联科学技术的综合实力，在国际上引起了巨大的震动，苏维埃社会主义共和国联盟在冷战时期的太空竞争中取得了领先地位。正在莫斯科茹科夫斯基空军工程学院的孙敬良和他的同学们从紧张的毕业设计中抽出宝贵的时间，参加了学院组织的庆祝活动，亲身感受到了苏维埃社会主义共和国联盟举国欢庆的狂热气氛，探索外太空的高科技成就在他的心中打下了难以磨灭的烙印，星空的召唤与他报考哈尔滨工业大学航空工程学系时对蓝天的神往，产生了强烈的共鸣。

1957年10月15日，中苏双方签订了《中华人民共和国政府和苏维埃社会主义共和国联盟政府关于生产新式武器和军事技术装备以及在中国建立综合性原子工业的协定》（简称《国防新技术协定》）。协定中明确规定：从1957年至1961年年底，苏联向中国提供几种导弹样品和有关的技术资料，以及导弹研制和发射基地的工程设计资料，派遣专家帮助中国仿制导弹。11月16日，中央正式批准成立国防部第五研究院一分院，由钱学森兼任一分院院长。12月，中国再次接回两发苏联提供的P-2导弹及一套地面设备，这是苏联在P-1导弹基础上改型研制的液体近程弹道导弹。国防部第五研究院的任务是争取在建国10周年大庆前完成第一批导弹的仿制并试射。

P-2导弹的仿制工作紧张而忙碌。尽管国防部第五研究院在筹建阶段已经大规模地调用了一批科技专家，但仿（研）制任务启动后对科技人员的需求仍然十分迫切。20世纪50年代，中国的科技人员寥寥无几，而新组建的国防部第五研究院从事的是火箭和导弹技术研究，更是急需大量专业相近、政治合格的技术人才。在孙敬良他们这些留苏军官归国前，聂荣臻元帅就已经盯上了空军的这一批“宝贝”，他专程向曾与自己一块共事多年、一起出生入死的空军司令员刘亚楼上将提出要人。从全国一盘棋的大局着眼，刘亚楼答应了聂帅的要求，但是他却心疼地直搓手，向老领导诉委屈：政委向参谋长要人，参谋长再难办也不能不支持政委的工作，但现在空军也迫切急需，你好歹也要给我留几个。聂帅看到自己的老部下是真的急了，就答应给空军留 8 个人，其余人员由国家航空工业委员会统一调配。

1958 年，孙敬良（三排右二）完成在苏联茹科夫斯基空军工程学院学习回国

结束了6年多的国外留学生活，孙敬良回到了祖国。在当时的中国，苏联留学生的“头衔”代表着祖国急需的优秀人才。组织上充分考虑到这些留学生的个人意愿，尽可能做到人尽其才。在填报分配志愿时，孙敬良在志愿栏里认真地写上了“中国人民解放军军事工程学院”，他的个人意愿是做一名传道授业解惑的园丁，将自己学到的知识毫无保留地传授给更多的人。但是祖国建设的需要向他们这批“海归”提出了更高的要求和更迫切的需求。在个人意愿和祖国需要面前，他们这批从苏联学成回国的军人，无一例外地在志愿表上庄严承诺:“坚决服从分配，愿意到最艰苦的地方去工作。”

于是，这批留苏回来的军官学员按照祖国的需要，奔赴了各自的岗位。孙敬良得到了造化小儿的又一次播弄，他带着对新中国国防事业的憧憬，来到了国防部第五研究院，开始了他半个多世纪的航天生涯。在以后的几十年里，孙敬良用辛勤的汗水浇灌着心中的航天之花，终于成就了自己一生辉煌的事业。

2.放弃总体转动力

孙敬良他们回国时，正值国内的“大跃进”时期。按照规定，留学归国人员回国后的第一件事，是要参加一个短期的集中学习班，接受政治思想教育，了解和熟悉国家当前的形势，以尽快适应国内的氛围。学习班除了学习政治理论外，还组织参观祖国经济建设的大好形势。孙敬良和其他被分配到国防部第五研究院的苏联留学生们先后到了哈尔滨、长春、沈阳、本溪等地，亲身感受到了东北工业基地热火朝天的大跃进场面，被新中国大发展的火热激情深深感染，恨不得立即投身到这“乘风好去，长空万里，直下看山河”[①]的建设当中。

集中学习班的学习一结束，孙敬良就怀着激动的心情，迫不及待地来到国

①《太常引·建康中秋夜为吕叔潜赋》，南宋·辛弃疾。

防部第五研究院一分院报到。一分院位于北京南苑东高地，距离天安门城楼直线距离约13千米，这里曾经是北洋军阀的兵营，因金中都的正门——丰益门外向南五里有金朝皇帝祭天之台而得名丰台区，是紫禁城中轴线向南延伸线的最南郊。作为一名新中国自己培养出来的“军人海归”，政治可靠的孙敬良被分配到一分院总体设计部，从事导弹总体设计工作。

导弹总体设计在整个导弹系统研制中仿如处于“会当凌绝顶，一览众山小”的绝对领导地位。总体设计的主要工作是按照导弹综合性能最优的原则，将导弹的整体指标分解为各个分系统的设计要求，并对各分系统的设计指标进行整体优化，确保整颗导弹满足技术指标和可靠性指标要求，并组织大型试验进行验证。因此，总体设计工作除了政治面貌要求高以外，还对其个人素质、综合能力的要求非常高，既要精通一门有关的专业，还需要有广博的知识面，对导弹研制工作的方方面面都要有涉猎，要有很强的综合与分析能力和超强的全局观。

对于孙敬良而言，被分配到总体设计部工作，意味着国家对他们这些“军人海归”的信任和嘱托，更是国防科技事业的需要。孙敬良不是不知道，从事总体设计工作的前途十分光明，在他们面前是未来主任设计师、总设计师的康庄大道，能够进入总体设计部工作的人就等于是进了“翰林院”。但他也有自己的想法，他在苏联学的是航空发动机专业，导弹上采用的是液体火箭发动机，是为导弹提供飞行所需动力的一种高度复杂和精密的热力机械，将直接影响导弹的性能、可靠性和经济性。液体火箭发动机被称为导弹的“心脏”，是国家科技、工业和国防实力的重要体现，世界上能够独立研制液体火箭发动机的国家只有苏联、美国、英国和法国。中国要想成功仿制甚至独立自主地开展导弹研制工作，攻克液体火箭发动机的关键技术是最迫切需要解决的技术难题之一；同时，受到国内工业技术基础和材料技术水平的限制，还要攻克诸多材料和工艺方面的技术关键。刚从苏联留学归来、年轻气盛、勇于挑战的孙敬良，怀着满腔的热血，急切地盼望找到最适合自己的用武之地，那颗不安分的心就活动起来：“哪个最难、哪个最有挑战性就搞哪个，干出来最有成就感。”

被这种激情燃烧着的孙敬良来到总体部政委刘川诗的办公室，直截了当地表达了自己希望从事液体火箭发动机研制的强烈愿望。当时这批留苏学生刚刚分配到部里，刘政委并不认识才第一天上班的孙敬良，更谈不上与他熟悉，但刘政委能敏锐地感觉到，眼前这名看似瘦弱的年轻人有一股子“初生牛犊不怕虎”的劲头，应该是颗好苗子，于是他答应了孙敬良的请求。第二天，孙敬良就转到了第三设计部——液体火箭发动机设计部（简称三部）。

如果说孙敬良求学哈工大、投笔从戎、留学苏联、进入国防部第五研究院都是造化小儿播弄的话，那么在经历了导弹总体部“一日游”后，走上液体火箭发动机的研制道路，就是他自己不安分的选择。正是这样一颗不安分的心，决定了他这一生不同寻常的命运。

3. 白手起家巧计算

来到了自己选择的三部，孙敬良很快便投入到了火热的工作中。按照国家航空工业委员会的统一部署，三部正在紧张地进行着1059导弹发动机的仿制。必须通过仿制达到消化、吸收、学习、掌握导弹发动机技术的目的，为中国以后自行设计研制导弹发动机奠定基础。整个仿制过程中最为重要、最为核心的一步是反设计验证工作，就是以苏联提供导弹的实际技术指标为依据，用已有的液体火箭发动机设计的理论和方法进行导弹设计，将每一个设计阶段的理论计算结果与苏联导弹的实测数据进行比对，以理论设计指标与实测数据是否符合，来判断设计理论、方法和计算公式的正确性，不符合则要将整个设计推倒重来。在仿制的起步阶段，设计、比对、推倒重来，再设计、比对、推倒重来……循环重复的次数数不胜数。

液体火箭发动机的工作原理非常复杂，特别是燃烧室设计和燃烧过程研究仿真，不确定的因素非常多，尤其是受制于当时国家特别薄弱的材料、工艺、焊接技术、加工精度、表面处理等工业基础，任何一点儿细微的差距就会造成项目研究的失败，甚至会造成人身伤害事故，所以，三部专门设立了一个发动机燃烧室的研究室，在室里划分了几个专业组，孙敬良被分配到理论计算组。理论计算组内部又分成几个研究方向，有热力气动、水力、冷却、强度、热传导等，孙敬良的分工方向是热传导，这是发动机设计的两大难题之一，非常适合喜欢“哪个最难就搞哪个”的孙敬良，他信心十足地接受了挑战。

创业初期，无论是硬件还是软件，条件都十分艰苦和恶劣。硬件上，这些技术人员的工作环境十分简陋，孙敬良和同事们只能在南苑机场附近一个废旧的飞机机库里工作，各种物资设备也极其匮乏。北京的夏天，室内闷热无比，一个屋子分配不了一台电扇，而有电扇的屋子也不敢开，因为所有的数据和公式推导都写在稿纸上，电扇开着会把这些“心血”吹走。小伙子们便光着膀子，汗流浃背地工作，一不留神，稿纸就会粘在满是汗水的胳膊上，还要时刻注意不能让头上滴下的汗珠弄湿稿纸、模糊字迹。室外的环境也极为恶劣，南苑机场机库周围全是农田，办公厂房外都是泥土路，路上杂草丛生，路边就是农田灌溉用的水沟，水沟里面的水是绿色的，污浊不堪，水面上漂浮着细小的虫子，蚊子一团一团地飞着，随时可能撞到路人的脸上，绿头苍蝇随处可见，甚至有几次，下班的人们还看到有蛇出没，吓得扔下东西就跑，十分惊险。直到一年后，三部建起了大楼，相关配套设施也逐渐完善，厂区围墙建了起来，厂房才和周围的农田彻底分开，这些从事高科技研究工作的知识分子们的工作环境才有所改善。

软件方面，根据中苏之间的协议，火箭发动机的全套设计规范、设计图纸、工艺文件等都由苏联提供，中方技术人员在苏联专家的指导下开展仿制工作。经过消化分析，苏联提供的技术档案里有计算方法方面的部分资料，结构力学、强度等方面的材料比较翔实，算法的收敛性、收敛速度、误差分析等方方面面讲述得很详细，而孙敬良负责的热传导方向却几乎是空白，苏方没有提供任何有参考价值的技术资料。由于太专业、太偏门，当时国内的发动机热传导理论几乎就是一张白纸，仅有为数不多的国外教科书基本讲述的是液体火箭发动机的工作原理，在热传导方面的算法和仿真都是概念性地一带而过。一切需要靠孙敬良他们自己在科学的道路上艰辛地探索。

孙敬良在苏联茹科夫斯基空军工程学院学的是航空发动机专业。在三部，他全心全意地搞理论研究和计算，不久便在热传导仿真计算分析方面取得了进展。他在总结了国外液体火箭发动机对流换热试验和数据分析的基础上，对10多种计算方法进行了仿真对比，提出了较准确的传热计算方法，这种计算方法一直沿用下来，为后来中国自行设计液体火箭发动机奠定了热传导理论的基础。孙敬良被任命为理论计算组组长，由于日常接触的资料以外文为主，在三部大家都戏称他领导的这支队伍是“吃洋面包的”。

4. 初出茅庐破难关

在苏联派来的航天专家的帮助下，中国1059导弹仿制工作进展顺利。苏方派到国防部第五研究院一分院液体火箭发动机设计部的援华专家共有5人，这些专家非常愿意来华帮助中国发展导弹事业，对中国的科技人员十分友好，而中国的科研人员也抱着“以俄为师”的态度，把自己放在小学生的位置上，虚心向“老大哥”学习一切有用的科学知识，中、苏两国在国防高科技领域的传、帮、带工作进展顺利，同时也加深了中、苏两国同行之间的友谊。

正如英国前首相、老牌政治家迪斯雷利所说：“在国际关系上，没有永恒的敌人，没有永恒的朋友，只有永恒的利益。”两个大国之间的“蜜月”不可能长久，不到“蜜月”结束就会吵架。中、苏两国友好的状态没有持续多久，1960 年 7 月，苏联突然单方面撕毁了两国政府签订的合作协议，停止提供中国建设急需的所有援助设备，分批撤回在中国工作的所有专家，要求回国专家带走所有的图纸、计划和技术资料。苏方的突然变卦使得中国包括导弹仿制在内的一大批国防科技项目遭受重大打击，一些关键设备只到货了一部分就停止供应，未到的图纸资料就此不给了，等于是对中国的尖端技术特别是国防技术的研究工作釜底抽薪，使得这些工作基本处于停顿或半停顿状态，随时面临“烂尾”的风险。

在这种情况下，有的人退缩了，认为如果没有苏联的援助，中国的尖端技术特别是国防科学技术的研究工作就干不下去，只好从此“收摊”不干；但更多的中国人却选择了迎难而上。苏联单方面撕毁协定、撤走专家，虽然给刚刚起步的中国国防尖端事业造成了极大的被动和难以估计的损失，但也使中国可以不受任何限制地放手致力于自己的发展。求人的事，别人不愿意帮忙无话可说，怨天尤人无济于事，中国必须依靠自己的力量，自主发展国防尖端工业。

毛泽东主席明确指出：“1917 年到 1945 年，苏联是自力更生，一个国家建设社会主义，这是列宁主义的道路，我们也要走这个道路。要下决心搞尖端技术，赫鲁晓夫不给极好，如果给了，这个账是很难还的。”聂荣臻元帅拍案而起：没有了洋拐棍，中国人依然可以昂首挺立！领袖的气魄鼓舞着全中国各行各业的建设者们，新中国的第一代航天人被苏联背信弃义的行为激发起了无穷的力量，他们将自己的全部智慧和生命都投入到了这项伟大而壮丽的事业中，一心一意为了新生的社会主义祖国研制出“争气弹”。新中国的第一代航天人，在这条布满荆棘和沼泽的天路上，凭着自己的努力奋勇前行。

在最后一批苏联援华专家撤离中国不到 3 个月的时候，在苏联拜科努尔航天发射场，R-16 火箭（洲际导弹）发生惨烈爆炸，苏联战略火箭部队司令米·伊·涅杰林元帅以及160名苏联航天科技工作者全部遇难。半个月后，1960年11月5日，中国进行了第一发仿制近程地地弹道导弹（1059导弹）发射试验，获得圆满成功，标志着从1958年5月开始、历时两年半的P-2导弹仿制工作胜利完成。在现场指挥发射试验的聂荣臻元帅激动不已："在祖国的地平线上，飞起了我国自己制造的第一枚导弹。这是毛泽东思想的胜利，是工人、技术人员、干部以及解放军指战员辛勤劳动的成果，也是我军装备史上一个重要的转折点！"

"居安思危，思则有备，有备无患。"[①]党和国家领导人高瞻远瞩，在1059导弹仿制工作取得突破性进展之时，及时指示国防部第五研究院"应适时突破从仿制到独立设计的关口"。按照中央军委和航空工业委员会的指示，国防部第五研究院开始组织自行设计研制战略地地中近程导弹的项目论证。遵循聂荣臻副总理提出的"三步棋"原则，即同一时间关注探索研制、设计试制和定型批产的三个层次产品，通过科学而周密的论证，1959年年底，一分院第一总体设计部（弹道导弹总体设计部）提出：在仿制P-2近程导弹的基础上，设计射程增加近一倍的中近程弹道导弹。1960年3月，国防部第五研

---

①《左传》，春秋·左丘明。

究院决定今后研制工作的重点由仿制转入自行设计，正式决定进行中近程导弹（1059 改进型）的研制。根据毛泽东主席“不是东风压倒西风，就是西风压倒东风”的名言，“东风”成为中国地地导弹系列的代号，1059 改进型导弹被命名为“东风二号”。

相对于 1059 仿制导弹，东风二号导弹改进最大、最多的是液体火箭发动机，为了满足导弹总体的性能要求，必须大幅提高发动机的推力和比冲，并解决因此可能带来的其他问题。

液体火箭发动机是指使用液体推进剂的火箭发动机，一般由推力室、推进剂供应系统、发动机控制系统组成，工作参数主要有发动机推力、推进剂的流量和混合比等。推力是表示火箭发动机性能的主要参数之一，它包括推进剂在推力室中燃烧产生的高温燃气经过喷管高速喷射而产生的反作用力，以及喷管出口的压差力。比冲是表示火箭发动机性能的另一个重要参数，它表示火箭发动机在稳定工作状态下，每单位质量流量的推进剂所产生的推力值，两者直接表征了火箭发动机的性能优劣。

东风二号导弹发动机被命名为 5D60（后改为 YF-60），相比 1059 导弹发动机 5D52 的推力指标要求，东风二号导弹发动机的设计推力需要增加 20%，才能满足东风二号导弹的飞行试验要求。在 5D52 发动机的基础上，按照东风二号导弹总体对 5D60 发动机的指标要求，设计人员对 5D52 发动机进行了挖潜、改进，初步设计结果表明：5D52 发动机的 168 件组合件中，5D60 发动机可以沿用的仅为 62 件，其余 106 件组合件都需要进行重新设计或做适应性的改进设计。

为了满足导弹总体的要求，发动机设计人员采取了大幅增加推进剂流量的方法来提高发动机的推力，与之相应的燃烧室、贮箱、管道等壁厚也随之进行了再设计，以避免出现可能存在的不安全性问题。即便如此，在发动机热试车时还是出现了故障：改进后的发动机热试车产生的大振动引发了发动机管道、壳体等多处破裂，造成了发动机内部推进剂泄漏并起火燃烧，新设计的发动机被严重损坏。

试车失败了，5D60 发动机成了东风二号导弹研制工作的难中之难和急中之急。针对这个问题，三部成立了技术攻关组进行专题攻关。东风二号导弹设计委员会副主任委员、三部主任任新民十分关注攻关的进展情况，他专程找到了理论计算组组长孙敬良，要求他带领理论组气动小组参与技术攻关，解决这个棘手的问题。

技术攻关组对试车数据、故障现象进行了认真的分析研究，随着对问题认识的一步步深入，他们的意见渐渐集中，基本分成了两派，分别提出了各自的解决方法：一种是“抗振”思路，试验中哪个地方坏了，就说明此处的振动量级超过了材料的弹性范围，那么就在这个地方采取加固措施进行局部加强；另一种是“减振”思路，彻底弄清楚推进剂燃烧的工作原理和产生大振动的原因，设法让推进剂平稳燃烧，以减小对结构件的扰动和冲击。

“抗”派和“减”派争执不下，两派的分歧实际上源于提出者各自的专业领域知识，搞结构设计的人主张采用抗振方法，搞理论计算的人主张采用减振方法，但目的都是一个，就是为了搞成 5D60 发动机，提高发动机工作的可靠性，推进东风二号导弹的研制工作。孙敬良认为，抗振的手段固然有效，而且是速效，但只能是短效，属于治标不治本，要彻底解决这个问题，还是要用减振的手段，从根本上查清振动产生的原因，然后对症下药，才能真正治本，从而实现长效。

双方争论的层次已经从解决具体问题的方法，上升到了导弹研制工作的思路：在研制工作遇到难题的时候，“头痛医头、脚痛医脚”的办法，看起来似乎“不求甚解，比较愚蠢”，但在工程研制中往往行之有效，采取的措施对工程其他系统的影响相对较小，可以在确保成功的前提下加快研制进度，站在大总体的高度上看它是一种优化，是工程师的常用方法，但只是就事论事，没有从根本上采取措施解决问题，同类问题以后必然还会发生；而从原理上搞清问题发生的原因，进而有针对性地采取合理措施，对症下药，可以一劳永逸地使此类问题不再重复发生，是解决问题的最优化方法和最科学态度，是科学家的思维方法，但受制于型号研制进度和经费限制，可能产生进展缓慢而花费较大的结果，同时对工程其他系统影响较大的措施往往因各自的困难而无法实现，进而影响问题的彻底解决。

“抗”和“减”两派意见，各有各的道理，谁也说服不了谁。为了不耽误研制进度，任新民拍板，一锤定音：两条腿走路，抗振和减振双管齐下，结构设计线沿着抗振的思路采取相应措施，理论计算线沿着减振的思路开展研究工作。

于是，孙敬良带领着他的理论计算组，沿着科学家的思维方法开展了减振的研究工作。第一步，他们把所有故障现象归纳出来，认真分析了每次试车的故障现象和所有测量数据。发动机热试车时振动的幅度确实很大，从而确定造成试车失败的根源是发动机内部产生的振动，而不是某些管路的局部缺陷。而第二步则是要找出振动产生的原因是什么，振源在哪里，振动的性质是怎样的，这是解决发动机振动问题的关键。

孙敬良带领全组人员通过认真的讨论，确定了工作方案。首先是测量振型。燃烧室内部的环境十分恶劣，气体压力极大，燃烧温度高达3000摄氏度，一般材料都会被熔化，在这么高温度的情况下要去测量，难度之大可想而知，同时也是技术关键。孙敬良他们想方设法，使用进口的水冷压力脉动传感器及相关辅助设备去测量燃烧室压力脉动。对频率和波形幅值、相位的测量表明，每次测量结果都差不多，频谱分析表明，突出频率都在630赫兹左右；通过测量，确定振动产生的原因是由于使用大幅度增加推进剂流量的方法来增大推力，从而引发了与生俱来的大噪声；通过压力脉动、机械振动、应变等测量参数分析，认识到燃烧室工作过程中产生的中频纵向型压力振荡是发动机大振动的振源，进而通过计算推导和模拟仿真确定了与输送系统的耦合关系。根据试验测试数据，并通过燃烧理论分析，他们判定：燃烧室在工作过程中产生了燃烧不稳定现象，这是造成发动机产生大振动的主要原因。

根据试验与计算相结合的研究结果，“减”派提出了预燃室延伸、在预燃室与燃烧室连接的地方焊接加强片的解决方案，但改造后进行的试验结果表明，减振效果并不理想；再次经过反复的理论仿真与计算，“减”派又提出把预燃室液氧喷头流量加大的改进方案。但此时“抗”派的抗振方法已经奏效，通过对一些薄弱环节进行加固处理，同时采取了将发动机的推力适当降低的方法，改造后进行的试验结果表明，这些措施取得了立竿见影的效果，于是上级决策在东风二号导弹研制工作中采用抗振措施，减振这条路就没有再继续探索下去。

千辛万苦的工作成果没有被上级采用，意味着理论组的方法并没有得到认可，大家的情绪比较失落。作为组长的孙敬良鼓励大家，理论组在发动机燃烧方面作出了开拓性的贡献：掌握了燃烧不稳定性的测量、分析技术，测量了振源，拥有了高温、高压下振源的测量方法……这些都是别人没有走过的路，已经在国内领先了。“十年寒窗无人问，一举成名天下知。”[①]这些前瞻性的工作不会白费，一定会有走上前台的那一天。

1962 年 3 月 21 日，东风二号导弹在酒泉导弹试验基地进行首次飞行试验。起飞几秒钟后，导弹弹体出现了较大幅度的摆动和侧向滚动，不久发动机起火，21 秒，导弹失控，69 秒，导弹坠毁于发射台附近。

1962 年 5 月至 6 月，总体单位先后组织召开了 9 次故障分析会，会上提出了动力装置的可靠性、控制系统的稳定性、弹体的结构强度及增加安全自毁装置等多项设计上需要解决的问题，并确定了在导弹总体方面的改进，其中最重要的改进是将产品可靠性与技术指标提到了同等高度综合考虑，要求提高动力装置的强度，同时按照设计射程的实际情况，将发动机推力指标再次进行了适当下调。

1964 年 6 月 29 日，东风二号导弹在酒泉导弹试验基地执行发射试验任务。经过修改设计后的导弹顺利起飞，准确命中，飞行试验获得圆满成功。这次试验的成功，对于中国导弹事业的发展具有非常重要的里程碑意义。该导弹使用的改进型发动机是中国第一次自行设计和研制的大型液体火箭发动

---

①《归潜志》，元 · 刘祁。

机，在随后的若干年内参加了多次导弹飞行试验，并用于在中国本土上进行的导弹－核武器的结合试验。它的研制成功，使中国真正拥有了研制具备实战效能的战略武器的能力。

实际上，在5D60发动机研制抗振、减振两派齐头并进的同时，按照总体的要求，三部启动了5D60发动机备份方案5D61发动机的研制。此时，国际上发动机有两种流派，苏联发动机喷注器一般采用离心式，美国一般采用直流式。中国仿制的1059导弹使用的5D52发动机、自行设计的东风二号导弹使用的5D60发动机，以及后续设计的东风三号导弹、东风四号导弹使用的发动机，都是采用离心式的喷注器；从东风五号导弹的预先研究阶段开始，使用的5D61发动机采用直流式、平头喷注器。5D61发动机燃烧室和推进剂与5D60一样，使用液氧酒精作为推进剂。

5D61发动机第一次试车就出现了问题，在点火瞬间出现异常情况，经事后分解发现，喷注器的头部被烧穿了。这次试车失败惊动了技术高层，钱学森带着任新民、梁守槃两位发动机领域的专家到三部参加“会诊”。试车分析会上，大家通过对试验现象和试验数据的认真分析，一致将问题定位在发动机燃烧不稳定上。

燃烧不稳定是指火箭发动机燃烧室中燃烧的周期性振荡现象，伴随有燃气压力、温度和速度的振荡，通常以压力的周期性振荡来表征。当出现燃烧不稳定时，燃气压力振荡具有明显的周期性，且振幅较大，有时甚至高达正常值的几倍或更高。燃烧不稳定可能导致发动机振动加剧和热负荷增加，从而使发动机部件遭到破坏和烧蚀，是火箭发动机研制中的技术关键。

以“哪个最难、哪个最有挑战性就搞哪个，干出来最有成就感”为工作目标的孙敬良，一头扎进了对燃烧不稳定现象的研究中，遨游在解决火箭发动机研制技术关键的攻关中。他说：“解决了燃烧不稳定的问题，我们就可以骑在发动机上试车。”这句铿锵有力、振奋人心的话语，至今仍被许多人铭记并且流传着。

孙敬良参考了美国雷神号H1发动机、苏联1060发动机的资料，采用热试验统计方法和脉冲激发方法对火箭发动机燃烧稳定性进行评价，通过反复认真的理论分析，确定了5D61发动机试车失败的故障原因，是燃烧过程中直流式喷射器特性使燃烧振荡与燃烧室声学振荡相耦合的结果，从而产生了强烈的机械共振，并使燃烧室局部传热率急剧增加，共同作用导致发动机损坏。他的研究成果进一步证实了试车分析会上将问题定位在发动机燃烧不稳定上结论的正确性。

针对燃烧不稳定性的分析结果，孙敬良提出了在喷注器头部加隔板的解决方案。通过隔板的作用，相当于把燃烧室内部划分成了多个小的燃烧室，这样就改变了燃烧室的声学振型，把燃烧室的声学频率与燃烧不稳定产生的主振频率错开，大大减少了燃烧不稳定频率与结构的耦合，从而减少乃至可以消除燃烧不稳定现象。这个方案得到了发动机专家的一致认可。

技术方案确定后，孙敬良带着他的理论组试验了各种形式的隔板构型，长短、数量、冷却和不冷却，等等。通过充分的试验验证，最终确定了不冷却、在隔板表面喷涂隔热涂层的改进方案，为解决

1978年8月，孙敬良（中）出访日本参加宇宙科学博览会

大型液体火箭发动机燃烧不稳定问题提供了理论和试验依据。采用新方案后再次试车一次成功，燃烧不稳定现象消除了，发动机试验顺利过关。

与此同时，美国也正在研制一种被称为 F1 的发动机，它是世界上推力最大的发动机，用在发射阿波罗系列登月飞船的土星五号火箭上，该火箭的第一级装了 5 台 F1 发动机。F1 发动机在研制过程中也出现了燃烧不稳定现象，美国政府花了很多钱才解决了这个问题，严重影响了土星五号火箭的研制工作，所以 5D61 发动机的燃烧不稳定现象才会引起钱学森这样高层技术领导的高度关注。1978 年，孙敬良到日本参加宇宙科学博览会，此次博览会上展出了全世界各国已经发射成功的产品，孙敬良还特意钻进美国 F1 发动机里面去看个究竟。

就这样，孙敬良在大型液体火箭发动机研究工作中越来越得心应手，挥洒自如，他完成了多项富有挑战性的工作，享受到的成就感也越来越多。不久，他被任命为研究室副主任。令他没有想到的是，35 岁时，造化小儿再一次播弄了他，在他面前铺就了一条崭新的道路。

孙敬良

孙敬良院士传记

Academician Sun Jingliang’s Biography

第三章

烈焰战士

在红旗系列导弹发动机的研制工作中，孙敬良既是指挥员，又是战斗员，他和大家一起营造技术民主的工作氛围，圆满地完成了研制任务。“十里洋场”成了他“梦开始的地方”。

在上海建立新技术产品研究试制基地的国家级战略规划，使孙敬良这位齐鲁之子来到了十里洋场，他从“一颗红星头上戴”的革命战士，变成了“纸上得来终觉浅”的技术管理干部；在科研攻关屡败屡战直至最终胜利的过程中，他从修炼三味真火的红孩儿，成长为以火施化的赤帝祝融。他和战友们一起，成功地攻克了发动机研制中的一个个难题，牢牢地驯服了发动机喷射出的一团团火焰，使之成为划破中华长空的一道道彩虹。

1. 顾全大局赴上海

20 世纪 60 年代是一个动荡的年代，一个奋进的年代，一个变幻莫测的年代，一个激情燃烧的年代。英国历史学家艾瑞克·霍布斯鲍姆在《极端的年代》中称“这段时间的繁荣，不但是史无前例，可能也是少有的例外”“它所造成的经济、社会、文化的惊人变迁，是人类有史以来最巨大、最快速、最根本的”。

在这个特定的年代，国内外形势风云变幻，资本主义与社会主义这两大模式都处于深刻转型的关键时期，第三世界诸国多数正处于争取民族独立斗争或国家建设发展阶段。中国通过持续实施中共八届九中全会提出的“调整、巩固、充实、提高”的八字方针，刚刚步出“三年困难时期”影响的国民经济重新展现出欣欣向荣的景象。在党中央的领导下，中国的尖端科学技术领域不断取得重大突破：1964 年 6 月 29 日，中国成功发射了自行设计的第一发中近程导弹；同年 7 月 19 日，成功地发射了第一枚探空生物火箭；9 月 10 日，中国第一次地空导弹飞行试验获得成功；10 月 16 日，中国第一颗原子弹试爆成功。

山雨欲来风满楼。普鲁士王国首相、劳恩堡公爵、陆军上将、德意志帝国首任宰相奥托·爱德华·利奥波德·冯·俾斯麦曾经说：“当代的重大政治问题不是用说空话和多数派决议所能决定的，而必须用铁和血来解决。”60 年代，中苏两党、两国关系持续恶化，双方舆论界剑拔弩张，在国际共运中开展了一场大论战；美国在亚洲进一步扩大越南战争的兵力和武器装备投入，频繁对越南北部地区进行大规模狂轰滥炸，并向台湾当局提供 U-2 高空间谍飞机用以空中侦察，多次入侵中国大陆领空。在国际上日益严峻的政治气候影响下，中国制定了“两个拳头出击”的既反苏又反美的政策，独立自主地大力建设国防尖端工业，自力更生地增强国防科技实力。于是，中国的国防尖端科学技术领域，特别是导弹、火箭事业迎来了一次大转变和大建设的难得机遇。

根据对国际形势和战争风险的分析，中国调整了导弹、火箭等国防尖端技术产业的发展战略，制定了新的发展规划。为了增强国防部第五研究院的试制生产力量，建立比较完整配套的火箭、导弹工业体系，实现由研究院向工业部的转变势在必行。1964 年 12 月 26 日，第三届全国人民代表大会第一次会议通过决议，决定以国防部第五研究院为基础，成立第七机械工业部（简称七机部），王秉璋任部长，钱学森等任副部长。七机部各级人员脱离军队系统，国防部第五研究院有军籍的人员于 1965 年 6 月 1 日集体转业。

七机部正式成立后，对原国防部第五研究院现有分院、厂所的调整设置方案也在加紧酝酿。1965 年 1 月，调整实施方案正式出台。该实施方案充分贯彻了“型号归口，地区配套，设计和生产相结合”的指导方针，突破了原来国防部第五研究院按照专业设置分院和厂所的模式，转为根据型号在七机部每个研究院形成一套自闭环的设计和生产体系，堪称中国导弹、火箭事业管理模式的一次大转变。

这次调整涉及原国防部第五研究院的近万名职工，尤其以原二分院的变化最大。按照调整实施方案，七机部将作为上海地空导弹研制基地的上海机电二局并入二院管理，定位为二院在上海的分支机构，这就是上海航天局的前身，并决定把二院调整后新组建的5个研究所搬迁至上海，分别与上海机电二局下属的5个工厂对口衔接，从而实现地空导弹科研设计和试制生产的密切结合。

组织机构调整方案出台后，对人员的调整安排便提上了议事日程，一时间成为了大家关注的焦点和议论的话题。事实上，从1964年下半年开始，国防部第五研究院就已经开始着手为即将到来的大调整进行各方面的准备，系统内各单位陆续开展了关于调整重组的思想政治学习和组织动员工作。在三部，孙敬良和其他同志一起，按照统一要求参加了学习和动员，“好儿女志在四方！”“到祖国最需要的地方去！”“国家的需要就是我的志向！”这些铿锵有力的话语，令孙敬良与所有参加学习和动员的人为之热血沸腾。

对于学习和动员中提到的一些比较现实的问题，比如集体转业脱军装、按地方标准调整工资等级等，虽然绝大多数人都是降低了工资等级，但孙敬良并不十分在意。一来妻子持家有道，家中经济虽不宽裕，却从未短少过什么，二来东风五号发动机的设计研制刚刚起步，还有那么多需要攻克的技术难题，他没有心思、也没有时间去考虑这些柴米油盐的家长里短。可以说，孙敬良虽然在思想上已经做好了充分的准备，但是当这一天真正到来的时候，一时之间还是令他措手不及、难以马上接受。

七机部成立伊始，各项工作千头万绪。为了不影响航天型号研制工作进展，边组建、边调整、边研制成了整个七机部开展工作的新常态，特别是部分新成立的研究所，在领导班子还没有配齐的情况下就开始运转起来。二院新成立的发动机研究所（即 21 所），领导班子只任命了副政委张钧和行政副所长刘登旺，技术副所长的岗位由于没有合适的人选而暂时空缺。组建中的 21 所接受的第一项任务就是研制红旗三号中高空地空导弹二级发动机，但是研制工作进展得非常不顺利，急需一名富有发动机研制工作经验的技术领头人来领导所里的地空导弹发动机研制工作，技术副所长岗位人员配备迫在眉睫。

为了这个岗位，二院干部部门在院管干部范围内物色过很多人选，但不是由于候选人的经历与岗位要求不完全匹配，就是因为候选人在原单位承担的岗位工作更加重要而实在无法调动，因此前后寻觅了几个月都没有得出令人满意的结果。天无绝人之路，就在干部部门近乎走投无路之际，通过二院新成立的总体所所长刘从军推荐，孙敬良进入了干部部门的视线范围。

刘从军是孙敬良留苏时期在茹科夫斯基空军工程学院的同班同学，对孙敬良的学习能力、工作能力都非常了解，他认为孙敬良是这个岗位的不二人选，因此向组织上郑重推荐。

干部部门认真考察了孙敬良留苏时的学习情况和回国后的工作情况：发动

机专业科班出身，技术功底扎实，而且淡泊名利，专心科研。当年和孙敬良一起来到国防部第五研究院的人，现在有的已经是所长、副所长了，而他还只是任职才几年的火箭发动机系统和理论研究室副主任，但这丝毫没有影响他的工作热情和责任心。他在三部担任课题组长和研究室副主任期间，致力于大型液体火箭发动机传热算法和燃烧不稳定性研究，成绩斐然。组织部门的考察结论报请二院党委会讨论通过，21 所技术副所长的人选终于确定了。

一天下班以后，三部政委马云涛把正在收拾东西准备回家的孙敬良叫到他的办公室，代表组织和他进行正式谈话。马政委开门见山地说："二院新成立的 21 所缺一个技术副所长，组织上经过全面考虑，决定调你到 21 所担任这个职务。尽管三部的工作也非常需要你，但调你到 21 所担任技术副所长，一方面是国家建设上海地空导弹研制基地的工作需要，另一方面也是组织上从你个人成长进步的角度作出的决策，所以三部只好忍痛割爱。希望你能够在 21 所技术副所长的岗位上更好地发挥所学所长，为新成立的 21 所作出自己的贡献。"

孙敬良有些懵了。到 21 所担任副所长？这个消息来得太突然了，一点心理准备都没有。对于这突如其来的职务晋升，孙敬良一点儿没有放在心上，他更多考虑的是自己的职业和事业。在三部的这几年，他对自己的业务工作表现还是相当满意的。他把在苏联学到的知识用在了实际工作中，所提出的热计算方法逐步得到了实践验证，尤其是经过 5D61 发动机减振这一场攻关战役，他隐约感觉到自己已经摸到了解决燃烧不稳定问题的门槛。现在突然要离开熟悉、热爱而又富有成效的工作而去从头开始，去从事一项生疏的新工作；要放下还有许多技术难题需要攻克的大型号战略导弹技术研究，而去从事小型号战术导弹生产试制，从专业发展的角度上，他心里是千百个不愿意。

“马政委，上海的小导弹发动机，不太适合我，至于当不当技术副所长，我没考虑太多，我想继续搞大发动机，这个对我而言更对口，更有挑战性。”孙敬良坦白地说出了自己的想法，想再争取一下。当年他为了搞大发动机，在总体部“一日游”，向领导主动请缨加入三部的事情，马政委是知道的，也许他能帮自己再跟上面说说。

“我们也不想放你走”，军人出身的马云涛摇了摇头，简洁地说，“但是组织上已经决定了。”显然此事已经没有了回旋的余地，孙敬良沉默了，马云涛也沉默了，办公室里没有人再说话，气氛陷入了沉寂。良久，孙敬良猛地反应过来，意识到马政委在等着他表态。

他努力调整着自己的心情。组织上决定的事情，谁都不可能抗拒，自己是党培养的干部，服从组织安排是天经地义的事，更何况自己不是早就做好了“到祖国最需要的地方去”的准备了吗？好儿女志在四方，何必在乎是在北京还是在上海呢？干小型号怎么了？也许一张白纸，能够描绘最新最美的图画呢！……他努力地说服着自己，深深吸了一口气，镇定了一下心情，平静地说道：“我愿意服从组织安排。”

见孙敬良表态答应了，马政委脸上露出了笑容，他和蔼地说：“你有这个态度我就放心了，三部的同志出去不能丢人。至于你顾虑的大发动机和小发动机这些专业上的事，我不懂技术，说不好，但是你知道，当年组建国防部第五研究院，要空军王秉璋中将担任副院长，他向周总理汇报说自己没有技术，搞不了，周总理对他说，导弹是带翅膀的，你空军的飞机也是带翅膀的，就是你了。我们的领导都能这么大跨度地转型，你是发动机专业科班出身，有什么可担心的？”

这次谈话后，二院的调令很快就到了。也许是马政委循循善诱的思想工作起到了效果，也许孙敬良天生就是个乐观派，又或许同事朋友们的劝说发挥了作用，总之，随着去上海日子的一天天临近，孙敬良起初的一丝丝失落，慢慢地转变成了一丝丝期待。

再见了，北京！再见了，三部！上海，我的新起点！就这样，孙敬良登上了开往上海的列车，带着他的梦想，向着号称东方巴黎的十里洋场，向着新组建的七机部二院21所飞驰而去。

2. 技术民主结硕果

上海简称“沪”，地处长江三角洲冲积平原前缘，世界第三大河、亚洲第一大河——长江的入海口，东望大东海，南临杭州湾，西与江苏省和浙江省接壤，北与江苏省南通市隔江相对，是中国大陆1.8万千米漫长海岸线的正中。上海已有两千多年历史，春秋时为吴国地，相传战国时期，上海曾经是“战国四公子”之一的楚国春申君黄歇（前 314~ 前 238）的封邑，故又简称“申”。宋代开始设置上海镇，上海之名最早就是出现在北宋郏亶（1038~1103）的《水利书》中，至元代改称上海县，属苏州府，明代称作松江府，清代时隶属苏松太道（俗称为上海道，为清朝江苏省下属的道级行政区划之一，辖管苏州府、松江府和太仓直隶州，道台衙门设在上海县城）。

1840 年鸦片战争以后，中国几乎所有重要的沿海港口城市都被强辟租界或完全割让，上海也不能幸免。1842 年，英帝国主义强迫清宣宗道光皇帝签订了中英《南京条约》，上海成为满清政府首批“五口通商”的 5 个通商口岸之一。之后，美、法帝国主义也相继在上海强辟租界，那时的上海作为“冒险家的乐园”惨遭帝国主义的各种掠夺。但同时，由于租界提供了市民免于反动政府、军阀以及历次战乱侵袭打扰的、相对自由安全的环境，加之作为自由贸易港的便利，使得上海各项民族产业得以迅猛发展。

中华民国国民政府成立后，根据孙中山先生的大上海计划，1928 年，国民政府设立上海特别市，1930 年又改特别市为直辖市，这里曾一度成为远东地区的金融中心。1949 年 5 月上海解放,1956 年公私合营后，所有资本市场被关闭。

轻工业是上海发展最早，也是最为成熟的工业部门。上海是中国最重要的轻工业生产基地，永久牌自行车、上海牌手表、蝴蝶牌缝纫机等均为其著名代表，“上海制造”作为高质量产品的代名词行销全国。以江南机器制造总局为基础，上海的重工业也持续繁荣。在这样一块有着良好的经济、工业、交通基础的土地上建设航天新技术产品研究试制基地，可以为基地的建设创造较高的起点，提供较好的物质基础，彰显了国家战略规划的远见卓识，以及国家大力发展航天事业的决心和信心。

经过几十个小时的旅途颠簸，孙敬良搭乘的列车缓缓驶入了上海火车站，终于到上海了！这里就是新的战场！孙敬良精神抖擞地下了火车，一股热浪扑面而来，8 月下旬的大中午，正是上海最热的时候，骄阳似火，没有一丝微风，拎着两大包行李的孙敬良刚下火车就已经汗流浃背了。

21 所副所长刘登旺带着所办公室的干事满头大汗地在站台上迎接孙敬良，他边用力地握着孙敬良的手上下晃动，边兴奋地说:“孙敬良同志，我代表 21 所全体同志欢迎你的到来。你来上海，是对咱们 21 所工作的最大支持！”孙敬良谦虚地寒暄了几句，大伙便随着出站的人流向停车场走去。

在行驶的汽车上，刚刚到任的技术副所长孙敬良就进入了工作状态，开始向行政副所长刘登旺了解 21 所目前的搬迁及工作进展情况，刘登旺做了简单介绍。在 21 所从北京向上海搬迁的半年过渡期里，刘登旺作为行政副所长暂时兼管全所的技术工作，红旗三号导弹发动机的研制工作主要由他出面与几位研究室主管技术的副主任协调、组织和调度。常言道:“万事开头难”。新成立的 21 所接受红旗三号导弹发动机研制任务伊始，在技术上便遇到了“拦路虎”。缺少发动机研制工作经验，又是第一次组织这种大型科研攻坚任务，政工干部出身的他在对全局的把控上存在一定难度，自我感觉有些吃力。

关于红旗三号导弹发动机研制，任务要求发动机具有两级工况，一级工况的推力和比冲分别为 30.4 千牛和不低于 226 秒，比红旗一号导弹发动机的推力和比冲分别提高了 4.4 千牛和 2 秒。所里确定了“以挖潜设计争取时间，以自行设计作为方向和储备”的两条腿走路原则。为了尽快拿出满足要求的产品，所里选用的第一设计方案是在红旗一号导弹发动机的基础上充分挖掘设计潜力，并根据红旗三号导弹的具体要求进行针对性改进，研制成改进型发动机（产品代号为 2YF-2，又称 304 机）用于红旗三号导弹。

红旗一号导弹发动机是国内航天科研人员仿制的第一代火箭发动机，其原型是苏式萨姆 -1 导弹的发动机，是苏联已经批产装备部队的老牌过关产品，打击空中活动目标的机动性能良好，捕捉目标及对敌杀伤效率高。同时，红旗一号导弹发动机是一个老型号，其关键生产工艺是燃烧室内外夹层的点焊，生产加工已经有了一定的经验，研制阶段不需要增加新式焊接设备，可以满足型号进度的要求。

刘登旺带领设计人员按照第一设计方案，组织了一次红旗一号导弹发动机加大推力的“挖潜”试车。热试车试验结果表明，发动机的推力、比冲等指标均可以达到红旗三号导弹的使用要求，但在过程中火焰存在抖动现象。事后检查发现：发动机推力室喷管喉部出现了烧蚀现象，存在严重的安全隐患。推力室一旦出现烧蚀，极有可能是破坏性的，推力室局部结构很快就会被烧穿，发动机会失去正常功能，并严重危及其他设备的安全。针对出现烧蚀这一情况，设计人员采取了一些针对性的措施，但试验结果表明，改善效果并不明显，之后的几次试车，推力室喷管喉部烧蚀的故障仍然频频发生。

眼看发动机的研制工作就要影响到整个型号的计划进度，成为型号的短板，这让政工干部出身的刘登旺很是头疼，心里没着没落的，整天像压着一块大石头。就在这关键技术攻关的最紧张时刻，发动机专业科班出身、曾留学苏联的孙敬良受命担任 21 所技术副所长，这个消息实在是令他兴奋不已，心里的那块大石头总算可以放下了。

听完刘副所长的介绍，刚刚“走马上任”的孙敬良陷入了沉思，他感到自己肩上的担子沉甸甸的。

汽车从上海火车站出发，行驶了将近一个小时，停在了位于浦东烟厂路（后改为烟台路）229号的上海新新机器厂门口，这是21所迁入上海的对口工厂，遵照七机部“勤俭办所，勤俭办一切事业”的搬迁原则，21所没有征地搞基建，而是把研究所设在了新新机器厂30号车间厂房的第三层和第四层。

孙敬良下了车，并没有直接走进厂区。他站在新新机器厂大门口，用手挡在眼睛上方遮着阳光，远远地望着这座四层小楼房周边的环境。这里北临黄浦江，东西两边与多家工厂为邻，向南有一条小路。新新机器厂的厂区原是英国人开办的香烟工厂，规模不大，显而易见，烟厂路因此而得名。

正午的太阳火辣辣的，迎着阳光几乎睁不开眼，孙敬良抬手抹了一把额头上密密麻麻的汗珠，心里暗暗下定决心，这里就是自己新的工作地点，让自己的梦从这里开始吧。

一走上30号车间三楼，孙敬良的目光立刻被墙上悬挂着的“冲上比推力就是好战士”的横幅所吸引。原来，在几次试车失败以后，为了消灭推力室喷管喉部烧蚀这只“拦路虎”，早日攻下这个技术难关，21所开展了一场技术大讨论，张钧副政委和刘登旺副所长组成的所领导班子提出了“冲上比推力就是好战士”的口号，动员、鼓励技术人员积极投入攻关活动。全所职工积极踊跃地参与了这场大讨论，大家各显神通，采用会议、小字报（包括个人、联名、工程组）等形式，分析故障原因，谏言献计献策，不到1个月的时间，就收集到了38条合理化建议，最后归纳出推力室喷管喉部冷却槽由原来的24条增至26条、降低推力室头部边区余氧系数等针对性较好的解决措施，准备实施验证。

21所内部技术民主的大氛围深深感染了孙敬良。孙敬良生性爱好自由，在技术工作上也一直崇尚宽松、开明、自由的学术氛围，不愿意被束缚，认为只有百花齐放、百家争鸣，才能兼容并蓄、博采众长，从而推动技术进步，最终创造出开阔、宏博、多彩的事业。21所是刚刚成立不久的新所，型号研制基础非常薄弱，但是事物都有两面性，正因为它是新生儿，才没有那么多条条框框，才能够不背历史包袱，从而轻装上阵，放低姿态，拿来主义，为我所用。孙敬良在走马上任的第一天，就深深爱上了这个“梦开始的地方”。

顾不上安顿好自己一个人的小窝，孙敬良就迫不及待地开始履行技术副所长的职责。他深入科研第一线，一头扎进了红旗三号导弹发动机的攻关工作中，投入到解决推力室喷管喉部烧蚀的问题中，他和刘登旺副所长一起，领导具体承担研制任务的同志们积极地攻坚克难。

为解决烧蚀问题的改进措施正在紧锣密鼓地实施。改进工作完成后，再次进行了加大推力试验，点火后0秒到30秒左右的时间内燃烧正常，随后再次观测到了火焰抖动，根据前几次试车的经验，大家意识到喉部烧蚀尚未消除。试车后的发动机分解检查表明，推力室喷管喉部仍然出现了烧蚀。

试验的结果让大家的心情沮丧到了极点，不知道应该再朝什么方向使劲，情绪非常低落。孙敬良带领技术人员将本次试验的数据与前几次失败的试验数据进行对比，结果却非常令人振奋：正常燃烧的时间较前几次长，喉部烧蚀的范围较前几次小。在分析会上，孙敬良充满信心地说，尽管试验失败了，但试验数据表明，我们的努力方向是正确的。他鼓励设计人员说："苏联有句谚语，叫做'爱的是自己的工作，而不是自己的成绩'。现在我们路已经找对了，还在乎多走几步吗？"

俗话说，火车跑得快，全靠车头带。单位领导的态度决定了职工的热情，孙敬良副所长的表态极大地鼓舞了设计人员的信心，为攻关工作指明了努力方向。孙敬良凭着扎实的理论功底，带领设计人员对增加喉部外冷却槽和降低头部边区余氧系数的方案反复调整设计，通过试验验证最终确定：喷管喉部采用 26 条外冷却槽，头部边区余氧系数为 0.33。

发动机提高推力后，涡轮泵转速、泵的流量和扬程必须提高。为避免泵产生汽蚀，发动机设计单位要求导弹总体设计单位相应提高泵入口的压力。然而，总体单位为了增加导弹的射程和机动性，需要减轻贮箱结构质量，这样泵入口的压力不但不能增大，反而要减小，由红旗三号导弹发动机原定的 0.5 兆帕调整为 0.4 兆帕。

为了保证发动机可靠工作，必须提高泵的抗汽蚀性能。在孙敬良的主持下，21 所成立了汽蚀攻关小组，发动群众群策群力，献计献策。设计人员对多个设计方案进行比较后，确定了用泵前设置诱导轮的方案。方案确定后大家争分夺秒，仅用一周时间赶出了图纸，6 天时间生产出了 5 种不同螺距的诱导轮，通过试验比较，确定了诱导轮的设计状态。试验证明，效果良好。

除了以上措施外，涡轮功率和流量加大，涡轮叶片、喷嘴、燃气发生器等都做了相应的改变。为减小副系统流量，提高了涡轮效率；提高了发动机参数的调整精度。在设计上经过挖潜改进的发动机进行了 11 次热试车考核，确定了发动机状态。在全体人员的共同努力下，最终彻底解决了推力室喷管喉部烧蚀的难题。

40 多年后，在回顾当年这段历史时，21 所原行政副所长刘登旺深有感触地说："可喜的是，从此我们有了自己的技术指挥员，而后的研制工作便有了主心骨，所以才能够高速顺畅地不断前进。"

在发动机开展关键技术攻关的同时，为了满足红旗三号发动机研制试车的要求，402 试验站试车台的改造工作也在如火如荼地展开。402 试验站地处上海西南郊松江县佘山镇的一个山坳里，初建于 1960 年，原隶属于上海机电设计院，21 所成立后划归其所管理。试验站人员除了上海机电设计院留下的 6 人外，其余 40 余名职工是从北京调过来的，初来乍到，绝大多数人还不太适应当地的生活，试验设备也还在摸索熟悉当中。

技术保障条线的工作必须满足研制主线的需求！ 21 所下达了限期两个月内必须具备完成全弹动力系统试车条件的命令。所有人心里都清楚，要在 402 试验站现有的条件下进行全弹热试车，谈何容易！但所有人心里也都明白，保障条线不能拖主线的后腿！为了抢时间，402 试验站的同志们下决心拼了！大家充分展示了退伍军人的风采，全力以赴，边设计、边施工，日日夜夜奋战在试车台的改造现场。经过精心的策划和周密的组织，在兄弟厂所的大力协作下，通过两个多月夜以继日的奋战，终于完成了热试车的各项准备工作，具备了热试车条件。

1965年10月18日上午，402试验站热闹非凡，终于迎来大考的时刻。导弹已经登上了试车台整装待发，试车台四周堆放的防爆沙袋有一人多高。山上指挥控制室里的工作人员忙碌紧张而井然有序，每个人都在专心致志地做着试车前的最后准备工作。作为本次试车技术指挥员的孙敬良平静地坐在指挥控制室的座位上，脑子里一遍又一遍地筛选过滤着试验大纲和试验预案中可能存在的死角和漏洞，直至确认万无一失，才站起身来走向试车台，亲自检查准备工作情况。

距离试车不到2小时了，警备部队已经开始封锁凤凰山周边的公路，禁止车辆、行人进入试验区域，以确保人身安全。突然指挥控制室外的工作人员一阵骚动："市长来了！"只见上海市市长曹荻秋、空四军军长周建平走进了指挥控制室，后面跟着进去的还有空四军政委和上海机电二局的各级领导。

红旗三号全弹动力系统热试车是21所组建以来的第一次大型试验，红旗三号导弹又是空军急需的装备，因此上海市和空军都高度重视这次试验。大考当前，参加试验的工作人员都已经紧张得像一根绷紧了的弦，现在，各级领导的到来更是增加了现场的紧张程度，指挥控制室里的气氛顿时凝重起来。

孙敬良作为21所的现场技术指挥员，就试验目的、试验内容和试验预案向曹荻秋市长做了详细的介绍。听完汇报，曹荻秋市长明确要求：“无论试验结果如何，都必须保证人员生命和国家财产的安全。”孙敬良非常自信地引用周恩来从西柏坡前往北平时说的话：“我们应当都能考试及格，不要退回来。”曹荻秋市长点点头，对他的回答表示满意。

孙敬良的自信来自于前期细致周到的准备工作。此次试车，技术层面所有的工作，包括试车的预案、规程都是他审核并批准的，前期的准备工作都已经成竹在胸。他的从容，给现场所有的人传递了信心和力量。

随着指挥员发出“启动”的口令，试车台上的发动机按程序点火，霎时间，发动机尾焰激起的尘土遮天蔽日，震天的轰鸣回荡在山谷中。10 秒、20 秒……动力系统正常工作 60 秒后关机，测试数据表明，试车取得了圆满成功。

试车成功啦！全场一片欢腾。曹荻秋市长从山上走到试车台旁，在近处细细地观摩导弹本体，并与参试人员亲切握手表示祝贺，所有人都沉浸在成功的喜悦之中。

新组建的 21 所南迁上海仅仅 2 个多月，就取得了首次大型试验开门红的佳绩，全弹动力系统热试车成功表明，红旗三号发动机研制取得了决定性的胜利，为 21 所打响了第一炮。上海电影制片厂拍下了试车的珍贵镜头，把历史的这一瞬间永远地载入了上海航天的史册。

孙敬良主持研制的红旗三号导弹 304 机，采取有效措施解决了推力室喷管喉部烧蚀问题，提高了发动机的性能。经多次热试车的考核，304 机都取得了圆满成功，满足了总体对发动机具有两级推力工况、一级工况的比冲不低于 226 秒的要求，实测值达到 227 秒。

1967 年，304 机在成功参加两次独立回路遥测弹飞行试验之后，对其研制以试样阶段告一段落，通过第一回合的实践，取得了首次达到国内先进水平的科技成果。

在孙敬良副所长的带领下，通过304机的研制，使刚组建的21所发动机研制队伍经过了首次战斗的洗礼，大家领略了失败—成功—再失败—再成功的悲喜，经历了实践—认识—再实践—再认识的提高过程。通过8个月的战斗，较好地完成了第一项科研任务。更为重要的收获还在于：21所建所之初就形成了充分发扬技术民主、集中集体智慧、攻克科研难题的良好作风，锻炼了新的研制队伍，积累了经验，鼓舞了斗志，坚定了必胜的信念，具有极其深远的现实意义。

在304机研制工作取得较大突破后，由于人员和设备等资源的冲突，是否继续坚持两条腿走路的方针，继续开展红旗三号发动机第二方案产品（代号2YF-1，又称305机）的自行设计工作，一度在所内产生了不同的意见。但大家最终达成一致，认为自行设计是立所之本和发展方向，应当克服暂时的困难，闯过自行设计关口，为中国地空导弹的研制开辟新途径，赶超世界先进水平。因此在加速突破304机研制关键技术瓶颈的同时，孙敬良和设计人员将更多的精力放在了305机的研制上。

在参考一院11所和国外有关型号设计经验的基础上，孙敬良主持设计了新一代地空型号发动机推力室：它的头部采用双组元离心式喷嘴，身部采用波纹板钎焊结构及双圆弧特型喷管，具有较高的结构强度和冷却性能。经新新机器厂的大力攻关，1965 年年底生产出了使用该新型推力室的两台发动机，在北京 101 站进行了首次热试车并获得成功，比冲达到 228 秒，接着又进行了两次热试车，对发动机试车中暴露的问题提出了改进措施。

但是，根据同年 10 月方案讨论会的精神，总体设计单位对主发动机的设计要求已大为提高，现在研制的两套方案都不能满足新的要求，305 机的研制遂终止于初样阶段。这项工作的意义在于：新型推力室的研制成功，开创了 21 所自行设计的历史，中国地空导弹发动机走上了自力更生、自行设计之路，将中国地空导弹发动机的研制水平又提升了一步，并为后续工作提供了技术储备。这些成绩的取得，作为 21 所技术当家人的孙敬良功不可没。

304 机、305 机的研制工作从夏天一直持续到冬天，孙敬良这个地道的北方汉子，也在不知不觉中度过了他在上海的第一个夏和冬。

刚到上海的时候是酷暑，孙敬良对潮湿闷热的天气很不习惯，坐在办公室里的滋味实在难受：竹帘遮挡着火热的阳光，也挡住了空气的流通，潮湿闷热的环境使人汗流浃背，喝的水也是一股漂白粉的怪味儿……晚上回到宿舍，还是湿热难耐，又有蚊虫叮咬，整夜都睡不着。干打垒式的宿舍，墙壁是用纸板隔的，没有顶，不隔音，任何一间屋里有动静，其他屋里的人都能听到，梦话、呼噜声……热闹非凡，孙敬良经常是在房顶上或者阳台上铺张席子，靠着仅有的微风勉强入睡。

转眼到了冬天，上海潮湿阴冷，用厚纸板隔成的小房间不带棚顶，风从四面八方窜来，一直冷到骨子里，睡觉时盖上多厚的被子也不管用，孙敬良经常被身上的被子压得喘不上气，但还是冻得直打哆嗦。一天早上起床，孙敬良惊奇地发现：毛巾被冻得硬邦邦的，香皂与皂盒、皂盒与脸盆居然完全冻在了一起！想当年在哈尔滨、在莫斯科也没有这样冷过啊！

为了抵抗寒冷，同事们动足了脑筋，因地制宜，就地取材，有人从保健站要来空输液瓶，灌满热水，放进被窝儿里取暖，但这种方式上半夜是取暖，下半夜就成了给输液瓶“供暖”；有人更是突发奇想，用报纸围着床框糊成长方体的纸棚子，睡觉时钻到里面“与世隔绝”，这样风是挡住了，但报纸随风抖动的声响效果能让人“漫卷诗书喜欲狂”……

厂房周围的环境也十分糟糕，周围布满了造纸厂、麻纺厂、肠衣厂等重污染企业。麻纺厂轰鸣的机器声，肠衣厂发出的臊气味儿，造纸厂排放废气的臭味儿一起袭来，常常让这些大小伙子们没有了食欲，实在让人忍无可忍；空气中时常飘散着麻絮，工作一天下来，身上、桌子上都粘满麻絮，再加上天热潮湿，孙敬良和他的同事们不免经常发生呼吸道和皮肤过敏。

干打垒、冬凉夏暖、恶臭、噪声、污染……在这样简陋恶劣的环境里，孙敬良带领大家完成了 21 所建所后第一个自行设计发动机型号的研制工作，使中国地空导弹发动机的研制水平上了一个新台阶。

3. 动乱年代战“红三”

1965 年 10 月 29 日，国防科委召开方案讨论会，明确了红旗三号战术导弹的技术指标和研制方案，确定由七机部二院承担研制工作，吴展、陈怀瑾先后担任总设计师，七机部在上海组织了对导弹系统研制方案的全面审查。

由于红旗三号导弹技术方案发生变化，总体设计单位根据使用要求，大幅度提高了主发动机的设计指标要求，21 所正在开展研制工作的 304、305 机都不能满足新的使用要求，因此，为红旗三号导弹重新研制全新发动机的任务又提上了 21 所的重要工作日程。

为了满足总体部将比冲指标进一步提高到不低于 233 秒，而发动机的质量指标不得超过红旗一号发动机质量的要求，21 所从 1966 年开始研制第三方案发动机，产品代号为 2YF-1B，又称 306 机。时间紧，任务重，又是一个争分夺秒抢进度、堪称急中之急的新产品。

孙敬良接到 21 所技术副所长的任命后，在规定的时间内只身一人来到上海履职，按照“先生产、后生活”的建设方式，和大家一起住在单位的集体宿舍里。21 所的集体宿舍就在新新机器厂 30 号车间三层另一端的一间大厂房，距离工作场所只有几分钟的步行路程。

在上级组织的关心下，1966 年 2 月 28 日，孙敬良的妻子也调到上海来工作，分开了半年多的一家三口终于在上海团聚了。张钧副政委把 21 所分给自己的房子腾出来给了孙敬良，孙敬良每天骑自行车、乘轮渡往返于黄浦江两岸，时间和精力大部分浪费在了穿越大上海的路途上。没过多久，随着 306 机研制进入到关键时期，孙敬良觉得每天这么折腾太浪费时间，就和妻子商量好每周回家一次，其余时间都住在单位的宿舍，把每天单程 1 个多小时的赶路时间和精力省出来用在工作上。

孙敬良在主持 306 机的研制过程中，在充分继承和应用以前研制成果的基础上，创造性地提出在推力室上采用离心式喷嘴小直径头部的设计方案，使之成为 305 机推力室的改进型和小型化，这一巧妙的设计构思使推力室得以“瘦身”和“矮化”，又为发动机“减重”创造了条件；首次在喷管喉部内壁喷涂氧化锆涂层，并首次在氧化剂泵进口增设了螺母轮，使抗汽蚀性能大为提高。此外，为了保证发动机能够可靠启动，还同时在燃料一路增设了缓冲器。该方案发动机经过多次地面试车，并装弹参加包括闭合回路试验和设计定型试验在内的各种类型飞行试验，性能良好，工作可靠，比冲达到 235 秒，发动机质量比红旗一号的发动机质量减轻了至少 3 千克，完全满足总体要求，其中重要指标均优于总体要求，比冲和推力质量比均超过了苏联原型发动机的水平。多次的试验结果证明，孙敬良主持设计的技术方案及针对性的技术和工艺改进措施，有效地提高了红旗三号导弹发动机的性能和结构的可靠性。

306 机是具有国内领先水平的地空导弹发动机，1970 年圆满完成了该型号定型阶段的研制任务，并且正式装配在红旗三号导弹上装备部队，为国防事业作出了重要贡献。1978 年，红旗三号导弹武器系统（含发动机）获得全国科学大会奖。

正值紧张奋战 306 机时，神州大地上爆发了史无前例的“文化大革命”。1966 年，孙敬良带队到酒泉导弹试验基地执行红旗三号导弹发射试验任务，返回时路过兰州，看到广武门甘肃省委、中央广场甘肃省政府、南昌路兰州军区司令部等党政军重要机关的大门口和东方红广场、张掖路、酒泉路、天水路等主干道的大街上到处都是大字报、大标语，觉得非常奇怪，难以理解。回到上海后发现情形也一样，孙敬良糊涂了：革命，革谁的命？我们党现在是执政党啊！造反，造谁的反？想踢开党委？这可是杀无赦的重罪，才真正是想造反呢！不过他生性豁达，作为共产党、新中国培养的科技干部，还是做好为国争光的本职工作，其他的事不理解就不理解吧，理解能力实在有限，就不用在这些莫名其妙的事上费脑子了。

执行完红旗三号导弹发射试验任务回到上海不久，随着“文化大革命”越来越走向深入，作为国防科研单位的 21 所也不能幸免，同样出现了不同的政治派系，派系之间的斗争也日趋激烈。所政委张钧写得一手好字，所里的造反派就要求张钧为他们题词，以支持和宣传他们这群年轻小将们的“红色革命热情”。富有政治经验的张钧心里清楚，身为一级组织的最高领导，不能轻易表态支持或反对某一团体，否则极可能引起单位内部的动荡。他不想写，可又担心被“革命小将们”扣上“反对无产阶级文化大革命”的帽子，这可是任何人都承担不起的罪名。

权衡了一下，张钧政委提笔写下了“做小主人”四个字，排列成两行两列的印章格式，并表示此文喻意为“革命小将们”虽然年纪轻，但是热情高，是新中国的小主人，印章格式表示是掌握革命政权的印把子。成为新中国的小主人、掌握革命政权印把子的小将们自然十分高兴，拿着题词神气活现地走了，可没过多久，“小主人们”就气势汹汹地杀了回来，原来，有人把这两行两列字念成了“小人做主”，这还了得，胆敢称造反派“小主人”是“小人”，这是“恶毒攻击无产阶级文化大革命”呢！

于是，张钧政委成了“走资本主义道路的当权派”，被戴上高帽子游街、批斗，孙敬良这个技术副所长和职能科室、研究室的领导干部也都成了“资产阶级反动学术权威”和“走资本主义道路的当权派”，被夺了权，靠边站。

尽管已经靠边站了，但刚开始对孙敬良的批判并不是特别厉害，造反派觉得这个“资产阶级反动学术权威”人还不错，没有“臭老九”的虚伪和清高，还能和工人群众打成一片，因此，这个时候的孙敬良除了不能正常履行副所长的职权外，其他并没有受到什么冲击，倒也自由自在。

1967年冬天，孙敬良的儿子出生了。一儿一女一枝花，夫妻俩高兴地合不拢嘴，欢欢喜喜地请了岳母来上海照看孩子。半年以后，岳母提出要回哈尔滨。准备启程的当天，孙敬良请假提前回家做饭，准备吃了饭送岳母去火车站，突然有两个红卫兵冲进家中，不由分说地把孙敬良带走了。在21所的“审讯室”里，孙敬良才知道是岳母的地主成份被有心之人拿来大做文章，有人向造反派揭发他岳母回哈尔滨是为了转移浮财，孙敬良拒不承认，造反派也无计可施，于是宣布对这个冥顽不化的“资产阶级反动学术权威”隔离审查。孙敬良被隔离审查了整整两个月，每天只能待在集体宿舍的房间用纸笔交代自己“反毛主席”的罪行，随时要接受提审。为了避免给别人和自己增加不必要的麻烦，孙敬良索性不和别人说话，以免言多必失，一个不小心，不仅自己罪加一等，更会使无辜者受到牵连。在他被隔离审查期间，21所“革委会”专门派人到哈尔滨去调查他岳母转移浮财之事，由于这个罪名实在是无中生有，所以调查只能无疾而终，最后只好不了了之。

两个月后，孙敬良结束了被隔离审查的日子，终于可以回家了。通过同事们的只言片语，他得知在自己被隔离审查的这段时间里，家被抄了，妻子在单位被批判，岳母被强行扣留在所里挨批……那段日子实在是一种煎熬，全家老小受尽了委屈和折磨，在所有人的心里都打下了永远难以磨灭的烙印。

20 世纪 60 年代末期，新中国已经成立近 20 年。在这段时间里，国际周边局势一直处于动荡和战争中，抗美援朝、抗法援越、中印战争等局部冲突从未间断。此时的中国，北方边境中苏双方剑拔弩张，大有一触即发之势，南部台海形式错综复杂，美国出售给台湾当局的 U-2 和 SR-71 新型高空侦察机屡次骚扰中国沿海，并深入大陆腹地从事电子侦察和照相等间谍活动。由于高空侦察机飞行高度为 27~30 千米，速度达到 300 米 / 秒，已接近声速，中国现有的各型号战术导弹都难以望其项背，因此必须加紧研制新型号的导弹武器，特别是具备高弹道作战能力的高速导弹，扩大战术导弹的作战空域。

1969 年 2 月,21 所接受了红旗三号改型发动机的研制任务。根据总体论证，为了满足部队的作战要求，需要提高导弹的飞行高度和飞行速度，提高抗干扰能力和机动灵活的作战能力，以及导弹自身的安全性。总体对 21 所承制的二级液体发动机提出三项改进要求：一是发动机推力由 30.4 千牛提高到 34.3 千牛；二是发动机要具备两级工作能力，推力由 34.3 千牛转级工作为 24.5 千牛；三是因为异丙基硝酸盐贮箱曾经出现过爆炸，为了提高导弹的可靠性，取消弹上该贮箱及供应系统，涡轮工质使用主推进剂。

红旗三号改型发动机代号为 6FY-3G，又称 306 改型机。总体对发动机的这些改进要求意味着发动机供应系统、总体结构、组合件功能等均需要重新设计，特别是活门和系统设计的技术难点最多，是设计方案上实现跨越的瓶颈，这对 21 所的研制实力是一次严峻的挑战。此时正值“文化大革命”的动乱时期，领导干部多数被当作“走资派”而受到冲击，靠边站作检查；一般技术人员也戴着“臭老九”的帽子，技术副所长孙敬良作为“走资派”加“臭老九”的双料“革命”对象，日子并不好过，但任务下达后，大家仍然都很振奋。

为了完成红旗三号改型发动机的研制任务，21所抽调了18名技术骨干组成了项目研制团队，团队里包括尚未明确被免职、但已经被下放基层、只能从事具体工作的副所长孙敬良等人员，孙敬良被分配到了系统组，技术领导是蔡增祥。改型项目的具体工作由生产科负责人蒋跃池、政治指导员单成永、工宣队员王师傅组成的“三结合”领导小组直接负责，人员配置既满足研制工作的需要，又符合政治任务的要求。

为了方便项目团队开展研制工作，同时也为了避免授人以“以生产压革命”的罪名，大家把各组抽调出来的全部人员的办公桌都搬到车间的一个仓库里，集中在一个办公室，斗志昂扬地投入到红旗三号改型发动机的研制工作中。

从技术副所长被贬为“庶民”的孙敬良并没有什么不适应，对他而言，能够重新开始接触系统组的具体技术工作，能够让他丰富的发动机专业知识有一个用武之地，就比什么都强。在研制工作中，一旦涉及到具体的技术工作，“三结合”领导小组成员就一筹莫展，只能依靠这些科班出身的、有专业技术功底的，被“限制、利用、改造”的对象。

系统组负责发动机的总体设计。年近不惑的孙敬良是系统组内年龄最大的，从事发动机研究工作的时间也最长，经验也最丰富，再加上他在担任技术副所长时，在带领大家攻关中表现出来的技术水平和建立起来的威望，虽然现在没有担任任何技术领导职务，但是自然而然地成了系统组的技术当家人。

根据导弹总体单位的要求，孙敬良带领大家设计出了306改型发动机的系统方案，提出了发动机的主要性能指标、飞行工作程序及对各组件的具体设计要求。根据系统组提出的各组件具体要求，活门组设计了带推力转级机构的流量调节器，副系统将单组元发生器改为双组元发生器，涡轮由单一进气喷嘴改为两个喷嘴，发生器和火药启动器燃气分别进入涡轮，火药启动器、发动机总装布局均进行了改进设计，而推力室则继承了306型号的成熟技术，结构变化不大。

对于一个全新的、复杂的发动机系统，系统组有大量的工作需要研究，各组件在研制中的问题也需要与系统组不断地进行协调解决。在方案设计过程中，21所技术民主的优良传统得到了充分的发扬，讨论技术问题时，无论是谁，大家都可以畅所欲言，学术气氛十分热烈，丝毫没有受到派系的影响。孙敬良和普通设计人员一样，虚心听取他人的意见，积极参加讨论并勇于发表自己的见解。丰富的发动机工作经验，系统的发动机理论知识，对问题深入细致的全面思考，常常使他成为技术讨论中的主角。

作为一名普通的设计人员，孙敬良除了认真完成由他承担的每一项具体工作外，还自觉地关注着发动机研制每一个工作环节的进展。身为系统组的成员，孙敬良并不仅限于完成整机系统方案设计，而是积极深入组件的研制，掌握组件性能和可靠性是否满足系统的要求。他在设计中始终贯彻系统最优化的设计思想，坚持组件的局部服从系统的整体，发现的组件问题会从系统的层面与组件的设计人员共同研究解决，从而使研制工作进展顺畅，加快了研制进度。这对组件设计人员的支持很大。

根据研制流程，组件经测试合格后交付总装进行全系统试验。孙敬良所在的系统组负责提出试验方案，经全体人员讨论，再由系统组提出试验任务书、安排试验台试验的各项准备工作，最后进行发动机热试车。

1969 年 9 月 3 日，306 改型发动机进行了第一次热试车试验，试验目的是了解系统工作的协调性、发动机的启动程序、压力调节器的工作性能等，试验代号 3G01。从 1969 年 2 月组建研制团队，到 9 月 3 日首次热试车试验，经历了整整半年时间的紧张战斗，熬过了一个又一个不眠之夜，攻克了一个又一个技术难关，辛勤的努力终于到了检验工作成果的时候，所有人都无比期待。

天有不测风云。热试车试验刚刚开始，当发动机工作到 4.98 秒时，喷射出的火焰突然收缩，随即发动机紧急关机，试验失败。紧急关机后，孙敬良等设计人员迅速跑进试验间，第一时间查看并记录发动机的外观情况。大家都傻了，半年多的心血，新研制的发动机，点火仅工作 5 秒就紧急关机了。负责红旗三号导弹工作的上海机电二局刘从军等领导站在 402 试验站试车台附近的山坡上，满脸凝重，久久没有离开。

毫无疑问，这对所有参试人员都是一次相当沉重的打击。试验失败后，系统组组织各组件设计人员就在试验站对发动机进行分解、清洗，对数据进行初步判读。回到所里后，孙敬良带领大家对发动机的启动过程数据、曲线、现象和产品分解情况进行了认真的分析，得出试验失败的原因是发动机启动程序中启动活门的开启时间与火药启动器的点火时间间隔太长，导致泵空载，涡轮泵超速运转，涡轮转子与壳体相摩擦卡死，从而造成发动机紧急关机，并据此提出了减小火药流量、将启动活门打开时间提前、减小压力调节器的压比等改进措施。在 9 月 16 日到 12 月 25 日三个月的时间内，先后组织了 14 次改进试验，彻底解决了发动机存在的问题，发动机性能稳定，满足总体指标要求，圆满完成了 306 改型发动机的初样设计。

306 改型发动机每次试验，孙敬良都会来到 402 试验站试车现场，并亲自参加试验后发动机的清洗、分解工作，组织试验数据的初步判读。回到所里后，又组织对试验结果进行理论分析，参与技术讨论，提出下一步的工作措施。每次试验分析报告都由系统组负责完成，孙敬良作为系统组的资深成员，每天勤勤恳恳地埋头工作，利用为数不多的飞鱼牌手摇计算机，对大量的试验数据进行分析计算，绘制出各种参数曲线，精心编写试验分析报告，在此基础上积极组织技术讨论，提出中肯的分析意见。讨论会上，有认真细致的倾听，有心平气和的商榷，也有针锋相对的争论，正是这种民主的技术氛围，不断开拓着孙敬良和大家的工作思路，为下一次的改进和试验奠定基础。在整个研制过程中，孙敬良没有技术负责人的头衔，但他的严谨、务实、细致、周密、执着和敬业，赢得了大家的信任、支持和尊敬。他站在技术前沿引领大家高效、有序地工作，306 改型发动机每一个微小的改进，都凝聚着他和众多参与者无数的心血。

此时的孙敬良已经不是技术副所长，而是一名普通的设计员，但 40 年的人生经历，养成了他积极向上、力争上游的生活态度，他在组里处处以身作则，严格要求自己，每天上班提前来到办公室，打开水、擦地板、抹桌子……组里的年轻人都很不好意思，在他的榜样力量影响下，大家对公益活动都很积极。

在政治挂帅的年代，争强好胜的孙敬良拿出在苏联上学时的劲头学习毛主席著作，对老三篇“倒背如流”，在评选“学毛著积极分子”时，改型组一致推选孙敬良。得益于年轻时四书五经的熏陶和在中学时读世界名著打下的文化根基，孙敬良写的“学毛著改造世界观”的思想汇报总是最快完成，立意站得高，“狠斗私字一闪念”思想剖析到位，而且文字优美，思想汇报交上去后，政工干部对此相当认可，大家戏称他是写稿“专业户”。

全组人员中，孙敬良的年龄最大，但他友善、积极、乐观、风趣，充满着年轻人的阳光，也充满着中年人的睿智。四十不惑的他爱憎分明，从不掩饰自己的喜怒哀乐，而且仗义执言，从不怕得罪人。平日里他是大家诚恳友善的长者，但对于工作懒惰的人，他也会忍不住“奚落”一番，“懒人屎多”是他的口头禅。他经常与年轻人一起回顾老一代航天人的风采，讲述他们的勤奋工作：“嗨！那是真的玩儿命干，头发是一把一把地掉！”每每谈及此都激动不已。休息时间，他亦是十分地健谈，和大家海阔天空地聊天，谈家中发生的一些有趣的事，兴高采烈地讲他昨晚烧的美食，此刻，他不是一名留过洋的技术军官，而是一位家长里短的邻居长者。

孙敬良是改型组研制团队的技术灵魂，同事们均视他为良师益友。在他的带领下，全体同志团结奋战，技术讨论畅所欲言，各种问题、意见、预案、建议在经过激烈的争论后，逐步形成统一的思想认识，遵照“不同心也要协力”的原则，大家都按照确定的统一方案认真执行，哪怕失败了也没有丝毫的怨言。“心若在，梦就在，只不过是从头再来。”

在3个月14次试验的紧张工作中，每一点微小的进展、每一次局部的成功，都能给大家带来无比的欣喜，在泗泾镇吃一餐家常豆腐庆祝一下，回味无穷。中秋节到了，完成试验回家的孙敬良路过泗泾镇，买了许多新鲜的芋头和毛豆背回家，全家人一起边赏月边品尝，共同过个愉快的中秋。工作是紧张的，生活是愉悦的，孙敬良和大家工作在一起，生活在一起，共同分享着成功的快乐和失败的苦涩。

从 1969 年 2 月至 1970 年 6 月，在一年多的时间里，通过 15 次试车，306 改型发动机初样研制结束。按照上级的统一部署，21 所将该发动机的研制成果提供给了沈阳 111 厂。回顾整个研制工作，是一条从失败走向成功、置之死地而后生的道路，在那激情燃烧的岁月里，有艰辛、有苦涩，有成功的喜悦、有失败的痛苦，更多的是为航天事业奋斗的快乐，这将永远激励着航天人不畏艰险，努力攀登。

306 改型发动机尺寸小、质量轻，主要指标超过了苏制 20д 发动机，表明中国 20 世纪 60 年代自行设计研制的地空导弹发动机已经达到了同时期的国际先进水平。“文革”结束后，该发动机荣获 1978 年全国科学大会重大科技成果奖，并获八机总局成果奖。这个迟来的奖项正是对当年工作的肯定。不仅如此，该发动机供应系统还应用于后续风暴系列和长征系列大型运载火箭二级游动发动机系统，实现了二级火箭的滑行方案，为中国发射大型卫星作出了贡献，为上海航天基地承担大型运载火箭工程做了技术积累和储备。

孙敬良

孙敬良院士传记

Academician Sun Jingliang's Biography

第四章 风暴天地

“701”大会战让孙敬良重回大型液体火箭发动机研制领域，他最难忘的是试车8连败和“一箭三星”首飞折戟沉沙，“翻箱倒柜”获得的“12字箴言”是他最宝贵的人生财富。

中国共产党十一届六中全会通过的《关于建国以来党的若干历史问题的决议》中明确指出："'文化大革命'是一场由领导者错误发动，被反革命集团利用，给党、国家和各族人民带来严重灾难的内乱。"在这场席卷华夏大地的政治风暴中，上海承研的第一种大型运载火箭上马了，一直对大型液体火箭发动机工作念念不忘的孙敬良凭借着扎实的理论功底、细致的工作作风和舍我其谁的豪情壮志，厚积薄发，十年铸箭，与研制队伍的同志们一起，奠定了上海独立研制大型运载火箭的技术基础和组织基础。

1. 协力会战"701"

20 世纪 60 年代至 70 年代交替之际，国际社会主义阵营进一步瓦解；资本主义世界中复杂的矛盾关系也加剧了自身的离心倾向；广大的殖民地、半殖民地国家在取得政治独立后，更加重视自身经济、政治的发展。即使是属于资本主义阵营的国家，也大大发展了自身民族和国家的因素。各国越来越倾向于从国与国之间寻找共同的利益基础。

国际环境对"两个拳头出击"，既反苏又反美的中国而言，进一步恶化。

1969 年 1 月 20 日，尼克松就任美国总统，中美关系不但毫无松动，而且雪上加霜。美国侵越战争继续扩大，美机、美舰仍不时侵入中国领空、领海。尼克松在 3 月 14 日的记者招待会上说：“中国共产党对我国人民的威胁以及一次意外进攻的危险是不能忽视的。”为此，他决定建立反弹道导弹系统，以对付“中国共产党的潜在威胁”。他还说：“苏联像我们一样，不愿使他们的国家暴露在中国共产党潜在的威胁之下。”与此同时，中苏关系也更加恶化，20 世纪 60 年代以来，随着中苏关系的日益恶化，苏联领导人在政治上不断加强反华的同时，还在中苏、中蒙边界部署重兵，并不断挑起边界武装冲突，形势一度相当紧张，重要的标志之一，就是苏联挑起的“珍宝岛事件”。

“珍宝岛事件”发生之后，战争的危险似乎已日益迫近。这一边境武装冲突事件，加重了中共党内存在的关于认为国际形势日益严重、世界大战不可避免的“左”的估计。1969 年 3 月 15 日，毛泽东在“中央文革领导小组”碰头会上着重谈了准备打仗的问题。而此时，中国国内由于“文革”的进行，正处在一片混乱之中。显然，分析战争的可能性和采取可行的对策来保卫国家安全，已成为十分急迫的首要任务。

按照国防建设计划要求，为加快国内航天工业新基地建设，中央决策在上海地区建立人造卫星、运载火箭的研制基地。1969 年 8 月 14 日，在上海航天的历史上是一个具有里程碑意义的日子，中华人民共和国国务院总理周恩来在北京接见了国防工业领导小组、国防工办、国防科委、七机部和上海市的负责人，对上海机电二局的性质、任务等做出调整决定。周总理代表党中央、国务院和中央军委明确指示：同意东风五号伺服机构试制生产任务安排在上海，东风型号的导弹，上海也可以搞，人造卫星工程，将来上海也要搞。1970 年 2 月 21 日，国防科委通知：遵照中共中央、国务院、中央军委指示，电子侦察卫星、通信卫星、气象卫星以及相应的地面测试、观察、接收设备，由上海负责研制。

"8·14"会议使上海地空导弹研制基地的形势发生了历史性的转折，上海航天得到一次难得的发展机遇，从此奏响了上海航天史上的新乐章。

1969年10月31日，中共中央、国务院、中央军委向上海市下达了人造地球卫星及其配套运载火箭的研制试验任务，并把任务责任定为以上海市为主，七机部、三机部等协助。

接到研制任务后，上海市立即着手在全市范围内组建研制队伍，初步分工运载火箭以上海市第二机电工业局（简称机电二局）为主负责研制，卫星以上海市第一机电工业局为主负责研制，将要投入研制的运载火箭命名为"风暴一号"（代号FB-1）、卫星命名为"长空一号"（代号CK-1）。1969年12月8日，上海市组织召开誓师动员大会，将风暴一号运载火箭和长空一号技术试验卫星的研制任务列为1970年上海市第一号工程任务，代号"701"工程，研制任务涉及到的有关工厂、研究所、高等院校等共180多家单位、近600人参加了誓师动员大会。会后，由上海市、上海警备区等主要负责人组成了"701"工程的七人领导小组，并成立了上海市工交组"701"办公室，具体负责"701"工程研制的协调工作。万事俱备，一场轰轰烈烈的"701"工程大会战在全市范围内打响了。

中央选择上海是经过深思熟虑的。从1965年至

1969 年期间，上海基地已生产了多批地空导弹并装备部队，初具规模的导弹试制基地在上海已经形成。除了拥有成熟的技术人员这个得天独厚的优势外，上海科研和基础工业的水平也同样突出，中国科学院在沪研究院、所雄厚的科研力量，成为了上海承接“701”工程研制试验任务强有力的支撑和保障。

上海市将运载火箭的研制任务下达给了上海市机电二局，作为 1970 年上海市的一号工程，要求机电二局必须在 1970 年搞出运载火箭全箭试车弹。机电二局按照专业相近的配套原则，从负责地空导弹研制工作的厂、所抽调部分人员组成了运载火箭总体和各分系统研制队伍：火箭总体和总装任务分别由 20 所和新江机器厂承担，箭载各分系统和仪器设备主要由局内有关厂、所承担。按照任务分工，21 所和新新机器厂承担了火箭一、二级发动机的设计和生产任务，产品代号分别为：一级单机 FY-20，一级四机 FY-21，二级主机 FY-22，二级五机 FY-23，二级游机 FY-23U。

风暴一号运载火箭的原型是七机部一院正在研制的远程导弹，发动机方面的工作由一院 11 所和 211 厂具体承担。为了加快风暴一号运载火箭发动机的研制进度，确保 1970 年搞出运载火箭全箭试车弹，在机电二局的统一组织下，21 所和新新机器厂各派遣 6 名技术人员组成学习调研组，赶赴北京相关厂所取经。

此时正值“集中力量建设三线战略大后方”“以阶级斗争为纲，狠抓战备，促进国民经济新飞跃”的时期，学习调研组一行人得到了国防科委、七机部的大力支持和七机部一院及基层单位的热情配合。在 11 所和 211 厂，他们先后学习了原型导弹发动机的有关图纸、资料和生产工艺文件，参观了相关试验和测试设备，11 所所长李伯勇亲自组织各方面专家举办专题辅导讲座，学习调研组用了一个月左右的时间完成了学习任务，满载而归。随后，七机部一院发来了已有的全套图纸，马云涛等同志送来了一级发动机单机的样机，还带领一批经验丰富的同志到所里各专业组担任技术顾问，他们以主人翁的精神与上海的同志工作、生活在一起，言传身教，毫无保留地付出自己的心血和经验。这一切，为发动机研制工作的迅速上马创造了重要条件，社会主义中国“集中力量办大事”“全国一盘棋”的优越性体现得淋漓尽致。

风暴一号运载火箭的研制体现了继承和创新的结合。根据任务需要，本着“立足上海的原材料、元器件和工艺条件以及充分利用上海已有的研制成果”的原则，参照原型火箭对风暴一号运载火箭重新进行了总体方案论证和各分系统设计。1970 年年初，21 所抽调出精兵强将组成设计师队伍，承担风暴一号运载火箭发动机分系统的研制任务，孙敬良分工负责发动机分系统及二级游动发动机的设计工作。他做梦都没有想到，在来到上海工作 4 年多之后，造化小儿再一次播弄了他，让他又回到了自己最感兴趣的大火箭发动机专业领域，此时此刻，他激动的心情仿如辛弃疾当年“我志在寥阔，畴昔梦登天。摩挲素月，人世俯仰已千年”①，那种感觉简直无法用语言来表达。

“701”工程作为上海市第一号政治任务，全市一级的组织、指挥机构是工交组“701”办公室，它具有很高的权威性，其所下达的任务，绝无讨价还价的余地，只能做好，不能干坏，只能提前，不能

①《水调歌头（三）》，南宋·辛弃疾。

拖延。20 世纪 70 年代，能够参加政治任务是一件十分不简单的事情，首要是对参与者进行严格的政治审查，不仅要求参与者是业务精通的佼佼者，而且是政治可靠的好战士；其次要查其直系亲属，还要调查各种社会关系，这都需要一定的周期。工程项目时间极其宝贵，孙敬良他们在“701”办公室的干预下，未通过政审就先到工作岗位上岗了，这在当时“只能说是一个奇迹”。

发动机的重要作用，意味着一个新型号火箭的研制，发动机必须先行，发动机设计人员的到位，便意味着型号大会战的正式开始。此时已整整 40 周岁的孙敬良非常珍惜这来之不易的、重回大发动机专业战场的机会，面对七机部一院提供的如小山般高的报告和图纸资料，他一头扎进了发动机分系统和二级游动发动机的设计研制工作中。为了保证“701”工程的研制进度，他和战友们利用车间的废品库作为办公室，每天加班到深夜，困了就在桌子上趴一会儿，实在累得不行，就到楼上集体宿舍睡两三个小时，一旦睁开眼，擦把脸又接着干。

风暴一号运载火箭一、二级均采用液体火箭发动机。液体火箭发动机推进剂输送系统是液体火箭发动机的重要组成部分，它的作用是将推进剂组元按要求的流量和压力，协调地输送到发动机各相应部位，以保证发动机正常工作，主要包括贮存和产生增压气体的装置、推进剂升压装置、输送管路、各种阀门及流量或压力调节装置等。推进剂输送系统按工作方式可分为挤压式和泵压式两类。挤压式系统借助引入贮箱的高压气体的压力，将推进剂从贮箱输送到推力室，结构简单，工作可靠，但由于推进剂贮箱要承受高压，因而贮箱结构质量较大，适用于推力小、燃烧室压力低、工作时间短、起动次数多的液体火箭发动机。

作为远程火箭，风暴一号的二级发动机由主发动机和游动发动机组成。游动发动机为火箭的飞行姿态提供控制力矩，并在主发动机关机后继续工作一段时间，以便对火箭的入轨速度进行修正，确保卫星的入轨精度和轨道高度。原型弹东风五号导弹方案论证时，二级游动发动机推进剂供应系统准备采用的是挤压式方案。根据风暴一号运载火箭总体方案论证，为提高运载能力，二级采用滑行方式，即火箭在小推力下飞行一段时间，游动发动机工作时间要增加200秒左右。孙敬良他们在设计游动发动机方案时发现，按照总体的要求，如沿用北京原型弹方案中游动发动机的挤压式推进剂输送系统，游动发动机要额外再增加几百千克质量，显然对整个风暴一号运载火箭乃至整个“701”工程而言，这个二级游动发动机的设计方案并不是最优。

此时正值孙敬良他们改型组承担红旗三号发动机改型设计工作的研制收尾阶段，经过论证，他们认为：可以利用本所已有的技术成果，把红旗三号改型发动机的推进剂输送系统移植到风暴一号运载火箭二级游动发动机上去，即由原来的挤压式方案改为泵压式方案，以减小输送系统的箭体结构质量，从而增加推进剂的加注量，实现发射更大载荷质量卫星的目标。毫无疑问，采用泵压式方案既具有明显的优越性，又有在短期内实现的可能性，而且有利于发挥自己单位的特长，继承过去的研制成果。这个方案对首次运送质量以吨为单位卫星的风暴一号运载火箭有着巨大的吸引力。

经过充分论证，孙敬良主持确定了风暴一号运载火箭发动机分系统（包括二级游动发动机）与原型弹不同的设计方案。按总体单位的指标要求，将一级发动机单机推力由原型机的 65 吨提高到 70 吨，在氧化剂副系统增设了带断流活门的关机系统；利用已有的红旗三号地空导弹 306 改型发动机的研制成果，采用泵压式系统方案取代挤压式系统，实现火箭在停泊轨道上的滑行方案，可以大幅度提高风暴一号运载火箭的运载能力。

泵压式系统中的关键组合件是涡轮泵。二级游动发动机泵压式方案经过论证确定后，孙敬良立即开始着手组织红旗三号改型发动机涡轮泵的改进研究工作。原来的红旗三号改型涡轮泵用于地空型号发动机，它的涡轮布置在氧化剂泵和燃料泵中间，同轴转动，两泵与涡轮腔之间用液封轮加氟四皮碗唇式密封，涡轮壳体法兰盘间用空心金属密封环密封，涡轮转子支承在两只 3E204Q 轴承上。涡轮泵装置通过螺栓横向固定在推力室头部的安装支板上，工作时间只有 60 秒。

为了验证风暴一号运载火箭二级游动发动机采用泵压式系统方案的可行性，孙敬良组织利用 306 改型机的输送系统，在 21 所 402 试验站试车台上进行了两个方面的验证摸底试验：首先将涡轮泵的运转时间延长至原来设计工作时间的 6 倍，考察轴承的寿命；其次改用新型推进剂，氧化剂是四氧化二氮，燃料是偏二甲肼，模拟游动发动机参数，以考察涡轮泵对新工作状态的适应性。针对验证试验中暴露出来的问题，在充分的理论分析基础上，开始着手对原来的涡轮泵进行改进设计。为了加快研制进度，设计与生产同步进行。

与此同时，402 试验站人员也抓紧一切时间，对原地空导弹发动机的试车台进行改建，为今后风暴一号运载火箭二级游动发动机的热试车做准备。就专业技术方向而言，21 所从事风暴一号运载火箭发动机的研制工作属于专业对口，但从生产设施、试验设备等保障条件来看，却是有着相当大的差距。例如：地空导弹最大的弹体直径才 0.5 米，全长才 10 米多，而风暴一号运载火箭直径为

3.35米，全长31.7米，两者根本不在一个层面。但大家没有被困难所吓倒，怀揣着强烈的光荣感、使命感和责任感，大家不等、不靠、不要，有条件要上，没有条件创造条件也要上，任务就是命令，工厂就是战场。全体人员心中只有一个信念：这是周总理代表党中央、毛主席交给我们的任务，是上海市的一号政治工程，一定要千方百计地去完成。

随着一、二级火箭发动机设计方案的确定，图纸开始陆续下厂生产。上海新新机器厂的干部职工早就铆足了劲，立即以百倍的热情和干劲，投入到轰轰烈烈的“701”工程大会战中。

大型液体火箭发动机结构复杂，技术要求高，制造难度大，加之任务时间要求紧，对于仅承担过地空导弹加工生产工作的上海新新机器厂来说，任务十分艰巨，困难之大可想而知，但是没有任何人退缩。大家抱定必胜的信念，决心用集体的智慧和力量去战胜一切困难，圆满完成“701”任务。

人民群众的智慧是无穷的。根据生产大型液体火箭发动机的条件需求，必须尽快为机械加工、钣金、焊接、组装等基本生产环节开辟出专用的或临时的场地，同时还必须重点推进大型工艺装备、试验设施的安装调试和厂房的基础建设，其中包括高温钎焊炉、泵水力试验台、液流试验台及总装厂房基建等工作，千丝万缕，千头万绪。为了争取时间，同时也为了节省研制资金，本着多快好省的原则，厂、所有关人员充分发挥主观能动性和聪明才智，想方设法挖掘现有资源的潜力，尽量利用已有的厂房、设备，进行必要的扩建或技术改造，使工作很快取得了重大进展，其中尤以钎焊厂房的扩建和泵水力试验台的改造最具典型性和代表性。

由于大型液体火箭发动机的钎焊炉较高，原有的厂房偏矮，安放不下这个庞然大物，如果将厂房推倒重建，势必耗资费时，满足不了生产计划需要。为了解决这个难题，工人师傅动足了脑筋，最后终于想出一个绝妙的办法：使用成排的很多只千斤顶同步缓慢上升，在短短几天内硬是把厂房屋顶升高了 1.7 米，既快捷又经济地为钎焊炉创建了安身之所，使它能够“安居乐业”。

泵水力试验台是一个大型设施，它的迅速建成得益于全市一盘棋的安排和技术人员的精心设计：利用地处闵行地区的上海电机厂一个旧的高速变频电机实验室及其原有设备改造而成，仅用 7 个月时间就正式交付使用，比新建一个泵试验台的周期至少缩短了一年，还节省了几百万元的投资，实在是又一创举。

上海工业基础雄厚、技术门类齐全。“701”工程充分利用这个先天的优势，按专业归口的原则，八方协作搞会战，广泛开展生产协作和技术攻关，在工交组“701”办公室的统一指挥协调下，形成了轰轰烈烈的全市大协作、全员大会战的局面。作为发动机抓总生产单位的新新机器厂，在时间紧、任务重的情况下，不可能也没有必要包揽发动机全部零组件的制造，而是抓大放小，抓住主要矛盾和关键环节，只承担总装及某些关键工艺、测试项目和部分关键零组件的生产，其余部分被分解到各个有专业技术优势的厂所去协作，充分利用全上海市的优质专业资源，实现了多快好省。据不完全统计，整个发动机分系统有 70%~80% 的零件是靠外协完成的，参与的协作单位不少于 60 家，仅总装部分就近 40 家。例如：涡轮泵由上海汽轮机厂生产，自动器由上海安亭阀门厂和良工阀门厂生产，机架由交通部上海港口机械厂生产，小直径金属软管由上海市金属软管厂生产，橡胶密封圈由上海橡胶制品研究所生产，而摇摆软管则由市内4家工厂分工合作，最后由港口机械厂组装完成。此时上海市工交组“701”办公室的指导思想非常明确，为了抢时间、保进度，充分发挥上海工业基地的作用，就是要走“搞大集中（总体总装）、小分散”的路子开展全市协作，工交组一位领导形象地表述说：“一厂一角，百家协作。”

如果说，遍布全市各区县的每一个发动机零件生产现场，就是散落在黄浦江边的一颗颗大协作、大会战明珠，那么21所的设计人员就是串起这一颗颗明珠的玉带。在“文革”的年月里，知识分子承受着巨大的政治压力，“以生产压革命”的帽子会随时落在全身心工作的“臭老九”们的头上，但早日把中国的大型卫星送上九天的宏伟目标时时激励着大家，他们忘我地工作着，什么都不顾了。在夜以继日、废寝忘食地完成设计任务之后，随着加工单位的落实，又立即跟随图纸下厂，每一个协作点都留下了他们的足迹。为了早日拿出产品，他们不论份内份外，主动承担了多方面的工作。他们向协作厂的有关人员全面技术交底，详细说明产品的功能、特点和要求，深入生产第一线与工人师傅共同研究如何攻克关键工艺，及时处理生产过程中发生的问题，有时还要负责采购或者搬运生产材料送到协作厂；协作厂可以换人不停车地倒班生产，但设计人员不能离开机器，经常需要连续工作十七八个小时，有时甚至通宵达旦；有的零件需要几个厂家分工协作，设计人员就主动担负起联系和协调工作，甚至自己动手，把从上道工序的生产厂家生产出来的工件运送到下道工序的协作厂；一旦生产过程中发生了技术问题，只要一个电话，不论白天或黑夜，保证随叫随到。在全面投产的那段时间里，白天整个工程组人员外出去协作厂，直至晚上十一二点还不回来睡觉是常有的事。直到产品生产出来，检验合格了，他们还是不能松劲，还要把成品亲自带回来，测试，装配……由于设计人员的工作涉及范围很广，因此有人用时下流行的“八大员”，即售票员、驾驶员、邮递员、保育员、理发员、服务员、售货员、炊事员来作比喻，戏称发动机设计人员每个人都是“八大员”：设计员、采购员、保管员、运输员、调度员、工艺员、检验员、宣传员。

参与“701”工程大会战的协作单位也充分体现了一盘棋、一条船的无私奉献精神。所有协作单位对“701”工程项目一律大开绿灯，以能参加这项工作为荣，从干部到技术人员再到工人师傅，都表现出极大的热情和实干精神，这是保质保量按时完成协作任务的关键。有的厂家为了生产出合格的上天产品，专门开辟了封闭车间或专用场地，挑选政治素质好、技术水平高的工人承担加工任务；有的厂家为了争时间、抢进度，24 小时三班倒，人停机不停；有些技术工人出身的厂级领导干部甚至上手操作设备，亲自加工产品，还戏称自己虽然当了干部，但武功没有废……涡轮泵是发动机的重要组合件，生产工艺复杂，涉及工种众多，工夹量具繁琐，上海汽轮机厂就组织技术等级高、业务水平好的工人日夜奋战，终于在图纸下厂后不到 3 个月的时间里拿出了质量过硬的产品。还有众多的单位承担了原、辅材料，元器件等的供货任务，兵马未动粮草先行，他们想方设法保证“701”工程项目供应，绝不拖延。正是通过组织这种专业化的大协作，充分发挥了各协作单位的技术专长，利用了他们丰富的从业经验和现有的技术设备，才能做到投资少，见效快，多快好省地交出令人满意的答卷。

1970年4月中旬，第一台FY-20发动机在简易总装厂房诞生了！4月21日，FY-20发动机运往北京进行工艺试车。在七机部一院、211厂、101站同志们的热情帮助和全力配合下，4月28日，首次试车（试车代号S101）顺利进行，这次试车达到了考核FY-20发动机的目的，取得了基本成功。从消化原型、改进设计、生产准备、组织生产、装配测试到第一台发动机试车，前后仅用了4个月的时间。如此速度，堪称奇迹！

“701”工程大会战启动后不久，21所恢复了孙敬良原来所技术负责人的职务，孙敬良以所技术负责人的身份，继续领导风暴一号运载火箭发动机分系统的研制工作，并继续参与科研一线的设计工作，他对游动发动机的研制投入了相当大的精力，以确保设计方案能够通过试验验证。

为了缩短研制时间，加快二级游动发动机的研制进度，孙敬良带领大家进行周密的论证后，决定跳过发动机常规研制流程中的缩比模型试验阶段，按照改进设计后图纸生产出来的涡轮泵直接进行1:1的二级游动发动机真实产品试车。毫无疑问，这样做，存在一定的技术风险和管理风险，但是孙敬良认为：任何的设计改进和试验缺失都存在技术风险，任何的流程跳跃都存在管理风险，科学上没有什么万无一失的神话，不冒任何风险、四平八稳地完成新设备研制工作，那只是传说。我们在做具体工作时，事先通过严密论证和科学评估，得出了风险可以受控、可以接受的结论，并认为冒此风险与抢出的时间相比值得，承担局部的风险能够给整体带来更大的收益，我们就应该勇敢地去尝试，就应该主动地去承担这个风险。

试车是利用 21 所现有的红旗型号试车台改进后进行的。孙敬良带领游动发动机设计人员和试车产品一起，自始至终长驻试车现场，与试车台操作人员一起研究，协同工作，出主意想办法，土法上马，就地进行适应性改进。发动机设计人员与试车台操作人员一起动手，用槽钢焊了个简易而适用的过渡转接架，实现了游动发动机与试车台的对接。大型液体火箭发动机试车需要的推进剂多，试验站只有供红旗导弹发动机试车的小容器，没有供大型液体火箭发动机试车用的大容量推进剂容器，试验站的同志开动脑筋，把仅有的两只容积为 2 立方米的用于运输推进剂的容器加固并联，当作试车推进剂容器使用，满足了可供 500 秒长程试车的推进剂容量需求。为了解决游动发动机单独试车时推进剂的供应问题，他们因地制宜，在推进剂主管路上安装了地空导弹的小型切刀活门，替代大发动机上昂贵的启动活门，既满足了使用要求，又节约了经费和加工时间。人民群众是历史的创造者，是真正的英雄！正是由于采用了这些看似老土、实有奇效、充满智慧、符合国情的措施，大大缩短了试验准备周期，为发动机的研制争取了宝贵的时间。

从 1970 年 8 月 14 日到 9 月 10 日短短的 20 多天内，连续进行了包括可靠性试车在内的 5 次二级游动发动机热试车，5 次试车均获得了圆满成功，证明涡轮泵及系统方案完全可行。按照试验确定的技术状态，1970 年 10 月生产出了第一台 FY-23 U 二级游动发动机。

游动发动机试验完成后，接下来的任务是把游动发动机与主发动机组合起来，构成完整的二级发动机。借鉴地空导弹的研制经验，拟采用把游动发动机涡轮泵通过连接支座“坐”在主发动机推力室头部的总装布局方案。方案设计完成后，设计人员虽然对总装布局有不同的看法，但由于时间紧迫，已不允许作进一步的方案比较，于是决定通过试验来验证。1970 年 10 月 11 日，21 所组织完成了长程二级主发动机和游动发动机五机联合试车，取得了主发动机正常工作 200 秒、游动发动机正常工作 450 秒的成绩；随后又组织了两次五机试车，再次获得圆满成功；接着又在酒泉导弹试验基地顺利地完成了二子级全箭热试车。这一连串的成功意味着游动发动机设计本身和它的总装布局方案通过了地面试验的严酷考核，具备了装箭参加飞行试验的条件。

孙敬良主持设计的风暴一号运载火箭二级游动发动机泵压式输送系统，继承了地空导弹的研制成果，大大延长了二级火箭的飞行时间，实现了二级滑行的要求，同时减轻了发动机的结构重量，提高了火箭的运载能力，并且通过了全工况热试车，试车结果表明其设计合理、有效。这一成果后来成功地应用于中国各大型二级运载火箭，并于 1978 年获全国科学大会重大科技成果奖。

多年以后，每当孙敬良和他的战友们回忆起这段历史的时候，从中看到的依然是“人民战争”的伟大力量。在征服世界、探索宇宙的道路上，个人的能力是十分有限的，但只要真心求智于民、真挚问计于民、真诚取谋于民，就能逢山有路、遇河有桥，从而成就事业、成就人生。

2. 八次连败陷困境

在风暴一号运载火箭一、二级液体发动机的研制过程中，随着发动机分系统研制工作的不断进展，21 所先后进行了一级单机的性能试车和可靠性试车、四机并联可靠性试车、二级五机组合试车、全箭试车等各种类型的一系列发动机热试车，试车中陆陆续续暴露出了许多问题。1970 年 9 月进行的第一次四机试车，预定工作时间是 210 秒，试验中发动机起火，工作至 54.43 秒时被迫紧急关机；10 月进行的第二次四机试车，发动机工作时间虽然达到 210 秒并按程序关机，但Ⅰ、Ⅱ、Ⅲ分机降温器的燃气入口导管断裂，Ⅰ、Ⅲ分机降温器的旁通管出现裂纹，关机水击压力大，导致发动机进口补偿器破裂。

试验一再失败，孙敬良带领技术人员忙于查找故障原因，寻求改进措施。毕竟，风暴一号运载火箭的原型弹发动机是由一院 11 所最先研制的，这些试验在北京已经全部通过验收了，怎么到了上海就不行了呢？不行的原因究竟是什么？是天时？是地利？还是人和？在全国一盘棋的政治大环境下，有周总理和中央军委亲自部署，11 所提供的图纸资料肯定不会有问题，藏私？谁敢啊！参与“701”工程的上海各协作厂家的技术实力毋庸置疑，参与人员的政治觉悟、工作态度和集体荣誉感同样毋庸置疑，破坏？谁肯啊！难道真是“橘生于淮南则为橘，生于淮北则为枳”[①]？设计人员极为困惑。

就在此时，有关方面却下达了遥测弹飞行试验的任务。在政治挂帅的年代，

---

①《晏子春秋·内篇杂下第六》之晏子使楚。

一切都带有政治的烙印，对这个明显脱离实际的计划，任何人不能、也不敢提出反对意见，否则“反革命”的帽子就非你莫属。为了完成遥测弹飞行试验这个“政治”任务，新新机器厂不得不置多次试车失败的实际情况于不顾，抓紧一切时间于 11 月份匆匆生产装配出了一、二级发动机。结果在 1971 年 3 月进行的全箭热试车中，一级发动机主活门没关死，关机后推进剂泄漏。根据试验中发生的这种情况分析，遥测弹的发动机根本就不具备交付条件，但是政治任务必须完成，没办法，只好头痛医头、脚痛医脚，1971 年 5 月对试车的发动机进行了一次返修，根据试车中出现的问题仓促做了一些局部改进，6 月组装了一台 FY-20 发动机准备用于验收性试车，7 月又重新组装了一套遥测弹发动机。

遥测弹发动机组装完成后，21 所组织进行遥测弹发动机的单机交付可靠性热试车，在额定推力或较大推力、较高混合比和摇摆工况下，考核发动机长时间工作的可靠性。此时，上海市“701”办公室组织为“701”工程配套兴建的“7013”工程——大型液体火箭发动机试车台正在浙江省嘉兴地区吴兴县菁山公社的金鸡山（现为浙江省湖州市郊云巢乡）如火如荼地建设中，尽管在浙江省、嘉兴地区和吴兴县三级行政组织的全力支持和协助下，在上海市建工局第 806 工程队的民兵、建筑工人和工程技术人员没日没夜地协力奋战下，兴建“7013”工程的“三大战役”中的第一个“土建战役”只用了 100 天就首战告捷，完成了试车台主体结构封顶，但“安装调试战役”刚刚打响，“考台试车战役”尚处在谋划运筹之中。显而易见，“7013”工程的建设进度赶不上这次发动机的单机交付可靠性热试车。

20 世纪 70 年代初期，全国大型液体火箭发动机试车台除了浙江嘉兴在建的“7013”工程外，还有两个，一个在北京云岗，一个在陕西凤州。在外地进行大型试验是比较繁琐的，为了组织好每一次的大型试车试验，技术负责人孙敬良煞费苦心，精心安排，从产品运输、测试设备展开维护，到人员配置、时间安排等，涉及的协调工作量非常大，工作条件很艰苦，但所有参试人员都是“扛起枪杆我就走，打起背包就出发”，没有一个人有一个字的抱怨，他们的心里都只有一个念头：全力做好本职工作，按时完成“701”工程。

为了减少出差人数，参试人员往往要“一专多能”，除本职工作外，还需要挑起各种担子。系统组和总装组的设计人员要提前到北京，在一院院部、211 厂及 16 车间、101 试验站等单位之间来回奔波，和有关部门联系落实试车安排，进行技术保障方面的协调，很多事情必须当面说清楚，或者眼见为实。从东高地到云岗，虽然都在北京南部，但是交通极为不便，要换乘几辆公共汽车，一来一回就是大半天；其他参试人员在新新机器厂配合完成产品总装后，必须安排人作为火车的押运人员乘坐在闷罐车里护送产品，每到一个军供站点，都要检查产品有无绑扎松动等异常情况，特别是在荒郊野外的临时停车时，还要经常下车检查周围的环境；产品运抵七机部一院后，要配合卸车并立即转运到 16 车间，没有时间休息，要抓紧时间做好产品上试车台的一切准备工作，跟产品运输车一起前往 101 站试车台；产品上试车台后，试验队员要密切配合试车台的工作人员做好各项试验准备工作；试车开始前的那一刻，时间似乎停止了，大家屏住呼吸，睁大眼睛，一眨不眨地盯着试车台上的发动机，随着一声“点火”

口令，伴随着震天动地的轰鸣，每个人都全神贯注地观察着发动机工作的情况，特别注意试车过程中出现的种种现象，做好工作记录；试验队员每天上下班要往返于云岗招待所和试车台之间，有时还要扛着流量计等物品，走过那段长长的路，迎着朝霞出门，披着夕阳回家……大家干得很苦，但精神世界很充实。

但是，天不如人愿，在7月到10月的3个多月里，液体火箭发动机连续8次热试车均告失败。短短3个多月的时间，接连8次试车失败，震动了21所全所上下，牵动着每一个人的心！特别是在现场参加试验的人员，更是亲身感受到了试车失败的切肤之痛。

8次试车连续发生故障，参与试车的试验人员心情沉重，焦急万分，尤其作为技术负责人的孙敬良，沮丧的心情和无形的压力无法用语言形容！当每一次试车失败紧急关机后，解除警报的警铃声刚一停止，孙敬良立即从指挥间飞奔出来，直冲到试车台上，不顾尚未完全散去的推进剂毒气和刺鼻的气味，第一时间靠近发动机，在最近的距离观察故障的部位和状态。

孙敬良在他的工作手册里，如实记录了8次热试车失败的故障情况：

1971年7月17日，试验代号S110（第一次）：

试车进行到 40 秒，一根副系统高压导管开裂，推进剂泄漏，引起大火，坚持到 93.3 秒，被迫紧急关机。

1971 年 8 月 7 日，试验代号 S111（第二次）：将机上几根高压导管的壁厚由 1 毫米增至 1.5 毫米，同时在导管的端部焊缝附近加上卡箍；有的导管焊缝处还被涂上环氧树脂，外加套管。试车进行到 12 秒，一根旁通活门高压导管被震裂，起了大火，13.37 秒紧急关机。

1971 年 8 月 14 日，试验代号 S112（第三次）：基本上保持了第二次采取的措施，只是在导管端部的卡箍上开槽以增加其柔性；另外，把氧化剂副系统高压导管的走向改变，并增加它的球形接头的壁厚。启动后 38 秒，推进剂泵测压导管上的球形接头断裂，燃起大火，导致 41.25 秒紧急关机。

1971 年 8 月 27 日，试验代号 S113（第四次）：将高压导管端部的卡箍改为“理发推子”的形状，它的刚性比前两次的卡箍大为加强。启动后 43 秒，推力室推进剂入口支管被从法兰盘焊缝处拉断，推进剂主导管弹起，呈奔马扬蹄状，喷出大量推进剂，于 46.3 秒紧急停车；事后发现两根高压导管的刚性卡箍也被震断。

1971 年 9 月 13 日，试验代号 S111 乙（第五次）：将高压导管的壁厚恢复到原设计值 1 毫米，同时取消所加的卡箍；系统调整上降低了推进剂混合比。试车进行到 27 秒，四氧化二氮蒸发器内一根蛇形管从焊缝处断裂；约到 55 秒，燃气发生器上氧化剂入口支管及燃料入口支管的焊缝处产生裂纹，有少量推进剂泄漏，既有黄烟又有火团，发动机仅工作 56.45 秒，又紧急关机。

1971 年 9 月 17 日，试验代号 S114（第六次）：发动机状态基本同第五次。启动后 50 秒，推力室头部搭板焊缝裂开 100 多毫米，向外喷射大片推进剂；燃气发生器的推进剂入口支管处再次出现裂纹；试车进行到 75 秒，推力室上测量燃烧室压力的管接嘴被烧断，导致大火，76.58 秒紧急停车。

1971 年 9 月 29 日，试验代号 S115（第七次）：本次起改进推力室头部喷注器小孔的加工质量，取消燃烧室压力测量管上的卡箍。启动后 127 秒，推力室推进剂入口支管上产生 60 毫米裂纹，先喷出推进剂，后着火；150 秒后降温器燃气入口弯通焊缝断裂，155.06 秒紧急关机。

1971 年 10 月 23 日，试验代号 S116(第八次)：产品状态基本同第七次。发动机工作到 74 秒，推力室推进剂入口支管法兰焊缝附近开裂，几乎重复了第四次试车的故障；另外，蒸发器内的蛇形管于 81 秒也再次发生断裂故障，导致蒸发器筒身大面积烧穿，发动机于 103.9 秒紧急关机。

在“701”工程大会战的政治大环境下，发动机试车屡遭失败，孙敬良和他的战友们承受着巨大的压力，面临着严峻的考验。

每次热试车失败后，孙敬良都会立即组织参试人员对发动机进行故障定位，根据故障现象寻找故障点，分析失败的原因，以便有针对性地采取相应措施。液体火箭发动机是一个非常复杂的系统，每次试车后，要在试车台的专用厂房内对刚试过车的发动机整体进行中和清洗，目的是清除其中残存的推进剂，然后要把发动机拆解，进一步冲洗、去毒、吹除、观察、记录、烘干，要根据故障现象对相关组合件逐一进行分解、观察和判断。厂房里推进剂的毒性残留，经常能使麻雀从房顶上直摔下来，但在现场操作的工人师傅和试验人员根本顾不上这些，大家眼看着自己没日没夜、辛辛苦苦努力生产出来的产品在顷刻间遭到如此惨烈的失败，无不感到刻骨铭心的切肤之痛！每个人心里都是只有一个念头：找到原因，从头再来！

连续的热试车，使得孙敬良和试验人员频繁往来于上海和北京之间。为了赶时间，需要改动的零部件不重新加工，把试过车的东西卸下来，包装好带回上海，厂里连夜安排修改返工和重新组装，完成后立即派人随身携带送往北京，参加下一次试车。几次试车失败后，孙敬良开始怀疑试验台的差别，他专程组织到陕西凤州红光 165 试车台进行试验，但是结果依然令人沮丧：失败了。这 3 个多月，他带领着大家和产品一起，没日没夜地连轴转，奔走于北京、凤州的试车台和上海的厂、所之间，两三个星期和家人也见不上一面。在中国传颂了几千年的“大禹治水过家门而不入”的壮举，在孙敬良和他的战友们身上已经成为了常态。

连续的 8 次试车失败，深深地刻下了时代的印记。1971 年的第三季度，正是中央路线斗争最激烈、“文化大革命”的动乱最厉害的时期之一，发动机的研制工作也受到了极左路线的严重干扰。在一切“以阶级斗争为纲”的极左政治氛围下，上海市“701”工程的主要负责人对于地面试验中出现的问题，不能实事求是地进行分析，听不进技术人员的不同意见，不按科学规律办事，违反研制程序，片面追求进度，急功近利，盲目冒进，甚至指鹿为马，把发动机研制过程中遇到的纯技术问题硬说成是阶级敌人的人为破坏，将系统组主要负责人进行隔离审查，指控他们利用试车参数调整的机会蓄意破坏“701”工程会战，企图以莫须有的罪名屈打成招，致使参加“701”工程会战的一个同志因突发心脏病含冤死于隔离室内！主要技术负责人孙敬良和系统组的主要技术人员也被勒令停职检查，迫使他们离开了日夜奋战、无比热爱的工作岗位。

一时间，“军工生产危险论”到处泛滥，所里笼罩着人人自危的气氛。

连续的8次试车失败，也震动和教育了孙敬良以及年轻的研制队伍，大家痛定思痛，冷静而认真地思索着：为什么发动机的振动会这么大？为什么实际混合比等参数高于预调值？为什么有的措施加上去后也未能见效，高压导管被加强了反而破坏得更厉害？标本兼治，何为标？本又在哪里？等等。通过不断地反思，大家开始认识到研制大型液体火箭发动机任务的艰巨性，认识到力戒浮躁作风、坚持科学严谨态度、严格遵循研制规律的重要性，认识到质量控制的重要性，每个人都积极行动起来，认真分析故障原因，从设计、工艺、生产、质量等环节，分头查找薄弱之处，组成了包括减振、抗振、系统参数调整在内的各种攻关组，继续为“701”工程大会战贡献力量。

3. 再战燃烧不稳定

在那样一个特殊的年代里，一切成就无一例外地被称作是“文化大革命的胜利果实”，一切失败也无一例外地被扣上“恶毒攻击、破坏文化大革命”的罪名，被彻底打倒、批臭。

山不在高，有仙则名。水不在深，有龙则灵。斯是陋室，惟吾德馨……

已经被停职离岗检查的孙敬良，成了所里的“贤（闲）”人。他被置于一种很奇怪的状态：高层没人管，基层没人找，莫名其妙地就什么工作内容也接触不到了，整天还必须坐在办公室里，除了被审查就是被审查。他虽然遵照停职检查的要求，一直百无聊赖地坐在办公桌旁，但他的大脑并没有闲着，他在脑海里像放电影一样，一遍一遍地回忆着发动机从开始设计到8次试车失败的每一个环节，连最微小的细枝末节也不放过。

8次试车中的试验数据表明，每次试车的推力和混合比都比较高，从S110试车参数偏高以后，试车调整计算均将混合比下调，但试车混合比总是达不到2.10的要求，发动机参数与调整偏差很大，不能满足总体对发动机的性能指标要求。

既然问题始终存在，那就仔细查！系统组全体设计人员从FY-20发动机第一次试车开始查起，对每次试车产品的配套情况、组合件的冷试数据、调整计算及热试车参数，逐一进行分析研究，从实验室、车间和资料室等各处调阅资料，甚至是职工手中的工作记录本。大家查阅了几十次冷、热试车的数据记录，分析计算了几万个数据，绘制了几百条曲线。

因为“701”工程会战的需要，孙敬良的停职检查很快结束了，他立即投入到了数据分析工作中，和设计员们一起分析讨论，在讨论中度过了一个个不眠之夜。全面分析研究后，大家共同认为，最大的可能是调整计算用的管路特性和节流圈特性参数存在问题。设计时调整计算使用的阀门和管路特性公式参数是通过单件试验取得的，未考虑进、出口区域液体流场分布的影响。由于研制初期对此没有足够的认识，而且因为研制时间紧，组合件试验工作量大，试验台安装、测试困难等，也未进行系统试验。

前期工作没有做到位，后期就不得不补上这一课，不过补课的代价确实有些大。大家经过认真讨论认为，需要补做FY-20发动机系统管路特性和节流圈特性的摸底试验。说干就干，尽管排不进科研计划，但是可以自己动手，丰衣足食。大家分头寻找氧化剂与燃料的主导管、主阀门、节流圈、副系统导管、断流阀门等废旧零、组件和试验所需的各种材料。在材料、组件搜集齐全之后，利用液流试验台和泵试验台的工作间隙，见缝插针地安排试验。在试验台操作师傅的帮助下，设计人员自己动手安装、拆卸，读表、处理数据，试验从每天晚上 11 点直至次日凌晨 6 点。在泵台上将节流圈置于泵出口，试验节流圈进口流场对节流特性的影响，再将节流圈置于氧化剂主导管进口，试验出口流场对节流特性的影响……随后又陆续完成了氧化剂、燃料系统管路，蒸发器、隔板系统管路特性试验及分叉损失的试验。大家挥汗如雨，废寝忘食。辛勤的劳动终于换来了喜人的成果，一系列试验的完成使设计人员真正掌握了 FY-20 发动机各个环节流量特性的第一手资料。

通过对大量冷试车和热试车的数据分析研究，大家得出结论：过去调整计算中所用的管路流阻特性、节流圈特性均不够准确，当节流压力大时，实际节流压力值比计算值偏大；反之，当节流压力小时，实际节流压力值比计算值偏小。另外，氧化剂系统管路流阻的实际值比计算值小。而恰巧这 8 次试车调整计算结果均为节流压力很小，甚至出现了氧化剂不节流的情况，从而造成混合比很高、推力大。由此可以确定：8 次试车混合比高的原因是节流圈特性和管路流阻特性不准确。

在孙敬良一贯倡导的技术民主氛围下，大家畅所欲言，各自提出心目中最佳的调整方法和改进方案。经过一轮又一轮的讨论研究，最终大家的思路归结为两种方法：一种方法是仍然采用原来的管路特性和节流圈特性，这种方法的调整参数仅在一个点准确，其他点偏离此点越远，误差越大，因此这种方法被称为定点调整方法，它的参数调整范围有限，但实施简单；另一种方法是在调整计算时，利用系统冷试真实管路流阻特性和节流圈特性进行计算调整，被大家称之为新的调整方法，它的参数调整范围广，但实施复杂。经过精心比对、认真论证和充分讨论后，孙敬良拍板决定：对于交付产品和抽检试车产品，当前形式下不宜做较大的改动，应采用定点调整方法，除此之外的研究性试验均要采用新的调整方法进行考验。决定下来的事，大家都不折不扣地坚决执行，一丝不苟地投入到工作中。在 02 批交付产品及抽检试车发动机上使用定点调整方法，加以提高喷注孔的加工精度，降低混合比等措施进行性能试车考验。

功夫不负有心人。经过改进后的 FY-20 发动机于 1971 年 11 月 27 日进行的 S117 试车中取得了久违的成功。发动机启动正常，参数满足设计指标要求，消除了高混合比工况，试车过程中没有产生大振动，发动机结构完整无损，210 秒正常关机，干净利索，试车现场欢声雷动。终于取得了盼望已久的成功，大家欣喜若狂，深深感到胜利的成果来之不易。

这次试车的成功，印证了参与此项工作的同志们经过多少不眠之夜进行大量试验分析所得出的结论——过去调整计算所用的管路流阻特性和节流圈特性不准确，本次采用的提高发动机参数调整精度的定点调整法，以及降低推进剂额定混合比的措施，都是正确和有效的。

试车取得了成功，但以孙敬良为首的技术人员并没有被胜利冲昏头脑，他们清醒地意识到，这只是万里长征的第一步。因为定点调整方法相当于固定了管路和节流圈的流阻，根据推力室入口压力要求选择泵的扬程，所以在批生产的型号上使用方便，但对于发射卫星的运载火箭而言，每次产品配套时，都要用车削泵轮的方法达到扬程要求，其工艺流程相当繁琐。要先将生产出来的泵做一次水试，再根据每台燃烧室的流阻算出需要的泵扬程，车加工减小直径以降低泵扬程。为了验证计算的结果是否准确无误，泵轮车加工后还要做水力试验，以获取泵车加工后的特性。如此多次反复，浪费人力和物力，这绝非长久之计。很显然，当时孙敬良拍板"对于交付产品和抽检试车产品，应用定点调整方法"的决策是在特殊情况下作出的、符合实际情况的特殊决定，这项决策奠定了这次试车成功的基础，对试车成功起了决定性的作用。

通过了单机和四机并联的试车之后，新新机器厂组装了 02 批交付飞行试验的发动机，按期交付遥测弹进行系统试验和集成综合测试。此后利用定点调整的方法共完成了 4 次飞行试验的发动机参数调整计算，前后历时 5 年。

历经磨难的这发 02 批低弹道遥测弹于 1972 年 4 月 14 日进入酒泉导弹试验基地，经过技术阵地 90 多天的测试工作，于 7 月 24 日转运至发射阵地，8 月 10 日 8 时 32 分顺利发射。火箭正常起飞，一、二级发动机均正常关机。遥测参数分析表明，一级发动机性能指标满足总体要求，二级主发动机推力偏低，游动发动机推进剂泵后压力分别于起飞后 186 秒、205 秒和 240.7 秒三次出现明显下降，说明二级游动发动机工作不正常。

对飞行试验数据的分析认为：本发遥测弹按照飞行试验大纲的要求，完成了预定任务，总体方案、分系统方案正确，各分系统之间基本协调，通过了气动力、过载等外界因素作用的考验，证明全弹设计合理和可行。二级游动发动机的故障瑕不掩瑜，首次飞行试验基本成功。这次发射遥测弹的初步胜利，为进一步发射重型人造卫星进行了重要的技术准备，迈出了坚实的一步。

在应用定点调整方法的同时，按照孙敬良“……除此之外的研究性试验采用新的调整方法进行考验”的要求，各种非交付性试车、研究性试车，以及后来的长征三号运载火箭发动机试车和长征四号运载火箭大推力发动机试车均使用新的调整计算方法。经过多次热试车，积累了大量的试验数据，可调整参数范围推力 65~82 吨，混合比 2.05~2.20，调整精度达到了设计要求。自 06 批开始的交付试车和飞行试验产品改用新的调整方法，一直使用到长征三号运载火箭的最后一次飞行试验。与此同时，21 所承担着长征四号运载火箭发动机的研制任务，在长征四号运载火箭一级发动机的 6 次方案考核试车（代号 C101~C106）中，参数调整范围推力 75~82 吨，混合比 2.05~2.22，6 次考核试车结果表明，采用新调整方法的参数调整精度全部达到设计要求。新的调整方法经过大量地面试车和飞行试验的考验，证明方法先进，行之有效。该成果于 1985 年获航天工业部（原七机部，1982 年更名为航天工业部，简称航天部）部级科技成果二等奖。

除了调整计算参数的问题外，另一个大的问题就是发动机在试车中出现的异常大振动。作为 8 次试车失败的技术负责人，孙敬良在试车现场通过实时监控设备清楚地看到，每次试车时，发动机正常喷射出的火焰中都瞬间出现了异常的亮光，事后发动机分解和实时监测数据分析都表明，过程中发生了大的振动，并伴随有燃烧室喷注器烧蚀、推力和混合比高出预调值较多、大振动引起了发动机结构的破坏等现象。对于这些现象，孙敬良有一种似曾相识的感觉，似乎很熟悉，但是仔细思考，又觉得确实很陌生。

减振？抗振？哪个是标？如何治本？孙敬良的思绪又回到了当年5D60发动机的技术攻关上，自己当时如何考虑，大家当时如何集思广益，老领导、三部主任任新民当时如何决策……他感到自己的脑海里似乎模模糊糊地有点苗头，但却又怎么都抓不住关键之处。

发动机试车时为什么会出现异常的大振动？每个人有自己的看法，众说纷纭。有人认为与推力室喷注器工艺有关，有人认为与发动机泵架刚性有关，有人认为与燃烧不稳定有关，大家各执己见，意见很难统一。分析故障原因时的百家争鸣现象表明，确实每个人都在开动脑筋献计献策，但同时也表明大家对故障性质的认识并不深入，也缺乏相应的理论依据。

孙敬良是一位尊重科学、尊重实际的技术领导，他非常支持和关注推力室小组设计人员所做的各项具体分析工作。为了详尽地掌握8次试车的第一手资料，他们将每次试车的推力、压力、流量等参数每个瞬间的数据点定位在以时间为横轴的坐标纸上，再分别将每个参数成百上千个点连成曲线，以便查找其变化规律和异常现象出现的瞬间位置。没有计算机处理数据，就靠手工一个点一个点地拟合曲线，这项工作是极其枯燥烦琐的，但又极其容易出现错误，需要极端的细致和极大的耐心。大家还仔细查看了每次试车时拍摄的电影胶片，电影拍摄速度是每秒24张照片，每次试车的时间长达100~200秒，一次试车的照片总数就高达几千张，这项工作同样是极其枯燥与烦琐的，同样需要极端的细致和极大的耐心。但是分析人员没有丝毫的厌烦情绪，对着灯光一帧一帧逐一查看。从胶片中的图像与推力、压力、流量等时间拟合曲线的对比中发现，每当发动机产生大振动的同时，推力、压力的时间拟合曲线就会出现拐点，照片上发动机喷出的火焰也会同时出现异常的亮光，孙敬良和他的战友们敏锐地意识到这种情况绝对不是时间上的巧合，而是说明大振动与推力室的燃烧情况密切相关！自浩如烟海的数据中找到了故障信息的蛛丝马迹，就像在浩瀚的宇宙中探索到了外星智慧生命迹象，从无垠的大海里捞上了绣花针一样，他喜悦的心情简直无法用语言表达，恨不得立即通过实际测量来验证自己的猜测。

振动测量是了解和监测发动机工作时振动频谱响应的重要手段，但是在 20 世纪 70 年代，国内的发动机振动测量技术还是一门刚刚起步的学科，研究的人不多，学以致用的人更少，21 所在以往的发动机试车中也没有应用过类似的监测手段。但是，为了定量测定发动机试车时的振动频谱，没有路也要闯出一条路。孙敬良他们就借助所内专业人员和外部高校的力量，大家共同探讨，以满足测量标准的要求为最低目标，以多快好省为最高要求，土法上马，用便于修改的设备草台进行测量，不断修修补补，每修补一次就向胜利迈进一步。通过反复实践，不断完善测试设备和测试方法，终于在发动机试车中成功地实现了实时振动测量。通过振动测量发现，当发动机发生大振动时，振动频谱中会出现

800 赫兹到 1000 赫兹之间的突出频率，而且幅度较其他频谱的谱线明显高出许多。通过测定突出频率和它的分频加速度值，就得到了判断大振动的量化指标。

孙敬良十分重视试车现场的第一手资料和试车后发动机的分解情况。尽管他深知推进剂毒性对人体的伤害，但是，只要他在发动机的试车现场，就一定会亲自到发动机分解现场，第一时间了解试车后产品分解的情况。每次试车产品返厂后，孙敬良都特别关注并及时了解喷注器的烧蚀状况。为了得到第一手资料，推力室小组的同志们每次试车后都要钻进燃烧室内检查喷注器的具体情况，他们借助小镜子仔细查看喷注器小孔环和隔板的烧蚀情况，了解喷注器的烧蚀破坏程度并详细记录。有时孙敬良为了“眼见为实”，会亲自钻进燃烧室内。燃烧室内狭小的空间使得他们不得不自始至终蜷缩着身体，残留的剧毒推进剂蒸气熏得他们头晕、恶心，但他们什么也顾不上，全神贯注地观察着每一个零件。每一个观察者都抱着严谨的科学态度，坚持把故障情况观察清楚，不漏过任何一个细节，并一丝不苟地做好记录，为事后的问题分析提供详实完整的第一手资料。

孙敬良在发动机前留影

通过对燃烧火焰、振动数据、头部烧蚀情况等各个方面的综合分析，孙敬良和他的团队终于认识到：燃烧室在工作过程中产生的中频纵向型压力振荡是发动机大振动的振源，是试车过程中发动机产生结构破坏和喷注器烧蚀的根本原因。

纵向燃烧不稳定激发的发动机大振动造成结构破坏，这是经过深入分析后大家得出的一致认识，是整个发动机团队认知上的一次大飞跃！

对于FY-20发动机来说，原型发动机喷注器固有燃烧稳定性差，工作过程中容易激发燃烧不稳定，因而产生大振动，类似于火焰燃烧频率与燃烧室结构的固有频率数值接近引发的共振，从而造成发动机结构的破坏。根据这种理论分析，单纯采取结构加强的措施和硬抗的措施都没能切中要害，都属于治标不治本，如果采取的措施造成应力无处释放，搞不好反而会导致发动机更大的破坏。要从根本上解决燃烧不稳定产生的大振动问题，必须彻底消除激发燃烧不稳定的因素，从而提高发动机的燃烧稳定性。

针对故障原因采取纠正和改进措施，以消除该故障的起因，才能避免该故障的重复发生。对于FY-20发动机来说，消除激发燃烧不稳定的因素，提高发动机的燃烧稳定性，就能避免产生大振动。如此看来，以减振为目标的改进势在必行。但在20世纪70年代的历史条件下，像FY-20发动机这种类型的燃烧不稳定，在国内以往的发动机研制中从未遇到过，没有经验，没有捷径，命中注定了它的改进之路将不会平坦，甚至可以说是步履维艰！

国内外的研究实践表明，解决燃烧不稳定问题是发动机研制中最棘手的关键技术，没有万能灵药，同一种措施在一种情况下行之有效，而在另一种情况下就可能压根无效。在20世纪70年代初，全中国乃至全世界的技术资料对这个问题都只有一个结论："没有成熟的理论可以参考，没有现成的措施可以借鉴。"没有任何间接经验，没有任何灵丹妙药，一切唯有靠自己在实践中去摸索。

时隔5年，再一次遇到了燃烧不稳定的问题，狭路相逢勇者胜，勇者相逢智者胜！孙敬良在心里暗自憋了一股劲。

液体发动机和固体发动机是按照其使用的推进剂种类进行分类的。燃烧稳定性问题，是大型液体火箭发动机研制中的重大课题之一，而其中的关键，在于推力室头部喷注器的设计。推力室是火箭发动机中产生推力的部分，喷注器是促使推进剂雾化和燃烧的装置，与燃烧稳定性有密切关系。孙敬良的思索、摸索和探索，就从喷注器入手。

事实上，早在1971年3月的风暴一号遥测弹全箭发动机热试车时，就已经暴露了原型弹G方案喷注器稳定性差的问题。几次试车都出现了推力室头部烧蚀的现象，经过认真分析原因，初步认为是由于燃烧不稳定引起的，于是产生了改进喷注器的想法。相关设计人员在1971年6月着手对原型弹发动机喷注器进行第一次改进，推出了S方案喷注器。S方案喷注器适当降低了喷注孔的压力，调整了推进剂的流场强度分布参数，目的只有一个，就是改善燃烧稳定性，解决烧蚀问题。

然而，负责“701”工程的上海市工交组负责人，不懂技术，急于求成，没有实事求是的科学态度，不尊重技术人员的意见。他们以阶级斗争为纲，片面地把屡次试车失败归咎为阶级敌人搞破坏的结果，主观上认为改动喷注器方案、变更发动机的设计状态是对“701”工程丧失信心的表现，是这个时期“阶级斗争的新动向”。设计人员专门针对燃烧不稳定现象而进行的改进工作不但没有得到应有的重视和支持，反而遭到了彻底压制和无情打击。在这个政治挂帅的年代，没有人敢于混淆纲目，凝聚着设计人员无数心血的S方案就此夭折，不但没能使用在02批低弹道遥测弹的发动机上，反而被批倒批臭，“扫进了历史的垃圾堆”。

02批低弹道遥测弹发射试验的基本成功，极大地鼓舞着风暴一号运载火箭的研制者们，他们一鼓作气，再接再厉，以忘我的热情和干劲投入到社会主义建设的革命洪流中。但是，在科学女神的面前，仅仅靠投入热情，无论如何都不会取得好的结果。风暴一号运载火箭 03 批、04 批分别于 1973 年 9 月 18 日和 1974 年 7 月 12 日接连两次执行发射长空一号卫星的任务，都因为二级发动机故障而没有入轨，导致整个任务失败。经过事后对飞行试验数据及发动机残骸的分析和模拟试验验证，分别得出结论：03 批飞行失败是由于二级游动发动机故障引起的，04 批飞行失败是由于二级主发动机故障造成的。这个结论给火箭研制人员，特别是发动机研制人员带来了无比巨大的压力，一时间，发动机研制人员在人前简直抬不起头。

风暴一号运载火箭飞行试验的连续失败，原因都是二级发动机故障，这引起了上上下下、方方面面的高度重视，付出的学费是昂贵的，失败的教训使得大家开始重视地面的验证试验，一些为了进度或为了政治让路而被迫下马的发动机研制攻关项目陆续恢复。

早在 1973 年 7 月，21 所和新新机器厂经过讨论，决定开展 10 个项目的攻关工作，其中第一项就是喷注器的方案。在 S 方案流产近两年后，孙敬良带领设计人员，经过反复论证和讨论，在该方案的基础上修改设计出了 S_2 方案。这个方案充分继承了

S 方案的优点，同时对推进剂在喷注器面上的流场分布参数重新进行了调整，改变了喷进燃烧室内推进剂相互撞击的角度，以便使火焰峰面参差不齐，并造成一定程度的“液相分区”。这样做的目的是为了破坏燃烧室内压力波的共振，抑制燃气在燃烧室内产生纵向振荡。

但新的 S_2 方案诞生后，面临的是和 S 方案同样的命运，被直接打入冷宫一年多，直到 1974 年 7 月风暴一号运载火箭 04 批飞行试验再次失败，分析原因又是发动机大振动所致。在严酷的现实面前，上海工交组的负责人被逼到了绝路上，迫于压力，他们才不得不解除了不能更改技术状态的禁令，被寄予厚望的 S_2 方案才得以重见天日。

风暴一号运载火箭连续两次因发动机故障而使任务惨遭失败，极大地震动了孙敬良和他的战友们，这支年轻的发动机研制队伍化压力为动力，积极投入到攻坚克难的战斗中去。他们坚持两条腿走路，既抗振又减振，双管齐下，在重点抓了抗振措施，即“四新八改”之后，在减振方面，把 S_2 方案喷注器的生产提上了议事日程。在各级领导的大力支持下，在设计、工艺、生产各个环节的共同努力下，1974 年 12 月，S_2 方案喷注器完成了生产。但是，1974 年 12 月 21 日的 S_2 方案试车并没有达到预期的效果，发动机振动仍然比较大，再次造成发动机结构破坏。12 月的寒风吹在大家身上，冰冷刺骨，但是大家的心里，比西伯利亚冬日的寒流还要冰冷。

1975 年元月初，S_2 方案喷注器发动机试车考核依然再次失败，全体研制生产人员的情绪越来越低落，感觉成功的希望越来越渺茫。就在研制工作最困难的时候，厂所和局两级组织的领导同志亲自来听取 S_2 方案的试车情况汇报，给同志们打气鼓劲，鼓励大家“越是绝望的时候，成功的希望就离我们越近”，要求大家重树信心，迎难而上，充分发扬技术民主，全面深入分析原因，全体同志都要为攻关献计献策。21 所立即趁热打铁，成立了专题攻关组，全体研制生

孙敬良主持会议

产人员深受鼓舞，重整旗鼓，一时间形成了为攻关献计献策的热潮。

1月21日，21所召开专题讨论会，对S_2方案试车的情况进行全面仔细的分析。经过对比分析发现，虽然S_2方案没有达到预期的效果，但与此前的多次试车情况相比，S_2方案中喷注孔排列的局部变动确实使燃烧和振动情况发生了明显的变化。在以往的试车中，一旦某种原因激发起了大振动，就会一直持续，幅度不会衰减，而S_2方案试车时出现的大振动却呈现了幅度起伏的现象，突出频率也明显向较低频率端发生了偏移。这个发现使大家精神为之一振：这说明在喷注器上“动手术”的S_2方案方向是正确的，只要参数变得合理，响应动得适当，关键改进措施恰到好处，就一定能够抑制大振动。

会上，孙敬良根据自己10余年从事发动机研制工作的经验，特别提到要借鉴红旗三号导弹304发动机攻克燃烧不稳定问题的减振经验，他从理论上分析了试车中每当喷注器某区域发生推进剂泄漏时，振动量级就会大幅度下降这一现象，提出将直流喷注器排列状态加以改变，使喷注器隔板两侧突出流场强度的新型喷注器方案设想。他的理论分析清晰透彻，提出的措施合理可行，得到了全体与会人员的共同支持。会议当晚领导拍板决定，按照孙敬良提出的设想，利用库房中剩下的一套喷嘴环改造加工，进行试验验证。

努力方向确定了，攻关组全体人员立即投入到了紧张的工作中。大家把从使用过的发动机上拆下来的喷注器搬进了办公室，整天围着它仔细端详，反复琢磨。发动机的整个喷注器是一个由大约2600个喷注孔组成的复杂的喷雾装置，在有限的空间里，喷嘴如何排列、喷嘴孔径如何取值、撞击角等参数如何分布才能减小振动，这是大家每天思考的问题。为了获得最佳的方案，需要对几十种的可能进行计算、比较和筛选，每改变一种喷嘴排列和尺寸，就要涉及所有喷嘴排列和尺寸的变动，仿真计算的数据量巨大，对只能使用飞鱼牌手摇计算机完成全部计算的设计人员而言，工作量十分庞大。1月26日夜晚，孙敬良他们完成了最后一种布局方案的仿真计算和全部数据的校核比对，当他们拖着沉重的脚步走出办公室的时候，悠扬的钟声从黄浦江对岸的外滩海关大楼方向传来，整整响了11下。

第二天，在21所召开的“三结合”专题会上，设计人员介绍了喷注器的各种排列计算结果，并根据计算结果对设计方案作了进一步的补充，生产车间的工人师傅们对于新方案喷注器的加工提出了许多建设性意见。众人拾柴火焰高，一个凝聚着集体智慧和心血的新方案最终形成了。“新方案应该叫什么名字呢？”孙敬良问，大家都开始开动脑筋，“就叫S_{2A}方案吧”，一位同志提议说。大家回想起S_2方案从出生到现在走过的不平凡之路，一致赞同这个提议。

S_{2A} 方案与以往的 G、S、S_2 方案最大的不同，就在于它是建立在充分的理论计算和试验验证的基础上，它站在 G、S、S_2 方案的肩膀上，向前跨出了一大步。通过改变喷嘴排列、大幅度扩大喷嘴孔直径等手段，使得喷注器隔板两侧附近的燃料流量增加了 50%，同时在喷注器的中心区和扇形区局部也增加了流量，进一步造成了局部流场强度突出，强化了“液相分区”效应，从而达到了抑制燃烧振荡的目的。

1975 年 4 月 1 日，在位于陕南秦岭山脉中的红光 165 试验基地试车台上进行 S_{2A} 方案的首次试车。此次试车是在大推力、高混合比和承受过载的加严考核条件下进行的，试车时间全长 160 秒，按时正常关机，试车获得了圆满成功。测试数据显示，振动分频加速度 12g，从以往大振动的几百个 g 下降到 12g，振动降低到数十分之一，说明 S_{2A} 方案取得了明显的减振效果。科学有险阻，苦战能过关。试车的成功，使得大家欣喜若狂，这是经历过苦战、冲破了险阻以后发自内心的喜悦！

1975 年 7 月 26 日晚 21 时 30 分，随着“点火”口令的下达，位于中国西北边陲的酒泉导弹试验基地二号发射阵地发出了震天动地的轰鸣，风暴一号运载火箭（05 批）高举着总质量 1107 千克的长空一号技术试验卫星缓缓离开发射塔架，火箭喷

即将起飞的风暴一号运载火箭

射着熊熊的烈焰向天空飞去，在茫茫的戈壁滩上宛如一条火龙盘旋，飞龙在天，在夕阳的照耀下显得格外耀眼。场区内不时传来外测系统传回的实时跟踪报告，一二级分离、星箭分离、卫星入轨！长空一号技术试验卫星准确进入了预定轨道，星载设备正常开机工作。顿时，戈壁滩上鞭炮齐鸣，大家欢呼雀跃，群情沸腾，不少人眼中含着热泪，相互握手、拥抱，热烈庆祝中国第一颗质量超过 1 吨的重型卫星发射成功。

新华通讯社为长空一号技术试验卫星的发射成功发布了套红新闻公报，中共中央、国务院、中央军委联名发来贺电，向从事研制和发射任务的全体人员表示热烈祝贺。这个消息又一次震撼了全世界，国外新闻媒体纷纷发表报道和评论。

“重型卫星的发射成功将使中国向试验洲际弹道导弹的目标更加迈进一步。”

“中国人在美国同苏联执行阿波罗 - 联盟对接测试计划之后仅仅几天发射卫星，他们也可能是为了用这个成就来提醒人们，在宇宙空间方面，也应该重视他们。”

“发射这颗卫星表明了中国为适应宇宙科学时代，正迅速提高行将赶上美、苏技术水平的力量。”

“此种成就是以自力更生为基点和群众智慧充分发挥的辉煌胜利。”

首颗重型卫星的上天，标志着中国运载火箭技术的发展进入了一个崭新阶段，创造了中国重型卫星发射成功的纪录，意义重大，值得自豪，这一成绩来之不易，上海航天人为之付出了高昂的代价。然而，遥测数据表明：就在这次飞行试验中，一级发动机Ⅱ分机于启动后116.6秒，振动由158.9g突跃至556.1g，增大到原来的3.5倍，振动分频值高达168.5g。飞行试验中大振动的问题又一次暴露，迫使新的S_{2A}方案喷注器进入型号应用阶段，后续任务的大型液体火箭发动机上均采用了新的S_{2A}方案。

反复的地面试验和飞行试验结果证明，S_{2A}方案喷注器使得液体火箭发动机的燃烧稳定性大为改善，振动值降低了一个数量级以上，从而提高了发动机的固有可靠性，攻克了困扰该类发动机研制近5年时间的重大技术关键，使飞行试验的成功率达到100%。这项成果已推广应用于中国同类大型液体火箭发动机。该成果于1978年获全国科学大会奖，并于1980年获国防科委重大科技成果二等奖。

S_{2A}方案喷注器研制成功后，孙敬良和他的战友们并没有因为胜利而就此止步，他们在成功的基础上继续探索、优化，为进一步提高中国液体火箭发动机的可靠性而努力奋斗。直到1978年3月，孙敬良调往上海机电二局担任副总工程师和风暴一号运载火箭技术负责人时，他依然关注并指导着减振工作。

S_{2A}方案喷注器的试车结果分析表明，这个方案存在两个弱点：一是对氧化剂温度比较敏感，当氧化剂温度超过20摄氏度时，振动有时有加大的趋势；二是当工作状况比较恶劣时，有可能会引起喷注器面的烧蚀，即所谓热相容性比较差。

为了克服这两个弱点，1975年6月，孙敬良带领设计人员完成了S_3方案的设计。此方案在保持 S_{2A} 方案优点的同时，又对 S_{2A} 方案进行了进一步的优化。与 S_{2A} 方案相比，S_3 方案加大了局部的流场强度，减小了这些部位推进剂的撞击角度，改变了某些喷注孔排列对燃烧不利的情况，目的是强化“液相分区”效果，使之既有更大的稳定性，又不降低性能。从 1976 年年初开始，S_3 方案陆续进行了 8 次试车，结果表明，S_3 方案在稳定性方面比 S_{2A} 方案确有更大的冗余度，但是性能——比推力有所降低，而且喷注器局部烧蚀的问题仍然存在。

1978 年 2 月进一步完成了 S_4 方案，同年 9 月份的方案考核试车结果不尽如人意，以大振动和喷注器的严重烧蚀而告失败。1979 年年初，长征四号运载火箭总体单位下达了发动机研制任务，为了提高二级发动机的比冲和推力，在着手研制大喷管推力室的同时，设计出了 S_{2B} 方案喷注器。同年 10 月上机试车考核，结果振动很大，方案没有取得成功。在认真总结正、反两方面实践经验和教训的基础上，1981 年年底又设计出了 S_{2C} 方案。从 1982 年 7 月起，陆续进行了 3 次严格的方案考核性试车，S_{2C} 方案每一次都取得了成功，收到了预期效果。

从风暴一号运载火箭发动机原型机的喷注器方案到 S_{2C} 方案，推力室经历了一段漫长而曲折的研制过程。孙敬良带领设计人员解放思想，不畏艰险，始终坚持创新的理念。他们从挫折和失败中吸取教训，在成功中总结经验，不断丰富和完善自己的感性认识，再上升到理论的高度，深化对事物的认识，使之更符合客观规律，从而推动了发动机研制工作一步步取得进展，为解决大振动问题探索出了一条符合时情、国情、市情、厂所情的道路。

1999 年 12 月，在纪念上海研制运载火箭和人造卫星 30 周年时，时任中共上海市委常委、上海市副市长蒋以任在上海航天局编印的纪念册上作序指出：“‘701’工程在上海工业 50 年的发展史上也是值得自豪的。它带动了与之相关配套的冶金、材料、机械制造、仪表电讯与元器件制造等基础工业的发展。通过‘701’工程，以上海航天局（前身为上海市第二机电工业局）为主体，形成了一个协作配套的上海航天科技工业基地，同时也为整个上海的科技工业增添了光彩，为上海这座国际性大都市增添了光彩。”

4. 科学春天定规划

1978 年 3 月 18 日至 31 日，中共中央、国务院在北京隆重召开全国科学大会。在有 6000 人参加的开幕式上，中共中央副主席、国务院副总理邓小平作了重要讲话，号召“树雄心，立大志，向科学技术现代化进军”。方毅副总理作了有关发展科学技术的规划和措施的报告，大会宣读了中国科学院院长郭沫若的书面讲话《科学的春天》，全国先进集体和先进科技工作者在会上受到了表彰。这次大会是中国共产党在粉碎“四人帮”之后、国家百废待兴的形势下召开的一次重要会议，也是中国科技发展史上具有里程碑意义的一次盛会。邓小平同志在这次大会的讲话中明确指出“现代化关键是科学技术现代化”，“知识分子是工人阶级的一部分”，重申了“科学技术是生产力”这一马克思主义基本观点，从而澄清了长期束缚科学技术发展的重大理论是非问题，打开了“文革”以来长期禁锢知识分子的桎梏，迎来了科学的春天。

“神州九亿争飞跃，卫星电逝吴刚愕。”[①] 全国科学大会的召开，开创了一个中国科技发展的崭新时代。“‘日出江花红胜火，春来江水绿如蓝。’这是革命的春天！这是人民的春天！这是科学的春天！让我们张开双臂，热烈地拥抱这个春天吧！”郭沫若的《科学的春天》成为了中国知识分子解放的宣言，代表着一个科技新时代的开始。全国人大常委会委员长叶剑英“攻城不怕坚，攻书莫

---

①《调寄忆秦娥 · 祝科学大会》，叶剑英。

畏难”的诗句在华夏大地上掀起了“爱科学、学科学、讲科学、用科学”的高潮，“尊重知识、尊重人才”蔚然成风，知识分子重新受到尊重。主管国防科技工作多年的国务院副总理聂荣臻为全国科学大会的召开欣然命笔，写下了“廿余沧桑足堪训，奋起攻关新长征，且喜沁园春意好，今朝更待满江红”的诗句，激励着全国国防科技战线上的广大干部、职工沿着科学的大道奋勇前进，不断攀登新的高峰。

此时，孙敬良刚刚由21所技术副所长调往上级单位——上海机电二局担任副总工程师，具体负责全局发展的规划工作。规划是前瞻性和纲领性的工作，要能够面向未来的发展引领全局，要具备先进性和预见性，俗称“吃着碗里的，看着锅里的，瞄着缸里的，想着地里的”。规划工作对负责人的各方面要求都很高，考虑问题需要高屋建瓴，要求对全局的工作非常熟悉，要求知识面宽广，同时要求具备统筹和优化的能力……走上这个岗位，孙敬良深感责任重大。虽然要离开一线的型号工作，但机电二局的很多项目都是国内业界首创，在摸着石头过河的同时，要把项目未来发展的规划事先做好，其中的难度不言而喻，这对一直从事发动机专业工作的孙敬良是一个巨大的挑战。他暗暗握紧拳头，那股认真劲儿又上来了。

干一行，爱一行，专一行。来到新岗位之后，孙敬良立即全身心地投入到了工作之中。他一边利用各种机会和场合尽快熟悉机电二局各个领域的全面情况，一边一如既往地深入一线，紧跟型号工作进展的最新动态。他坚持“三勤”：腿勤、手勤、脑勤，经常白天深入各单位、各部门、各型号现场，实时掌握各项具体工作的推进情况、各种突发情况以及未来可能的变化情况，并将了解到的情况立刻记录下来，以备需要时查阅；晚上再根据白天了解到的情况，全面思考、判断，在办公室里编写、修改未来的规划。在负责规划工作的这一段日子里，孙敬良常常一边走路，一边在脑子里琢磨事情，有时候走着走着，问题没有想明白，却反而忘记了此行的目的地是哪里以及自己是要去做什么。这样的事情发生过不止一次，大家都开玩笑地说他大有“摘取数学皇冠上的明珠”的风采。

经过6个多月深入细致的研究工作，孙敬良在充分了解了机电二局各部门、各单位的实际情况，并对可能的突发事件进行充分的预估之后，以他为主要负责人的局规划小组提交了《上海市第二机电工业局发展规划》，这份规划成为了上海航天事业发展历史上里程碑式的事件。

半年规划工作的成果为上海航天的重大转变指明了方向，同时，半年规划工作的磨炼对孙敬良而言也意义非凡。通过这半年的规划工作，孙敬良全面了解并熟悉了机电二局的各项业务情况，并在工作中充分展示出他过人的洞察能力和高度的统筹能力，为他日后能够登上更大的事业舞台打下了坚实的基础。同年，机电二局党委正式下达任命，明确孙敬良“全面负责上海市第二机电工业局重大航天发射型号的技术工作”，这对于发动机专业出身的孙敬良来说，又是一次重大的机遇和巨大的转型。这次任命，为孙敬良个人提供了一个能够充分展示他全面才华的平台，也为上海航天运载火箭交响乐的动人乐章谱写了华丽的序曲。

5.“一箭三星”创奇迹

1978年，使用风暴一号运载火箭发射实践二号等一组三颗科学实验卫星的任务列入了国家计划，风暴一号运载火箭的研制任务确定由上海机电二局承担。刚刚接受任命“全面负责机电二局重大航天发射型号技术工作”的机电二局副总工程师孙敬良，受命担任执行中国首次“一箭三星”任务的运载火箭——“风暴一号”的技术负责人，负责运载火箭方案的制定、出厂产品的质量保证以及火箭在发射场的发射工作。

“一箭三星”，即使用一枚运载火箭将三颗人造卫星送入环绕地球轨道的技术，它是为了适应卫星发射经济性需要而产生的一种发射方式。掌握一箭多星发射技术，可以大大提高运载火箭的利用效率，能够最大限度地降低卫星的发射成本，为卫星技术的普遍应用奠定基础。放眼全球，掌握该项技术的国家只有美国和苏联两个超级大国，以及总部设在法国巴黎的欧洲空间局。

在“四人帮”被粉碎后不久，国家把如此重大的任务交给上海，交给机电二局，全局从上到下在群情激昂的同时，都感到肩上的担子沉甸甸的，特别是项目负责人孙敬良。虽然他已近知天命之年，但却像当年刚刚回国、分配到一分院工作时一样，心中充满了燃烧的激情，仿佛身上有着无穷的力量。

中国首次“一箭三星”任务中的主星为“实践二号”，还有一颗副星“实践二号甲”和一颗气球星“实践二号乙”。根据卫星任务对运载火箭的要求以及载荷的设计，经过充分论证，运载火箭被确定为风暴一号运载火箭的Ⅲ状态并加以适应性调整。技术状态确定后，作为运载火箭技术负责人的孙敬良立即组织各相关单位开展火箭的总体设计，根据需要重新调整了结构和布局，对控制分系统、动力分系统等相关分系统进行了改进。根据“一箭三星”任务的特殊性，火箭的总体方案中特别着重考虑了三颗卫星的结构布局，重点关注入轨时三颗卫星的相互干扰、碰撞、污染、力学、耦合等问题，由于是首次执行“一箭三星”任务，国内没有任何经验可以借鉴，需要突破许多技术难点。

为了完成中国首次“一箭三星”的光荣任务，孙敬良带领运载火箭队伍开展了一系列工作：首先是通过重新组织全箭的振动试验，比较准确地掌握了多星状态下的结构动力学特性，在此基础上重新设计火箭结构，合理安排三颗卫星的位置，改进稳定系统使它具有更大的灵活性和冗余度，解决了一箭多星带来的火箭结构动力学问题。其次是通过精心设计卫星与火箭的分离程序，增加反推火箭的数量、调整反推火箭的位置，巧妙安排了实践二号乙卫星的位置和分离方向，确保三颗卫星各自分离时不发生碰撞，不被燃气污染，能够可靠地进入各自的轨道。第三是通过严格控制惯性器件引起的误差和改进制导方式，提高了入轨精度。此外，又通过挖潜进一步提高了火箭的运载能力，尽量提高卫星的轨道高度，以延长卫星的在轨使用寿命。

风暴一号运载火箭Ⅲ状态的发动机分系统技术状态变化不大，一级和二级主发动机基本上与Ⅰ、Ⅱ状态两发遥测弹的发动机技术状态相同，仅仅做了几项有利于提高可靠性的小改进，只有二级游动发动机涡轮泵的设计状态有了一定的变化，改变状态的目的是为了改善密封装置的工作性能，提高发动机的可靠性。改变状态的原因在于，在二级游动发动机交付前的两次抽检试车中，涡轮泵都发生了密封失效，涡轮烧蚀，导致游动发动机自动停车。改进措施主要是把氧化剂泵一侧的密封组件改成两道密封装置，第一道是碳－碳复合材料密封环，第二道是氟-4 塑料唇式密封，同时还采取了 3 项改善这一侧密封装置工作条件的措施。

20 世纪 70 年代末期，“文革”流毒尚未完全肃清，真理标准的大讨论刚刚开始，尊重科学、尊重科学规律的认识还没有真正深入人心，“多拉快跑”“大干快上”的思想，还在一定程度上主导着科学研究工作的全过程。加上“701”工程二期项目风暴一号运载火箭的两发低弹道遥测弹分别于 1977 年 9 月 14 日和 1978 年 4 月 16 日在酒泉导弹试验基地发射成功，遥测弹按预定程序飞行，弹上各分系统工作正常，一、二级发动机性能良好，各发动机正常关机，弹头与弹体分离后，准确命中预定落点。这一切使所有的人都对“一箭三星”任务充满了信心，从任务立项、方案适应性改进设计到完成全部产品生产和火箭总装，总共用了不到一年时间，“多快好省”地完成了风暴一号运载火箭Ⅲ状态的设计生产工作。

1979 年夏天，孙敬良带领风暴一号运载火箭试验队，运送火箭来到酒泉导弹试验基地，参加“一箭三星”的发射任务。这是他作为技术负责人第一次带

风暴一号运载火箭“一箭三星”整装待发

队执行这么重要的大型试验任务，他的心里既忐忑又激动，既感到压力巨大又觉得机遇难得。人生能有几回搏！七机部副部长任新民带领7名助手，组成前线工作组来到基地现场指导工作，代表七机部对重大问题进行协调和决策。在基地，运载火箭和三颗卫星的测试工作进行得十分顺利，暴露出来的问题也很少，国防科委和七机部领导对这次任务的成功充满了信心。

1979年7月28日是中央批准的卫星发射窗口，孙敬良从距离发射还有8小时的时候起，就一直在运载火箭各个岗位巡视，他特别关注火工品和发动机贮箱这些关键点、危险点，生怕出任何意外。当“30分钟准备”的口令下达时，孙敬良撤进了距离发射塔架不到 200 米的地堡里，准备以最近的距离观察火箭升空过程。

“1 分钟准备。”霎时，整个二号发射阵地所有目光的焦点都聚集在了矗立在发射塔架边的银白色的火箭上，此时塔架的所有活动平台全都摆开，火箭就像一只削好的白色大铅笔一样安静地立在那里，黑色的笔尖内就是即将飞天的卫星，现场一片寂静，静得每个人都能听到自己的心跳声。“10、9、8、7……”，孙敬良的心跳与零号指挥员倒计时的口令产生了共振。“点火！”风暴一号运载火箭托举着实践二号、实践二号甲、实践二号乙三颗空间物理探测卫星从酒泉导弹试验基地二号发射阵地腾空而起，不久，蔚蓝的天空中绽放了一朵绚丽的小花，从调度单机里传回了火箭“一二级分离正常”的最新消息。

5 分钟过去了，到了预定的“星箭分离”时刻。就在大家焦急等待星箭分离和三颗卫星入轨的消息时，一直在报“遥测正常”的调度单机却突然像变哑巴了一样，一点动静都没有。又过去了 1 分钟，还是一点动静都没有。孙敬良心中“咯噔”一下，大夏天的惊出了一身冷汗：完了！火箭肯定凶多吉少！不知道过了多久，基地负责人宣布：根据地面站的观测报告和遥测数据判断，本次发射失败。

现场一片寂静。多少个废寝忘食的日日夜夜，多少人的心血瞬间付之东流，失败的阴影把在场的所有人都笼罩在相对无言的悲伤之中，站在孙敬良身边的不少人在悄悄地抹着眼角，“执手相看泪眼，竟无语凝噎”①。孙敬良的脑子里一片空白，他都不知道自己是怎么离开场区回到宿舍的。

发射失败的当天，基地立即组织发测站官兵和运载火箭试验队队员一起进行遥测数据判读。根据遥测数据分析判断：风暴一号运载火箭从起飞到一级发动机关机、级间分离工作正常，火箭二级的主发动机从启动到关机

---

①《雨霖铃》，北宋·柳永。

工作正常，只有二级游动发动机在启动工作后不久就开始发生故障，终因工况恶化，于起飞后297秒自行关机。由于弹体失控，飞行姿态失稳，火箭于起飞后319.92秒在空中自毁，和卫星一同坠入了浩瀚的太平洋。最令人痛心疾首的是，此时火箭的速度比理论入轨速度只低了700米/秒!

发射失败的第二天，基地召开总结汇报会，会场上，每个人的表情都十分凝重，就像是刚刚打了一场败仗。发射失败了，上亿元的科研经费打了水漂，谁的心里都不是滋味。本来火箭发射的前一晚推进剂加注，这是一项剧毒有害、非常危险的工作，作为技术负责人的孙敬良不放心，就一直跟在现场，整宿没合眼，发射当天遥测数据判读后回到宿舍已是深夜，由于发射失败，又难过得睡不着觉。此刻，已经两天两夜没合眼的孙敬良坐在会议室，脑子里一片空白，那种感觉就像是坐在法庭的被告席上一样，变成了罪人。他悔恨自己没能完成好党和国家交给他的光荣任务，辜负了上级领导的一片殷切期望，愧对和自己一起艰苦奋战的弟兄们，国家投入的上亿元人民币就这样白烧了，自己是在犯罪。

会场的气氛压抑到了极点，坐在孙敬良旁边的上海市国防工办主任周晓华忍不住哭了起来。有人掉泪了，平日里自制力超强的孙敬良，这位刚强的山东汉子，再也控制不住自己的情绪，也跟着掉下了眼泪。

男儿有泪不轻弹，只是未到伤心处！

这次发射失败对孙敬良个人来说是个不小的打击，更令人扼腕叹息的是，首次“一箭三星”发射的失败，不仅使上海航天丢掉了研制火箭二级发动机的任务，同时也丢失了另外一块十分重要的研制阵地。在这之前，国家对航天型号任务重新进行了战略调整：拟将北京的运载火箭研制力量调整为集中搞战略武器，而上海的运载火箭研制力量调整为集中搞卫星发射。按照这个调整战略，发射返回式卫星的航天工程将交由上海的运载火箭执行发射任务。此时，上海已经开始为发射返回式卫星进行适应性的设计改进，部分工程已经投产，但“一箭三星”发射的失败，使得这项任务被取消。直到整整10年以后，孙敬良才带领他的子弟兵，重新占领了发射返回式卫星的这块阵地，并且创造出了中国航天史上彪炳史册、次次“龙抬头”的传奇神话。

不经历风雨，怎能见彩虹！

失败的代价是巨大的，失败过后随之而来的是一系列的问题排查。全国人大常委会委员长叶剑英专门发来电报：“科学试验允许失败，失败是成功之母，总结经验，吸取教训，再接再厉。”国家领导人的宽容胸怀与殷切期望让孙敬良放下了包袱，沉甸甸的使命感使他迅速冷静下来，把压力转化为动力和毅力。富有挑战精神的他暗暗告诫自己：现在正是向自己发起挑战的最好时候，一定要正视这一次发射的失败，绝不可以一败再败，一定要找到问题的症结和根源，坚决避免失败的再次发生！

孙敬良理清了思路，振作起精神，与总结会上潸然泪下的他相比，仿佛换了一个人似的。孙敬良一回到上海，就立即投入到组织问题排查的工作中。他明确提出了排查工作的指导思想：翻箱倒柜，不留死角。他要求：风暴一号运载火箭的所有设计图纸都必须重新复算一遍，所有生产记录都必须重新核查一遍，所有试验数据都必须重新判读一遍，任何设计、生产和试验验证上的细节都必须要用“显微镜”再过滤一遍，不允许漏掉任何一个“微不足道”的细节。他在对排查工作提出严格要求的同时，自己也全身心地投入到整个排查工作中，事无巨细，亲力亲为，大有“诸葛公夙兴夜寐……皆亲览焉”的风范。

长达几十米的运载火箭，使用的元器件成千上万，导线、电缆的长度以千米计量，整个排查过程的工作量之大、难度之高，令人难以想象。功夫不负有心人。孙敬良带领大家经过不分昼夜的彻查，逐渐把发射失败的主要原因锁定在了火箭二级游动发动机涡轮泵漏氧化剂的问题上。

在液体火箭发动机中，涡轮泵的地位相当于人的心脏。火箭二级游动发动机使用的液体氧化剂一旦漏到涡轮里面，和低混合比的燃气结合，温度就会急剧上升，进而产生富氧现象，将涡轮烧坏、卡死，发动机无法正常工作，于是自行关机，火箭就失去了动力，无法将卫星的速度提高到进入环绕地球轨道所要求的第一宇宙速度，造成发射失败。

发射失败的原因终于查清楚了，按理说孙敬良应该可以长出一口气了，但随着“翻箱倒柜”式复查的深入开展，孙敬良却倒吸了一口冷气。在这次一箭三星发射前，1978 年 8 月和 10 月相继进行的两次抽检试车中，二级游动发动机都因为氧化剂泵密封组件失效，涡轮转子被磨变形、卡死而导致自行停车，虽然当时为改善密封装置的工作性能、提高发动机的可靠性，有针对性地采取了一些改进措施，但在火箭已进入酒泉导弹试验基地的一次试车中，发现涡轮转子轴磨痕深达 0.27 毫米，试验数据显示泵后压力曲线出现了连续约 10 秒的凹坑。

孙敬良在业务工作中认真钻研、打破砂锅问到底的较真劲头是出了名的。为了彻底查清问题的真正原因，他下令复查风暴一号运载火箭所有状态二级游动发动机的试验数据，复查的结果让他再次倒吸一口冷气，惊出了一身的冷汗。

风暴一号运载火箭二级发动机方案设计完成后，1970 年 10 月和 11 月，先后完成两次二级主发动机和游动发动机联合长程试车。翌年 2 月，在酒泉导弹试验基地顺利完成了全箭二子级热试车。这些试车的成功意味着游动发动机本身和它的总装布局方案合理可行，能够经得住地面试验的考核。1972 年春天，在一次火箭发动机抽检试验后，分解发现游动发动机氧化剂泵传动轴松动退出一段，致使泵轮与泵壳相磨，磨痕一圈深约 1.5 毫米。在泵后压力曲线上也反映出周期性的凹坑，但试车过程却进行得很顺利，试验取得了成功。1973 年 3 月，在发动机批次性抽检试车中，游动发动机又一次出现氧化剂泵传动轴松动、泵轮与泵壳相磨现象，泵后压力曲线仍然周期性地重复着凹坑，但对稳定状态参数和发动机正常工作未带来明显影响。1973 年 9 月 18 日，风暴一号运载火箭第一次发射长空一号卫星（即 03 批）失败，现场找到的残骸和模拟试验充分说明，失败是由于游动发动机氧化剂泵在启动时传动轴松动退出，泵轮与泵壳相磨，发动机没有启动工作所致。

1975 年 7 月，中国成功发射了第一颗长空一号卫星，1975 年 12 月 16 日和 1976 年 8 月 30 日，接连成功发射重型卫星（06 批、07 批）。然而，1976 年 11 月 10 日的发射飞行试验（08 批）又因游动发动机故障而遭遇失败。失败后的故障分析认为依然是涡轮泵工作失常所致。1977 年 9 月 14 日，发射中国第一枚试验性（低弹道）洲际导弹（201 批），1978 年 4 月 16 日又发射了第二枚试验性（低弹道）洲际导弹（202 批），相继获得成功。参加上述飞行试验的火箭，包括这次“一箭三星”发射失败的火箭，都采用了这种游动发动机。

在此期间，孙敬良的工作岗位从 21 所技术副所长，到靠边站的、可以利用的庶民，厂所技术负责人，再到机电二局的副总工程师，几经变化，但他一直带领着 21 所从事发动机研制的技术人员，对游动发动机涡轮泵和总装布局的薄弱环节，不断进行设计改进工作。随着工作的不断深入，根据多次试验结果的差异，大家对游动发动机故障原因及可靠性产生了不同的看法，主要集中在三个方面：一是为什么历次地面试车中和多次故障模拟试验中没有出现过类似故障？二是为什么兄弟单位与我们基本相同的游动发动机没有出现过类似故障？三是为什么有几次飞行试验游动发动机工作正常？

由于“文革”在人们心目中造成的影响尚未彻底消除，无论是设计部门还是管理部门，质量第一的思想都还很不牢固，对质量工作的长期性、持久性和艰巨性认识不足，重视进度、轻视质量的倾向依然存在。有人认为游动发动机的可靠性没有问题，有人却认为其可靠性太低；有人认为只要“小改小革”就可解决问题，有人却认为非“动大手术”不可。

孙敬良在会场

众说纷纭，各执己见，给决策带来很大困难。

针对此次风暴一号运载火箭“一箭三星”发射任务的失败，1979 年 9 月，国防科委副主任马捷、七机部副部长任新民专程赶到上海，主持风暴一号运载火箭“一箭三星”发射故障分析会。会议本着总结经验、吸取教训的原则和宗旨，指出了发动机研制过程中在指导思想、工作作风和生产管理等诸多方面存在的薄弱环节，强调必须彻底解决此次火箭发射失败的问题。会议决定，现在的游动发动机不能再参加飞行试验，必须对其进行彻底的设计改进，21 所“要下决心研制出一个高可靠性的游动发动机来”。

这项决定等于暂时封杀了 21 所的二级游动发动机，在彻底提高可靠性并获得验证之前，不可能再有新的试验任务，这对 21 所乃至上海机电二局的打击都非常大。在研究改进措施时，有的同志着眼于进度，想尽快解除被封杀的状态，不想对游动发动机进行较大的改动。孙敬良在会上坚定地表示：这次一箭三星飞行试验输得很惨，一定要正视，对这次会议的决定坚决服从，但决不服输。要对二级游动发动机的设计、生产、试验等环节进行彻底的改进，不仅要彻底改，还要将历次飞行试验出现的问题都彻底解决，绝不让悲剧再次发生！孙敬良的表态得到了以任新民副部长为首的专家组成员的肯定，成为此次“79·9”会议的指导思想和最终决策。

在此次“79·9”会议正确决策的指导下，以孙敬良为首的游动发动机的研制者们下定决心，要对二级游动发动机的一切薄弱环节，进行彻底改进和加强。孙敬良在总结过去成功与失败两方面的经验教训的基础上，提出了著名的“12字箴言”：“设计可靠、生产严格、试验充分”，成为指导游动发动机研制工作的指导思想和具体工作目标。在1979年到1981年整整两年时间里，为了改进游动发动机的薄弱环节，提高游动发动机的可靠性，孙敬良带领研制者们忘我地工作着，身体力行地践行着“12字箴言”，他们没有节假日，没有周末休息日，甚至连春节都战斗在工作岗位上。他们的目标只有一个：用自己的心血和汗水，让二级游动发动机更健壮。

在孙敬良的带领下，设计人员、工艺人员、工人师傅密切配合，从涡轮泵、总装、系统三大方面综合采取有效措施。游动发动机的设计人员提前排除一切不可靠因素：更换性能更好的密封材料，采用的元器件经过大电流、高电压和高低温的严格考验……涡轮泵组的设计人员仅用44天就完成了设计改进，改进后的涡轮泵采用了机械式、浮动式、气隔式三位一体的组合密封形式，涡轮转子改用高强度材料，加粗轴径，泵诱导轮装在同根轴上，三段涡轮壳体从焊接改为整体加工结构，改用高级轴承……发动机总装组设计人员还把原来“坐”在主发动机推力室头部的涡轮泵搬到机架的悬臂梁上，构成独立的安装体系，增加了导管的柔性，并且采用两个支座、一端固定一端滑移的安装方式。这些改动使涡轮泵脱离了振源，变形可以得到补偿，并改善了涡轮泵的工作条件。通过各方面的共同努力，终于改制出了一个面貌全新的游动发动机。改进后的游动发动机，经过 3 次涡轮泵联动试验，3 次游动发动机试车，每次试验都获得了成功，证明改进方案合理可行。随后决定再进行一次 500 秒游动发动机热试车，试验结果一切正常。

在改进期间，孙敬良几乎天天待在 21 所，没白天没黑夜地和大家一起奋战攻关。在他身先士卒、率先垂范的引领下，在确保改进成果和质量、可靠性的基础上，大家都在和时间赛跑，力图尽快改变被封杀的现状，从设计、加工、试验、装配，到首次游动发动机全系统 500 秒热试车成功，仅仅用了一年。随着游动发动机各项改进工作不断取得新的进展，并且不断被试验验证，经过慎重研究，决定进行一次游动发动机与主发动机组合的二级发动机联合热试车，对二级发动机进行一次最全面的考核。

风暴一号运载火箭发射的是低轨道地球卫星。在火箭发射时，从点火到关机，发动机的工作时间也就几分钟，不会超过 10 分钟。热试车时，发动机工作时间一般确定为飞行工作时间的 4~5 倍，在地面对发动机进行加严考核验证。

在联合热试车准备会上，作为型号技术负责人的孙敬良提出了明确的工作要求，他说：“搞发动机，开始试验要多试几次，试验要比实际工作情况苛刻，开始的试验越严格、越充分越好，有问题要早暴露，要充分暴露。发动机地面试验充分了，就能把它的可靠性在地面上试出来，就可以把薄弱的地方充分地暴露出来，就一定能有解决的方法。在这次‘翻箱倒柜’的复查中发现，在以往的试车试验时，说老实话，我们都是怕暴露问题，试车时尽量推力低一点，混合比低一点，时间短一点，这‘三点’的结果就是自欺欺人。一个新的发动机，不试到一定的子样绝不能够上天飞行。我们现在这次联合试车的指导思想就应该是大推力、高混合比、长程，加倍的考核，一开始就要能够把可靠性试出来，就要能够知道什么地方是薄弱环节，这样才能早采取措施，早解决问题，到后期再出现问题就晚了。”

孙敬良是这么说的，也是这么做的。1981 年 1 月 25 日，在距离“79·9”会议 16 个月之后，大推力、高混合比条件下的二级发动机联合热试车于 13 时 46 分在 7013 试验站正式点火。霎时间，震耳欲聋的轰鸣震撼了金鸡山的崇山峻岭，伴随着巨大的声浪威压，压迫感使得远在观察室的每个人都几乎喘不上气来。发动机的尾部喷出了橘红色的火焰，冲击着试车台下方几十米深的导流槽，槽内瞬时气化的水珠破空而起，形成了巨大的蒸气云团在空中翻腾。在主发动机按预定程序于 200.1 秒正常关机后，游动发动机继续喷射着火焰，孙敬良和同事们在观察室里，远远地望着这个凝聚了他们无数心血的庞然大物，心中默默地祈祷着、祝福着。大地在颤抖，仿佛天空在燃烧，游动发动机在试车台上疯狂地咆哮着，放肆地呐喊着，向在场的所有人证明着王者归来。1000 秒、2000 秒、3000 秒，随着时间轴的延伸，孙敬良脸上流露出越来越多的欣喜的神情，游动发动机在试车台上正奏响着一曲美妙、震撼的交响乐，让孙敬良听得如痴如醉。3600 秒正常关机！过了好一会儿，山谷中回荡的轰鸣才渐渐消散，试验取得圆满成功。

改进后的游动发动机一举创造了连续工作 3600 秒正常关机的历史纪录，比国内以往试车的最长纪录多出了整整 600 秒！在 7013 试验站的试车现场，亲眼见证、亲身经历了这一历史性时刻的人们爆发出雷鸣般的掌声和响彻山谷的欢呼声，两年的艰辛顿时烟消云散。自 1970 年开始，游动发动机的彻底改进，花费了整整 11 个严冬酷暑，经历了 3 次大型飞行试验的失败，大家一起熬过了无数个不眠之夜，终于换来了今天这来之不易的 3600 秒！这一刻，站在人群中的孙敬良笑得特别灿烂。

至此，游动发动机的问题被彻底解决，获准重新用于飞行试验，并在长征三号运载火箭等型号上成功应用，为长征三号运载火箭的连续发射成功立下了汗马功劳。

1981 年 8 月，承载着重托的风暴一号运载火箭再次登台亮相。8 月 18 日，运送火箭和试验队员的专列顺利抵达酒泉导弹试验基地，30 天后，风暴一号运载火箭再次矗立在二号发射阵地塔架上。同样的地点，不同的心情。由于孙敬良还承担有长征三号和新长征三号运载火箭的工作，这次他没有亲临现场执行发射任务，但作为型号的技术负责人，他时刻牵挂着远在西域的风暴一号运载火箭。

1981 年 9 月 19 日夜里，在家中的孙敬良第一次失眠了。

9 月 20 日凌晨 5 时 28 分，风暴一号运载火箭在酒泉导弹试验基地点火起飞，再次托举着一组“科学实验卫星 9 号”的三颗卫星奔向太空。起飞 7 分 20 秒后，三颗卫星按照预先设定的程序逐一与火箭分离，进入了各自的预定轨道，

“一箭三星”发射获得了圆满成功。顿时，发射指挥大厅里沸腾了！所有人都在欢呼，互相拥抱着庆祝胜利，上海机电二局的试验队员迫不及待地抄起电话打给在家里的孙敬良，激动得连话都说不利索。守候了一夜的孙敬良一把抓起电话，根本听不清报喜的人在说什么，只能听到耳机听筒中传来的满是震耳欲聋的欢呼声。

这就足够了！孙敬良深深地长出了一口气，他的眼睛湿润了。

这次发射成功在世界上引起了巨大的轰动。风暴一号运载火箭“一箭三星”的发射成功，在中国尚属首次，标志着中国的航天事业取得了重大突破，除了具有科学试验的意义外，更反映了中国军事工业和航天技术的发展水平。中国成为世界上第三个独立掌握一箭多星发射技术的国家。

“一箭三星”是风暴一号运载火箭的第 11 次发射，也是它最后的辉煌。此后，国家对运载火箭的研制发射任务进行了战略调整，上海不再承制风暴一号运载火箭，但通过研制风暴一号运载火箭而掌握的成熟技术被延续和继承到了后来上海研制的长征系列运载火箭中。风暴一号运载火箭的研制成果，为中国航天事业做出了重大贡献，1985 年，“液体地地战略武器及运载火箭”项目荣获国家科学技术进步奖特等奖，孙敬良排名第 20，是少数的中青年获奖者之一。

通过风暴一号运载火箭“一箭三星”发射失败后“翻箱倒柜”的全面复查，上海航天制定了一整套保证产品质量的规章制度，从制度的源头强化和严格工艺管理与质量管理，取得了制度建设的成果。让人没有想到的是，在对设计进行的全面质量复查中，更为严重的问题浮出了水面。复查中发现，“一箭三星”的发射失败不仅仅是因为风暴一号运载火箭二级游动发动机出现的问题，火箭控制分系统的平台同样出现了致命的大问题——惯性平台在火箭飞行过程中有多脉冲和漏脉冲的现象。

风暴一号运载火箭控制分系统采用的是空间稳定平台式惯性导航系统。惯性测量装置包括加速度计和陀螺仪，又称惯性导航组合。陀螺仪用来测量飞行器的姿态运动，加速度计用来测量飞行器的平移运动加速度。惯性导航组合安装在惯性平台的台体上，测得的加速度信号输出到控制计算机，计算出火箭的实时速度和位置数据。在平台式惯性导航系统中，框架能隔离飞行器的角振动，仪表工作条件较好。平台能直接建立惯性导航坐标系，计算量小，容易补偿和修正仪表的输出，但结构复杂，重量和体积偏大。

惯性导航系统属于一种推算导航方式，即从一个已知点的位置，根据连续测得的运动体航向角和速度，推算出其下一点的位置，因而可连续测出运动体的当前位置。惯性导航系统中的陀螺仪用来形成一个导航坐标系，使加速度计的测量轴稳定在该坐标系中并给出航向和姿态角，加速度计用来测量运动体的加速度，经过对时间的一次积分得到速度，速度再经过对时间的一次积分即可得到距离。

在飞行过程中，加速度计的输出用脉冲串的形式表示。惯性平台在飞行过程中出现多脉冲和漏脉冲，就意味着在飞行过程中惯性导航组合输出给计算机进行处理的实时数据存在错误，计算机的实时处理结果不可能正确，由此获得的火箭位置、姿态、速度等参数都与实际飞行情况存在偏差，而控制分系统的计算机将根据错误的实时信息下达相应的工作指令，执行机构将按照计算机传来的信号指令，错误地执行发动机点火、关机，纠正飞行路线和姿态的偏差，以及火箭级间分离和卫星载荷分离等动作。发生这种问题的危害度有大有小，取决于多脉冲和漏脉冲发生的时段、通道和位置，带有一定的随机性，如果多脉冲和漏脉冲情况严重，将直接导致发射试验失败。通过对历次飞行试验数据的复查，大家发现这种多脉冲和漏脉冲的情况竟不是第一次在飞行试验中发生，甚至包括发射成功的飞行试验！

真的是后怕啊！在“79·9”会议上，孙敬良提出对风暴一号运载火箭的全部问题进行“翻箱倒柜”式排摸，居然是一语成谶，如果仅仅是针对游动发动机的问题进行整改……这位运载火箭的技术负责人又一次被吓出了一身冷汗。

出了一身又一身的冷汗，高度紧张，提心吊胆。这是多少年后，孙敬良每每回忆起“翻箱倒柜”复查的时候，依然记忆犹新的感觉。

孙敬良组织设计人员经过认真分析认为：气浮平台具有精准度高的优势，但通过平台在真空罐中的低气压模拟试验后发现，保持稳定平台内腔气体压力的保压措施并不可靠，若外部大气压力变化，就会影响平台内腔里的气压，进而产生自振。再加上火箭飞行过程中的振动，综合作用会导致高速旋转的陀螺工作不稳定，引起输出的脉冲信号不准确，就会产生多脉冲和漏脉冲现象。

问题查清了，孙敬良组织设计人员采取针对气浮平台弱点的相应措施，排除了低气压下不可靠的因素，经过严格的热真空试验验证，确认改进有效，保证了平台工作的稳定性。但是，孙敬良并没有满足于单纯地解决现有平台存在的问题，一个更为大胆、更为超前的想法越来越清晰，一幅以挠性陀螺仪为敏感元件，结构简单、重量轻、成本低、精度高的挠性陀螺平台蓝图，在他的脑海中开始描绘。

风暴一号运载火箭“一箭三星”任务的失败以及失败后的全面复查，使孙敬良和他的队伍牢固地树立起了“设计可靠、生产严格、试验充分”的工作理念。丢失研制任务的失败苦果不能白吃！孙敬良带领着他的团队，仔细查找火箭整个研制过程中的所有薄弱环节，并逐一制定了切实可行的解决方案。20 世纪 70 年代，电子元器件的质量尚未过关，参数的离散性和环境的适应性经常成为工程研制工作的绊脚石，影响产品质量和研制进度。为了提前发现、暴露问题，孙敬良决定在火箭研制中开展严格的元器件筛选老炼工作。他派人到七机部五院 511 所学习相应的规范和条件，对设计选用的元器件在装机前进行严格的力学、温度、环境等条件的考核筛选，并进行最少不能少于 100 小时的通电老炼，通过所有筛选试验、经测试合格后的元器件才能装入单机使用，这样就使元器件个体的问题暴露在了装入整机前，可以最大限度地避免单机因元器件质量问题返工。

在元器件的可靠性理论尚未起步、压根不知道浴盆曲线是什么玩意的 20 世纪 70 年代，这个决策体现了孙敬良过人的敏感和超前的意识。从此，上海的运载火箭研制工作走上了正轨，技术框架和管理框架亦日趋成熟。

孙敬良讲述“一箭三星”的悲欢往事

30多年过去了，孙敬良在回忆起这段历史时还是感慨万千：“这支队伍由无数可亲、可敬的无名英雄组成，大家一起攻克技术难关、排除隐患、消除疑点，在那个加一个夜班只有3角7分钱，常常以一碗阳春面聊以充饥的年代，每个人都没有怨言、没有牢骚，为了同一个目标共同努力，充分发挥着各自的才能和智慧。改进游动发动机的这10年，是我一生中最为难忘的几个片段之一，是花多少钱都买不来的财富。这10年的艰辛经历告诉我们：方案论证时，一定要通盘考虑并着眼于可靠性，对研制过程中暴露的任何故障，一定要重视并果断地、不失时机地进行改进。地面考核条件，一定要比飞行状态严格，设计上的薄弱环节，往往通过性能或环境参数的变化以及制造上的偏差表现出来，因此，一定要把设计可靠性放在首位。这段历史，其中几个主要阶段，我几乎都参加了，虽然经历了失败，但攻克的过程和最后的成功更多的是激励人奋发勇为，攀登更高的险峰。但愿后来人能从中吸取教训，变得比我们这一代人更聪明。”

孙敬良

孙敬良院士传记

Academician Sun Jingliang's Biography

第五章

铸造辉煌

攻克了 POGO 振动的世界性难题，缔造并捍卫了长征四号运载火箭，“走钢丝”的孙敬良取得了首飞成功和连续成功的辉煌，牢牢地占据着发射太阳同步轨道卫星的半壁江山。

全局观是辩证法的联系观，认为整体处于统帅的决定地位，部分服从和服务于整体。作为最基层出身的总设计师，孙敬良十分了解单机设计人员的心态，在鼓励设计人员追求单机指标卓越的同时，以出色的全局观首次提出整箭总体方案优化的设计原则，决策并主持实施了多项国内第一次使用的先进技术，使火箭的运载能力达到国外同类产品水平，并取得了大型运载火箭首飞成功的优异战绩。之后型号发射的连续成功，更是为上海航天开创了大型运载火箭的广阔天地。

1. “长三”攻坚抑 POGO

20 世纪 60 年代至 70 年代，中国航天技术经历了从无到有、从小到大的发展过程，虽然不可避免地受到“文革”的冲击和影响，但是在党中央、国务院、中央军委的亲切关怀和正确领导下，在全国人民的关心支持和各行各业的大力协同下，全体航天科技战线的干部职工用自己的智慧和勤劳的双手，突破了重重阻力，自力更生、艰苦奋斗、开拓创新、奋勇拼搏，使中国的航天事业在创业中起步，在探索中发展，创造了“两弹一星”的辉煌历史，改变了中国国防科技事业一穷二白的面貌，取得了令国人自豪、令世界瞩目的伟大成就。

一个国家的形象，一个民族的形象，永远是和它的实力紧密结合在一起的！中国改革开放的总设计师邓小平曾说过："如果 60 年代以来中国没有原子弹、氢弹，没有发射卫星，中国就不能叫有重要影响的大国，就没有现在这样的国际地位。"

"文革"结束以后，中国各行各业都逐渐回归到正常的发展轨道上。作为一个九亿人口的大国，要干的事情有很多，需要国家投巨资的地方也很多，而此时的中国，"十年浩劫"刚刚过去，国力极其有限，国家不得不对国民经济的发展规划进行大的调整，包括减少基本建设投资，甚至减少军费，等等。但是，就在这样的条件下，中国的国防科技战线迎来了前所未有的发展机遇，航天项目越来越多地开始立项论证和开展型号研制工作。

时任国防科委主任是 1977 年 3 月刚刚复出的开国上将张爱萍，他曾长期领导国家的国防科技工业，被尊称为共和国的"导弹将军"，他曾斩钉截铁地表示："无论国家有多么困难，都必须全力发展国防尖端科技，就是要饭也要有一根打狗棍！"这句名言在国防科技战线上流传甚广，不断激励着无数国防科技战线的科研人员，为了研制国防尖端武器装备而奋勇攻关。张爱萍同志根据当时的国际国内形式，决策收缩大型航天项目的研制战线，集中优势力量确保三个重点工程项目的研制（即"三抓"任务），发射地球同步轨道通信卫星的工程项目就是其中之一，这是中国航天事业大发展的一个难得机遇。

地球同步轨道（或称克拉克轨道）是一个倾角为零度、高度 35800 千米的圆形轨道。在这个轨道上，卫星运行时相对于地心的角速度与地球自转的角速度相等，站在地面向上看，卫星好像静止在天上一样，这个轨道最适合作为远距离通信的卫星轨道。因此，发射中国自己的通信卫星，让中国自己的卫星运行在距离地面约 36000 千米的地球同步轨道上，既是中国国民经济发展的需要，也是中国国防战略发展的需要。因为，这个轨道是稀缺资源，地球上仅此一条。

在中国第一颗人造地球卫星“东方红一号”发射成功之后，中国就开始对卫星通信进行探索性的研究工作，但受到“文革”的冲击，工作一度处于停滞状态。1975 年 2 月，国家计委和国防科委联合向中共中央、中央军委提出《关于发展我国卫星通信问题的报告》。3 月 31 日，中央军委常委会讨论并通过了这份体现未来发展的报告，不久，这份报告得到了党中央和毛主席的批准，最终以毛主席的亲笔圈批而尘埃落定。因为毛主席并没有在这份报告上留下日期，该工程就以中央军委常委会审议通过的时间——3 月 31 日命名，中国的通信卫星工程被称为“331”工程。“331”工程的实施，是中国航天技术从试验走向应用的重要标志，大大推进了国内应用卫星和卫星应用的进程。

“331”工程由长征三号运载火箭（CZ-3）承担发射地球同步轨道通信卫星“东方红二号”的任务。长征三号运载火箭的总体方案是在已经较为成熟的二级运载火箭基础上，加上低温氢氧发动机第三级组成的三级运载火箭，全箭起飞质量 202 吨，起飞推力 282 吨，三级低温氢氧发动机具备二次启动能力，其同步转移轨道推力为 14 千牛。

1977 年 9 月，“331”工程被列为国家重点任务。10 月，国防科委、七机部在北京联合召开有四川、陕西、江苏、内蒙古、湖北、北京和上海等省市自治区有关人员参加的、代号为“7710”的专项专题会议，根据此时七机部一院和上海机电二局已经承担的任务和各自具备的技术研发能力，提出联合设计、分工研制，决定由七机部一院和上海机电二局共同研制“331”工程的长征三号运载火箭。

“7710”专题会明确了长征三号运载火箭全部研制任务的合作模式，即由七机部一院负责火箭总体设计和第三级的研制工作，第一、二级的研制任务由上海机电二局承制。其中第三级的姿控发动机、控制分系统的惯性平台、箭载计算机、伺服机构等控制产品及外弹道测量和安全控制设备由上海负责，地面发射控制设备也由上海研制，因此，长征三号运载火箭除了三级低温氢氧发动机和三子级结构以外，大部分箭载产品和专用地面测试设备均由上海负责研制，各产品设计方案在充分继承风暴一号运载火箭Ⅲ状态成熟技术的基础上，进行适应性改进。为了便于协调工作，在上海机电二局设立了一名长征三号运载火箭副总设计师。12 月 3 日，国防科委在北京召开“7712”会议，讨论和审定了长征三号运载火箭的总体方案，并进一步明确了任务分工和生产定点。长征三号运载火箭的这种任务模式开创了国内航天型号两地全面协作的先河。

也是在这次会议上，由上海抓总研制、使用常规三级发动机的长征四号运载火箭作为另一个航天工程项目——国内首颗太阳同步轨道气象观测卫星“风云一号”运载工具的选择之一，参加了“风云一号”卫星工程大总体的方案论证。

长征三号运载火箭总体方案的原型箭是较为成熟的二级运载火箭，长征三号运载火箭新增的第三级采用了具有二次启动能力的新型低温氢氧发动机，使用液氢、液氧作为推进剂。液氢、液氧是高能、无毒、无污染、无腐蚀的低温推进剂，这种推进剂的好处很多，首先是高能，能量比普通推进剂高出 50% 左右，其次是无毒、无污染、无腐蚀，有利于环境保护，但它同样也存在明显的缺点，沸点低，密度小，易燃易爆。液氢、液氧的沸点非常低，液氢的沸点是零下 253 摄氏度，液氧的沸点是零下 183 摄氏度，这种温度要求一般只有在实验室里才能实现。因此，这些特性给研制工作带来了一系列问题，如容器材料问题、制造问题、运输问题、贮存问题，等等。

按照长征三号运载火箭飞行时序设计方案，火箭从西昌卫星发射中心起飞，一、二级发动机工作结束后，三级低温氢氧发动机第一次工作，将卫星送入停泊轨道，火箭滑行一段时间后低温氢氧发动机再次工作，使卫星进入远地点高度约 36000 千米、近地点高度约 400 千米的地球同步转移轨道。低温氢氧发动机的第二次启动是在高真空的环境下进行，这给发动机研制带来的困难是超乎寻常、难以想象的，因此，低温氢氧发动机及其二次启动技术，成为长征三号运载火箭研制的第一项关键技术。

由于长征三号运载火箭第三级的全新低温氢氧发动机技术难度大、研制基础差，因此最初的设计方案存在一定缺陷，低温氢氧发动机的试车并不顺利，几次失败使国防科委副主任钱学森很担心。中国是国际通信组织的成员国，此时国际通信组织已经向全世界公布了各国地球同步轨道通信卫星的资源分配，发射东方红二号通信卫星的工作已经是箭在弦上，不得不发，没有退路。为了确保能够按计划发射东方红二号通信卫星，1979 年 2 月 15 日，在上海召开的方案论证会上，决定采取“两条腿”走路的做法，用常规三级发动机的长征四号运载火箭作为发射东方红二号通信卫星的另一运载方案，并将代号由“长征四号”改为“新长征三号”，将新长征三号运载火箭的研制工作列入“331”工程研制计划。作为上海机电二局的火箭项目技术负责人，孙敬良担任新长征三号运载火箭总设计师。此时他在长征三号运载火箭系统中未担任技术职务，而是以上海机电二局火箭项目技术负责人的身份，负责长征三号运载火箭的相关技术工作。

发射东方红二号通信卫星的后墙不倒，两个型号火箭的研制工作“比学赶帮超”，齐头并进式地同步展开，作为机电二局火箭项目技术负责人和新长征三号运载火箭总设计师的孙敬良，必须同时兼顾合作研制和独立研制的两个型号，压力巨大，这正好适合他从不服输的性格特点，又一次给了他一个挑战自我的机会。

机遇永远属于有准备的人。在风暴一号运载火箭一箭三星首飞失败后，孙敬良组织大家“翻箱倒柜”找问题，齐心协力攻难关，解决了风暴一号运载火箭以往研制、试验、飞行中存在的所有问题隐患，但是由于时间进度的原因，这些成果没能应用在风暴一号运载火箭第二次一箭三星的任务中，孙敬良心里一直觉得是一个遗憾。现在，他和战友们的心血终于有了一个全新的用武之地。

长征三号运载火箭是中国自主设计研制的第一型三级液体运载火箭，全箭总长 43.25 米，一、二级箭体直径 3.35 米，三级箭体直径 2.25 米，卫星整流罩直径 2.60 米，整个箭体是一根长细比（L/D）大于 10 的细长杆。这种细长杆的火箭箭体结构，其纵向振动固有频率较低，与推进剂输送系统的固有频率相近，极有可能产生不稳定的共振（即 POGO　Vibration），对箭上仪器、设备的安全极为不利，共振严重时可能会危及火箭的飞行安全。

POGO Vibration 即纵向耦合振动，是大型液体运载火箭的箭体结构本身与动力系统相互作用而产生的不稳定振动，其特征频率是箭体结构纵向振动与推进剂输送管路振动的固有频率彼此接近或相等时所产生的一个闭合回路的共振频率，它的幅值开始于火箭飞行过程中的某瞬间，随后达到最大，最后减弱。幅值达到最大时，会引起火箭剧烈振动，使整个火箭出现不稳定状态。振动量级超过设计允许值时，会影响火箭上仪器、设备的工作可靠性，严重时会危及火箭的飞行安全。

POGO 振动是运载火箭飞行过程中特有的振动现象，因其振动形态与玩具“Pogo Stick”相似而得名。POGO 振动产生的物理过程是输送管路内推进剂的压力波动引起发动机推力脉动，导致箭体结构振动，进而加剧管路内压力波动，形成正反馈回路引起结构振动放大。当火箭飞行时，发动机的工作将使火箭上的振动十分严重。发动机的脉动推力很难确保稳定不变，这对整个火箭来说是一个动态的激励源，它能激起全箭的纵向振动，从而引起 POGO 振动。

POGO 振动及其抑制涉及推进理论、流体力学、固体力学、系统控制等多个学科，是运载火箭中最为复杂的动力学耦合问题之一，“事前理论预示难度巨大、事后解决过程漫长曲折”，是名符其实的世界性航天难题。世界各航天强国从 20 世纪 60 年代开始，相继进行了 POGO 振动抑制研究，但由于系统的复杂性，其产生机理尚不明晰，用于描述 POGO 振动的数学模型无法精确描述结构高阶局部振动与动力系统耦合产生的 POGO 振动机理。

美国学者 Rubin 长期从事 POGO 振动理论研究，是 POGO 振动及其研究的创始人。1964 年，Rubin 针对大力神 II 火箭 / 双子星座建立了 POGO 振动稳定性的频域分析模型，采用临界阻尼法，首次定量描述了 POGO 振动问题，此方法仅能考虑到结构与管路一阶频率耦合，且只能适用于串联火箭。

美国为了解决大力神 II 火箭 / 双子星座 POGO 振动问题，经历了 3 年攻关、24 次无人飞行试验验证，但是在第五次载人飞行中仍然发生了 POGO 振动；美国土星五号重型火箭多次发生 POGO 振动，直到阿波罗载人登月任务结束仍未彻底解决。苏联 N-1 火箭第四次飞行试验由于 POGO 振动导致飞行失利，从而迫使苏联停止了载人登月计划。日本 H-2 火箭尽管前五次连续飞行成功，但其第六次、第七次均由于 POGO 振动导致飞行试验失利，迫使 H-2 火箭退役，而加紧研制 H-2A 火箭。在中国远程液体弹道导弹的研制和飞行试验中，导弹的落点精度普遍较低，虽然航天专家们曾怀疑在飞行过程中发生了 POGO 振动，但这个问题一直未引起相应的重视。随着世界各国对 POGO 振动的认识和研究不断深入，中国从 20 世纪 70 年代初期开始，对纵向耦合振动问题和抑制措施开展了相关的研究工作。

长征三号运载火箭是中国第一型大型三级液体火箭，是“331”工程的五大系统之一，是中国第一颗地球同步轨道通信卫星的运载工具，其重要性不言而喻。在设计阶段，设计人员对其进行反复地论证和仿真模拟，查找一切可能存在的薄弱环节。在这个过程中，有人提出在飞行过程中可能存在纵向耦合振动的 POGO 问题，总体设计单位立即给予了高度重视，认为“这是一个大问题”。经过总体单位和 702 所的缜密分析计算后得出结论：长征三号运载火箭在起飞后 60~120 秒内，可能会出现纵向耦合振动。因此，解决纵向耦合振动问题，成为研制长征三号运载火箭的三大关键技术难题之一。

在“331”工程总设计师、七机部副部长任新民的提议和支持下，1979 年 12 月 25 日，长征三号运载火箭设计师系统在北京 702 所召开了第一次 POGO 振动专题会议，决定将“长征三号纵向耦合振动的问题及其抑制措施”作为一项专题进行研究。1980 年 6 月 13 日，由任新民签发，以七机部名义下发了《关于安排长征三号纵向耦合振动研究、试验计划的通知》。《通知》明确指出：为了确保长征三号运载火箭发射成功，开展纵向耦合振动研究工作十分必要，要求七机部一院和上海机电二局将此专题研究工作列入 1980 年下半年的型号研制工作计划。此时距离东方红二号卫星的预定发射时间只有不到 3 年，而火箭出厂前的测试和试验工作需要将近一年时间，这样一来，POGO 振动问题满打满算必须在一两年内解决，才能保证不耽误火箭出厂。时间紧、任务难，对第一次研制大型三级液体运载火箭的中国航天人来说，能否按计划节点攻克这个世界性的难题，是一个非常严峻的考验。

纵向耦合振动的主要参数有箭体结构与推进剂管路系统的频率、振型和阻尼比以及泵的动态增益、气蚀柔度、管路－泵流体系统的脉动压力、脉动流量、发动机燃烧室脉动推力响应等；飞行中主要测量两类参数：低频振动加速度和泵前脉动压力，这两类参数可用于稳定性判别并为设计蓄压器提供依据。用蓄压器来抑制纵向耦合振动是最常用的简便方法。蓄压器相当于具有一定压力和一定容量的气球或气瓶，将它连通在推进剂的管路内，就能改变推进剂管路系统的固有频率，起到变频、降幅等破坏共振条件的作用，达到消除不稳定纵向耦合振动的效果。蓄压器的结构有注气式、皮囊式、膜盒式等。

在任新民的亲自主持下，经过不断地论证和研究，确定了开展 POGO 振动研究的五个方面专题：《运载火箭纵向振动频率、振型的理论计算与动态特性试验研究》《发动机的推进剂输送系统（包括泵和管路）及发动机动态传递试验》《蓄压器的研制及蓄压器变频降幅效果的理论分析与试验研究》《纵向耦合振动稳定性的判据与不确定参数变化范围的确定》和《结构的低频振动、脉动压力等参数的遥测办法与实现》，研究的重点是判断箭体结构与推进剂管路、泵、发动机燃烧室组成的闭合回路的稳定性。

根据理论计算，POGO 振动问题主要发生在火箭系统的一、二级飞行时段中，长征三号运载火箭的一、二级分工由上海负责研制，根据归口管理原则，一院总体部作为火箭总体单位负责 POGO 振动问题的抓总，上海机电二局负责 POGO 振动问题的具体攻关。作为上海机电二局的火箭型号技术负责人，又是涉及液体火箭发动机的老本行，孙敬良义无反顾地抢先挑起了攻克纵向耦合振动难题的重担。

“哪个最难、哪个最有挑战性就搞哪个，干出来最有成就感。”正是这种勇攀高峰的思想，当年促成了刚刚从苏联回国的孙敬良完成了在一分院总体部“一日游”的壮举，22 年过去了，已是知天命之年的孙敬良，心里依然燃烧着这种敢为天下先的激情。

经过多方查阅国外相关技术资料和进行认真的理论分析，孙敬良理清了工作思路，他提出：要抑制 POGO 振动，必须破坏 POGO 振动产生的条件。其关键在于找准火箭一、二级推进剂输送系统的固有频率，并据此选择适合的蓄压器（POGO 抑制器），安装在火箭第一、二级推进剂管路系统中，以改变系统的固有频率，使其远离箭体结构的固有频率，起到破坏共振产生条件的作用，从而避免共振，即 POGO 振动的发生。

受加工、装配等诸多工程误差因素的影响，火箭一、二级推进剂输送系统固有频率的实际值，与在设计时计算得出的理论值往往有较大偏差，而 POGO 振动是低频振动，频率值差几个赫兹，情况就大不相同，“事前理论预示难度巨大”，必须在地面模拟真实的飞行状态，通过实际测试才能得到固有频率的准确值；但“事后解决过程漫长曲折”，在地面模拟真实的飞行状态，还要能够测得到、测得准需要的数据，谈何容易。

在地面模拟真实的飞行状态，相当于进行发动机全箭热试车，就是将火箭的一、二级固定在火箭试车台上，加注推进剂后进行点火试验，热试车的火箭状态与发射的火箭状态基本相同，火箭动力系统工作状态与实际飞行时非常接近，使火箭的动力系统得到比较真实的考验，发动机产生的推力、振动、冲击、噪声和高温等，为各分系统提供了与飞行时近似的动力学环境、声学环境和热学环境，从而获得在发动机工作状态下火箭上各个部位的环境参数和响应参数。

组织一次这样的一、二级全箭热试车，仅推进剂的消耗就是一笔不小的费用，同时还需要投入大量的人力和物力，经济成本巨大。而且现在是要在模拟真实飞行状态下去做专题研究，究竟需要组织几次这样的全箭热试车，究竟能不能测到需要的准确、真实的数据，一切都是未知数，所有的人，包括孙敬良在内，心里都没有底。

胡适先生在《尝试集》中这样写到:“尝试成功自古无，放翁这话未必是。我今为下一转语，自古成功在尝试。”给予了尝试一词不同的语言新诠释，而孙敬良则是用实际行动响应了胡适先生在推崇白话文运动中倡导的“自古成功在尝试”之精神。按照“331”工程的计划节点要求，为了解决 POGO 振动问题，孙敬良带领着上海机电二局的发动机设计人员，开始了攻克这个世界性难题的艰难尝试。

为了减少热试车的次数，节省有限的科研经费，大家开动脑筋，提出了用水代替液体推进剂在火箭输送系统的管道中流动，测量推进剂输送管道系统响应频率的测试方案。但是，火箭在飞行时推进剂的消耗量平均是每秒钟百千克的量级，为了创造真实飞行时的边界条件，用来替代推进剂的水也需要达到这个流量，峰值时还会更高，整个试验需要的水量非常巨大，这就需要有足够大的水箱提供支持；同时，将这些水按照飞行时需要的流量注入管道，还要有功率足够大的电机来驱动，等等，这些测试条件问题是无法回避的。

经历过“701”工程大会战的孙敬良再次发扬了大会战的大协作精神，他和其他研制及管理人员一起，在全上海范围内进行了拉网式的搜索，以寻找基本具备试验条件的单位，最终目标锁定在地处闵行地区的上海电机厂，并在松江建立起为蓄压器选定参数的液流实验室，试验并研制抑制 POGO 的蓄压器部件。作为技术负责人，孙敬良深知固有频率的测试最终还要靠热试车来完成。在与上海电机厂协商管路模拟试验的同时，他提前向位于湖州的 7013 试验站提出要求：逐步组织对为风暴一号运载火箭建立的发动机试车台进行适应性改进，建立 1∶1 的试验测试系统，以便将来进行全系统激振下的全箭发动机冷试车和热试车，从而进一步测定 POGO 振动的特征参数，以及验证采取改进措施后的最终减振效果。

在上海电机厂的大力配合下，以水为激励源的管路模拟试验很快完成了，拿到了需要的管路纵向振动频率测试数据。第一阶段测试发现，响应频率为 13 赫兹左右，比理论计算得到的数值要低得多。这是什么原因造成的？到底是因为试验不正常、不准确，还是试验结果就是如此？孙敬良充分发扬技术民主作风，组织大家进行专题讨论。经过几次讨论和研究分析后，大家一致认为，产生这种误差的原因是由于水里面含有气体，一方面是水里本身含有气体，还有一方面是因为在加注过程中，整个管路中有一部分管路需要加气所致，这样就使得频率降低了。这个误差机理搞清楚了，后续试验才能继续进行下去。

对于下一步的工作方向，孙敬良明确提出：这只是一个非常初步的试验结果，试验系统中既没有贮箱，也没有发动机，边界条件并不完备，试验结果可以作为参考，但不能直接作为采取措施的依据。试验数据必须准确，几个赫兹的差别，结果就可能导致试验结论的面目全非。位于浙江湖州的 7013 试验站基本上拥有与发动机热试车相匹配的边界条件和相对成熟的设备，经过改造，就可以进行全动力系统的各种试验，因此建议在 7013 试验站开展进一步的动特性研究试验和测试，以研究 POGO 振动的固有频率。这个思路得到了大家的一致认同，并上报“331”工程运载火箭总体单位，得到了总体单位和总设计师谢光选的批准。

由于整个试验及测试系统复杂，技术难度大，总设计师系统最终决定由北京、上海两地的五家研究所、工厂和浙江湖州的 7013 试验站联合承担这项大型试验任务。1981 年，北京长征三号运载火箭总体单位下发了《输送系统动特性研究 POGO 振动测试大型联合试验的任务书》。根据分工，北京方面由一院总体部和 702 所负责总体方案工作，702 所负责提供试验用的激振台；上海方面由新中华机器厂负责隔离贮箱和缩比管路的设计和生产，21 所与新新机器厂负责模拟发动机设计和生产，21 所负责冷流试验系统方案论证、试验相关分系统技术协调、结构接口协调、下达试验任务书和编写试验结果分析报告；北京 702 所和上海机电二局计量站负责动态参数测量及分析；湖州 7013 试验站负责试验和稳态参数测量。所有试验和测试工作都在湖州完成。

输送系统动特性研究试验，共分为四个部分：

（1）隔离贮箱带缩比管路进行水试。在流动与不流动的情况下测量系统频率特性，用激振台向系统施加振动。

（2）隔离贮箱带缩比管路再加模拟发动机进行水试，测量系统频率特性；隔离贮箱带缩比管路加模拟发动机进行推进剂试验，测量系统频率特性。

（3）隔离贮箱带缩比管路将蓄压器置于模拟发动机进口，测定蓄压器的变频效果。

（4）隔离贮箱带缩比管路加发动机点火试验，测量系统管路特性、发动机的频率特性和安装蓄压器后的变频效果。

这是一项超大型的研究性试验任务，工作技术难度大，协作面广，待解决的问题复杂，要求完成时间特别紧迫。孙敬良作为机电二局的运载型号技术负责人，在北京、上海和湖州三地多家单位之间不停地来回奔波，协调并解决试验准备阶段遇到的所有技术和管理问题，理顺整个试验流程和技术接口关系。经过一年多的努力，孙敬良带领着全体参试人员，团结奋战，提前完成了设计、生产、改造等各项工作，并于1982年7月集中在7013试验站安装调试，准备试验。

《论语·子路》曰："名不正，则言不顺；言不顺，则事不成。"此时的孙敬良就处于一个名不正、言不顺的尴尬地位。作为上海机电二局运载型号的技术负责人和局副总工程师，孙敬良可以调动所需要的全局资源，为解决长征三号运载火箭POGO振动问题努力攻关，但他在长征三号运载火箭设计师系统中不担任任何职务，不能参加总设计师系统会议。在"331"工程中，总设计师系统举足轻重，地位很高，所做的每一项决策，各院、局、基地都必须无条件执行。这就形成了一个非常怪异的现象，解决POGO振动问题的具体工作，是孙敬良带领着大家在推进，工作一线的实际情况，他掌握得最真实、最清楚，但在总设计师系统决策时他却不能参加，更没有发言权，这样有时候会给工作带来不必要的麻烦。但是孙敬良不管这些，他只管一头扎进解决POGO振动问题的整个工作中，坚定地向前推进，"咬定青山不放松"，"任尔东西南北风"。后来"331"工程高层发现了这里面的不顺之处，于是增补了孙敬良为长征三号运载火箭副总设计师，这才理顺了总设计师系统管理链条中的相互关系，使他如虎添翼，推进工作更加顺畅。

7月的湖州，正值酷暑季节，气温超过40摄氏度，极其闷热，加上试验工作是在金鸡山上进行，山中草木茂盛，蚊虫猖獗，工作条件极其艰苦。厂房里，几台小电扇有气无力地摇头晃脑，孙敬良和大家一起挥汗如雨地连续作战。这么复杂的大型试验，遇到的细节问题多如牛毛，孙敬良事必躬亲，带领大家一个一个地解决，需要拍板时，他当机立断；需要讨论时，他发扬民主。此时孙敬良心里的想法很单一，那就是：每解决一个细节问题，就距离试验开始近了一步。

“外国没有的东西，咱们也可以有。”这是孙敬良在湖州期间说得最多的一句话。在液体火箭发动机试车台上进行冷流试验测试 POGO 振动频率，就是他结合技术攻关工作的具体情况，创造性地提出的试验方案。冷流试验是相对于发动机热试车而言，试验时由试车台贮箱供应推进剂到隔离贮箱，通过缩比管路再进入模拟发动机，模拟发动机不点火，所以称为冷流试验。通过试验，可以获取管路的固有频率，考核蓄压器的变频、降压效果，确定蓄压器的工作参数等。

为什么要采取冷流试验方案？一方面是因为热试车花费太大，但更重要的是因为要在系统中加入记振器。记振器的主要作用是在激振的时候，通过产生共振来测量并记录管路的固有频率。热试车时，发动机的振动频率十分丰富，振动量级普遍太高而且各频率分量相互影响，记振器记录下来的不一定就是管路的固有频率。而冷流试验是采取激振台产生激励，发动机不工作，振动的频率分量相对简单且交调小，记振器记录下来的测试数据比较准确，得到的是管路真实的固有频率。

长征三号运载火箭一级有四台发动机，7013 试验站设计的是四机试车台，但是从经济角度考虑，试验时在试车台上只安装一台发动机，这对发动机试车没有影响，但对测试管路响应结果影响很大，相当于激励源不是在同时工作，边界条件与实际工况不一致。为了得到真实可信、符合实际的测试结果，必须模拟四台发动机同时工作的实际工况。冷流试验的特色恰恰是采用了缩比管，从而保证了边界条件的真实性和试验结果的有效性，这是一个简单可靠实用、对国情现实可行的创新措施。

新设计的缩比管体积、弹性系数和真实火箭上的管路一样，另外在中间设计了一个箱子，相当于火箭的贮箱，泵前到隔离贮箱进入口的管路长度相当于一级火箭的尺寸和物理特性，整个管路和贮箱都是模拟真实的一级火箭的特性。7013 试验站的推进剂贮箱很大，但是试车台到泵位置之间的距离很长，孙敬良要求加隔离贮箱，首先让试车台贮箱里面的推进剂流到隔离贮箱里面来，再由贮箱供给发动机泵，否则推进剂太少，试验时间太短，不能模拟真实情况。隔离贮箱是在 7013 试验站进行试验准备工作的时候遇到的新问题、采取的新措施，是一个符合中国国情的方案，是一个切实可行的实用办法。

解决了这些试验准备阶段林林总总的问题，就要面临大考了，同志们都很期待。孙敬良心里很清楚，真正的大考不是这次试验，要等到试验完成，拿到测试数据，依据这些数据做 POGO 振动的稳定性分析，再根据测试数据设计蓄压器参数，生产蓄压器，把满足要求的蓄压器交付火箭整体参加全箭试验……要完成全部的工作，抑制住 POGO 振动，确保不耽误长征三号运载火箭点火的时间，这才是真正的大考。

在 7013 试验站，参试人员按照任务书的要求，以水为介质进行了 100 多次试验，取得了 103 组有效数据，分析了数千条振动曲线的频谱。试验的工作量是巨大的，处理、分析试验数据的工作量更是前所未有，为了抢时间，大家就白天做试验，晚上处理数据。有几次，任新民和孙敬良在北京开完会，夜里 10 点多钟赶到 7013 试验站，下了车就直接冲到正在处理数据的实验室去看数据，看完数据后立即组织分析讨论。参加试验的人都是这两位老总的老部下，熟知两位老总的脾气秉性，知道两人的特点都是直接冲在第一线，所以也不准备汇报材料，只要两位老总出现在 7013 试验站，就直接把他俩拉到实验室去。

通过大量的水试数据分析，参试人员获得了二级氧化剂输送系统的固有频率，并在系统上考验了蓄压器的变频效果，初步确定了蓄压器的容腔。通过水试，考验了冷流试验装置、试验系统、参数测量和数据分析系统，为真实介质冷流试验奠定了基础。

水试的数据结果要通过真实介质冷流试验来再次验证。在长征三号运载火箭推进剂输送系统真实介质冷流试验中，由于发动机不点火工作，涡轮排出的是未经燃烧的低混合比推进剂，涡轮泵一启动，整个山谷中都弥漫着燃料和氧化剂的混合浓烟，遮天蔽日，连庞大的试车台都被漫天的灰黄色烟雾笼罩起来，因此被大家笑称为“正在从事一项辉煌（灰黄）的事业”。尽管充满了乐观主义精神，但混合推进剂的剧毒侵蚀着每一位参试人员的身体，试验做不下去了，这样下去不是办法，不仅周围的环境会被污染，连参试人员的身体都会受不了。大会战精神和集体的智慧再次体现出了强大的力量，富有发动机试车工作经验的单位紧急支援，第一时间采取了针对性措施，在涡轮排气管出口加上了点火装置，将排出的混合推进剂点燃后再排放，终于解决了这个危及人员健康的棘手问题。

往贮箱的涡轮泵里打介质，是一项风险很大的工作。发动机和涡轮泵在热状态下工作时，要排出 200 多千克推进剂，再回流到各自的回收贮箱，场面极其壮观，但随之而来的风险也十分巨大。上百千克质量的推进剂往贮箱里打，压力有多大？贮箱会不会被压垮？试车台会不会被炸毁？火箭总体单位曾一度认为上海机电二局是在蛮干，但是为了取得真实的试验数据，以孙敬良为首的设计人员经过反复论证，最终决定冒险试验。孙敬良鼓励大家说：“咱们搞技术的，搞的就是物理概念，有了物理概念就能有创新，只要物理概念清楚了，试验就可以大胆做下去。试验成功了，技术成果是你们的；试验失败了，杀头坐牢我顶着。”

在进行首次介质冷流试验时，上海机电二局党委副书记杨坤亲临试验现场为大家鼓劲壮胆。技术领导的勇于担当和行政领导的高度重视，给参试人员带来了无穷的动力，在 1982 年 10 月至 11 月的时间里，参试人员以推进剂为介质进行了 6 次不同工况的冷流试验，良好的配合和充分的准备，让整个介质冷流试验有惊无险地完成，取得了预期的效果。

为了验证模拟发动机方案的有效性，孙敬良组织利用 11 所的二级发动机，进行了 3 次不点火的校准性试验，试验结果与模拟发动机的参数一致。在 7013 试验站，前后共进行了 9 次类似试验，通过试验获得了泵前系统的谐振频率和振型，取得了泵的气蚀柔度随入口压力变化的规律，确定了蓄压器的设计参数。之后又顺利地进行了一级动力系统冷流试验，并于 1983 年 1 月圆满完成了动力系统冷流试验任务。

1983 年，航天工业部组织召开 POGO 振动冷流试验专题会。长征三号运载火箭总体单位在报告中确认：在各参试单位的团结协作和共同努力下，长征三号运载火箭动力系统冷流试验是成功的，找到了动力系统的动态参数，确定了预防 POGO 振动的措施，在技术上取得了可喜的突破，这是中国航天事业取得的又一项重要技术成果。“331”工程总设计师、航天工业部科技委主任任新民在会上充分肯定了这一工作，他说：“成绩不是一般的，是突破性的。”

从 1981 年到 1983 年，在湖州的两年时间里，所有参试人员都全身心地投入到了试验中，其他什么都顾不上。凭着对航天事业的执着和敢为天下先的勇气，他们突破了关键技术，取得了丰硕成果，这支队伍中领军人物孙敬良更是以扎实的技术功底、出色的全局观念、勇于挑战的精神和敢于担当的作风，赢得了所有参试人员和单位的尊重，“孙总”这个发自内心的尊称，就从这时开始叫响了。

通过大型综合试验找到了火箭动力系统的动态参数，确定了预防 POGO 振动的措施，技术上的突破来之不易，但这只是万里长征迈出的第一步；要在距离预定的发射时间节点不到一年的时间里，把技术理论上的预防措施转化为实际的产品成果，并应用于长征三号运载火箭上，确保长征三号运载火箭发射东方红二号卫星圆满成功，这才是“征师胜利到吴起”。

这是国内第一次自行设计蓄压器，在既没有样机也没有参考图纸的情况下，为了确保在剩余不多的时间内尽快拿出有效的产品，孙敬良决策采取双定点研制模式，创造性地引入了竞争机制，指定上海新中华机器厂和 21 所（新新机器厂）同时开展研制工作，并特别叮嘱一个要采用先进的方案，一个要采用保守的方案，这个做法充分体现了他戒虚而务实、谋定而后动的深谋远虑。有竞争就会有压力，有压力才会有动力，为了早一天设计生产出满足使用要求的好产品，两家单位都铆足了劲，争分夺秒地大干快上。

蓄压器在管路里的作用是变频和降幅。所谓先进的方案，就是美国正在研制的贮气式蓄压器；所谓保守的方案，就是美国在航天器上已经使用的蓄压器，即燃料采用皮囊式，氧化剂采用不锈钢膜盒式。上海新中华机器厂提出使用皮囊式蓄压器的方案属于保守型方案，它使用简单，火箭箭体不需要做太多的改动，但在火箭的飞行过程中，皮囊是活动的，存在撕裂损坏的风险。

为了防范这个风险，新中华机器厂的设计人员一度想将燃料的蓄压器改为不锈钢膜盒式，这个想法遭到了孙敬良的批评：“美国人的不锈钢膜盒式蓄压器是使用 0.1 毫米的不锈钢薄片一片片焊起来的，按照现在我们国家不锈钢的焊接技术水平和工艺水平，还不得焊到猴年马月啊！”他还幽默地补了一句：“你是不是想把火箭的 POGO 振动问题变成不锈钢焊接问题继续研究啊？”说得大家哈哈大笑。

批评归批评，习惯于技术民主的孙敬良从新中华机器厂设计人员的想法里，发现了新的工作思路，他提出将氧化剂的蓄压器改为皮囊式，这是一个绝对大胆的想法。设计人员都知道，氧化剂会通过皮囊的橡胶发生渗透，有氧化剂泄漏的风险，所以没有用橡胶容器储存氧化剂的先例。出于技术上对孙敬良的高度信任，没有人直接表示反对，而是按照他的想法进行了大量的试验。试验结果表明：用橡胶容器储存氧化剂，只要时间在48小时以内就不会有问题。孙敬良当即拍板："从火箭加注推进剂到点火发射，绝对不会超过48小时，干航天工作没有不冒风险的，就是它了！"

21所提出了"液位可控注气式蓄压器"方案，即贮气注气式蓄压器方案。这种蓄压器的技术方案先进，所需氮气的注入量小，充入的气体对发动机性能影响很小，火箭飞行过程中蓄压器内气体的容腔不受过载的影响，能够始终保持良好的变频降幅效果。由于气腔的可调性，使其具有很大的变频适应性，但是这种方案需要有较多的活动部件，火箭上还要安装气瓶和贮箱，结构相对复杂。类似的蓄压器，美国也正在研究当中，尚未真正投入使用。孙敬良非常关注这个先进方案的研制进展情况，经常到现场参加试验，一起出主意想办法，因为在他的脑子里，敢为天下先的思想一直主导着他：外国没有的东西，咱们也可以有。

1983年年初，长征三号运载火箭一级发动机带着21所研制的贮气注气式蓄压器进行了可靠性试车，结果发动机推力室喷注器面出现了不同程度的局部烧蚀，氧化剂泵轮进口密封凸边、密封环、衬套上出现了点蚀现象。鉴于长征三号运载火箭的发射任务迫在眉睫，时间已经不允许这些日夜奋战的技术人员们继续研究烧蚀和点蚀现象是否与贮气注气式蓄压器有关。孙敬良虽然非常了解贮气注气式蓄压器的优势，也非常想"要干就干最好的"，但经过再三的斟酌取舍，也只能在惋惜中拍板做出决策——长征三号运载火箭发射采用皮囊式蓄压器。孙敬良的指导思想很清楚：简单，意味着可靠。如果性能和可靠性发生矛盾的时候，可靠性永远是第一位的。现在时间紧迫，在不能迅速查清症结、彻底解决问题的情况下，必须选用简单可靠的措施。

皮囊式蓄压器终于通过了最后的考核，抑制 POGO 振动的效果全面合格。蓄压器选定了，根据在湖州大型试验测得的数据对蓄压器进行参数设定，通过充气把主频调整到某一个幅值、某一个频率，就可以有效地抑制长征三号运载火箭的 POGO 振动，孙敬良领衔的 POGO 振动问题专项研究工作终于在长征三号运载火箭发射前交出了一份令人满意的答卷。经运载火箭总设计师谢光选和工程总设计师任新民批准，决定在长征三号运载火箭一、二级氧化剂系统泵前加皮囊式蓄压器，燃料系统不再加蓄压器。这个成果在长征三号运载火箭上正式投入使用，陪伴着长征三号运载火箭经历了 13 次太空之旅，通过多次飞行试验结果证明，这一措施有效地抑制了运载火箭的纵向耦合振动，为长征三号运载火箭发射成功提供了有效的保证。

POGO 振动问题的解决，标志着中国在大型运载火箭结构与液路系统动态特性研究方面取得了重大的进展，不仅为中国后来大型运载火箭研制积累了新的、可贵的经验，还带动了国内有关技术学科的进一步发展。

在成功光环的笼罩下，孙敬良并没有忘记自己队伍中那些曾为成功做出过贡献的同志们。21 所的同志们为蓄压器付出的努力，孙敬良看在眼里，记在心里，技术人员不求回报的付出，在他这个型号的当家人看来是那么的弥足珍贵。这样的付出朴实无华，这样的付出难能可贵，这样的同志是上海航天的未来，这些同志的付出不能被埋没。孙敬良没有和 21 所的同志们说起，便将“液位可控注气式蓄压器”方案整理后上报给了航天工业部。

1983 年 7 月，航天工业部召开第五次 POGO 专题会议。会上，部领导充分肯定了贮气注气式蓄压器的研制成果。会议认为：贮气注气式蓄压器填补了国内技术空白，为中国大型运载火箭抑制纵向耦合振动开辟了新的技术途径，也使中国抑制纵向耦合振动的技术进入了世界先进行列。

1985年，“液位可控注气式蓄压器”获航天工业部科技进步奖一等奖。

2.“长四”涉险过难关

中国的航天事业始于1956年，迄今已经走过了近60年的光辉历程。一个甲子以来，中国独立自主地发展航天事业，在若干重要技术领域已跻身世界先进行列，取得了举世瞩目的成就。中国坚定不移地走和平发展的道路，一贯主张外层空间是全人类的共同财富，支持和平利用外层空间的各种活动，积极探索和利用外层空间，不断为人类航天事业的发展作出新的贡献。

1957年，苏联发射了世界上第一颗人造地球卫星，次年5月，毛泽东主席在中共八大二次会议上豪迈地提出“我们也要搞人造卫星”。自此，中国人走上了独立自主、自力更生地研制各类人造地球卫星的道路。

年轻的共和国，在人力、物力、财力都十分有限的条件下，究竟应该遵循什么样的规划、按照什么样的步骤、发展什么样的卫星，成为了共和国决策层必须深入思考的问题。随着20世纪60年代国际、国内形势的风云变幻，中国党和国家领导人开始将发展民用卫星、造福于民的项目提上了议事日程。1969年1月29日，周恩来总理高瞻远瞩地指出“要搞我们自己的气象卫星”，并于1970年2月批准了中共中央、国务院、中央军委的相关文件，亲自下达并布置研制气象卫星的相关任务。4月24日，东方红一号卫星从太空向全世界播放了《东方红》乐曲，宣告新中国迎来了太空时代的黎明。1972年3月，气象卫星研制正式纳入国家计划，从此启动了中国第一代极地轨道气象卫星工程的研制工作。令人遗憾的是，在“文革”这场熊熊燃烧的政治烈焰中，无论什么样的好项目、好计划，也会被烧得体无完肤。

粉碎“四人帮”以后，国家曾对国民经济发展计划进行了几次大的调整，包括减少基本建设投资，甚至减少军费。但是，即使在这样的情况下，中共中央副主席、国务院副总理邓小平同志亲自指示，不仅保留了极地轨道气象卫星的研制工程，而且还新增了研制地球同步轨道气象卫星的工程计划，这充分体现了党中央、国务院对中国气象卫星工程发展的高度重视与关怀。

1977 年 11 月 7 日，国防科委根据经中共中央批准的《关于一九八〇年前战略导弹和人造卫星及其运载工具研制安排的请示报告》中关于发射气象卫星的要求精神，在上海召开了气象卫星工程大总体方案论证会，对气象卫星工程大总体进行了第一次专题协调。会议指出，发展气象卫星对国防、国民经济和气象科学研究都具有十分重要的意义，决定尽快建立中国自己的气象卫星工程体系，大力发展卫星气象技术。气象卫星工程大总体第一次协调明确了任务分工，工程中运载火箭的研制工作由上海机电二局承担。

在这次会议上，中国的第一颗试验性气象卫星被命名为“风云一号（FY-1)”。风云一号气象卫星是中国研制的第一代太阳同步轨道（也称为极地轨道）气象卫星，其主要任务是获取国内外大气、云、陆地、海洋资料，进行有关数据收集，用于中长期天气预报、气候预测、自然灾害和全球环境监测等。在轨卫星可以向世界各地云图接收站发送实时的气象云图，还可以对海洋水色进行探测和对海洋温度进行遥感研究；卫星上携带有空间粒子成分监测器，可以对空间环境进行研究。风云一号气象卫星工程被命名为“711”工程。

风云一号气象卫星的运行轨道是太阳同步轨道，适合于对地观测卫星和气象卫星。太阳同步轨道高度远远低于地球同步轨道，对火箭的运载能力要求不是特别高，但由于太阳同步卫星轨道平面必须始终与太阳保持相对固定的取向，因此对入轨速度和精度的要求较高。根据该轨道的特点和卫星工程总体的技术要求，上海机电二局开展了为“711”工程配套的长征四号运载火箭的研制工作。孙敬良作为长征四号运载火箭的技术总负责人，全面负责研制工作的推进。

风云一号气象卫星工程项目于 1977 年形成总体初步方案，并全面部署开展研制工作。1979年，发射中国首颗地球同步轨道通信卫星“东方红二号”的工作已经迫在眉睫，没有任何退路。由于长征三号运载火箭第三级全新的低温氢氧发动机试车连续几次失败，为了绝对确保能够按计划发射东方红二号通信卫星，2月15日，在上海召开的方案论证会上，钱学森拍板决定，采取两条腿走路的做法，用常规三级发动机的长征四号运载火箭作为发射东方红二号通信卫星的另一运载方案，并将火箭代号由“长征四号”改为“新长征三号”。按照“331”工程总设计师系统的管理架构，任命长征四号运载火箭技术总负责人孙敬良担任新长征三号运载火箭的总设计师。

长征三号运载火箭第三级低温推进方案的特点是比冲高、推力大，适合于发射地球同步轨道卫星，但国内技术基础较差，研制难度较大，同时需要发射场配有液氢液氧的贮存装置和加注设备，使用相对复杂。而长征四号运载火箭的三级发动机采用的是常温推进剂，相比而言，技术相对成熟，其最大的特点是推进剂可以在常温下储存。该方案需要攻关的关键技术少，研制周期较短，难度相对较小，但这种方案也有着明显的缺点——火箭的运载能力有限。

长征四号运载火箭是在风暴一号运载火箭的Ⅲ状态（即发射一箭三星的技术状态）基础上增加了第三级而成，三级采用常规液体发动机。由于“2.15”会议的决策，长征四号变成了新长征三号，担当起发射东方红二号地球同步轨道通信卫星的另一运载方案之重任，由此而来的一系列问题一下子就摆在了总设计师孙敬良的面前。

先天不足是运载能力问题。推进剂的性质决定了长征三号运载火箭和新长征三号运载火箭运载能力的差别，低温氢氧发动机的比冲可以轻轻松松地达到400秒以上，而常规发动机的比冲却很难突破300秒，这就意味着将同样质量的卫星推送到同样的轨道高度，常规发动机需要消耗更多的推进剂，或者说，低温氢氧发动机使用同样质量的推进剂可以推送更大质量的卫星或者达到更高的轨道高度。

先天不足后天补。孙敬良以出色的全局观，首次提出整箭总体方案优化设计的原则。作为基层设计师出身的火箭总设计师，他十分了解基层设计师的心理，知道设计师在进行分系统和单机方案设计时，手里或多或少都会留有一些余量，这样积少成多的无用余量会浪费火箭非常有限的资源，对火箭总体优化极为不利。他明确要求每一位设计师不能单单追求单机指标的卓越，而是都必须按照局部服从整体的要求，以优化全箭的设计为最终目的，不求单机最好，只求系统最优。

按照新长征三号运载火箭总设计师孙敬良的要求，火箭总体、分系统、单机、结构、控制、动力等相关领域的所有设计人员都投入到了挖潜、创新的火箭整体最优化工作中，一切工作都是以全箭性能的最优为工作目标，运筹学理论称之为多约束条件的单一目标最优化。

1981 年，经过全体设计人员的共同运筹优化，通过一轮又一轮反复地迭代论证，火箭总体人员设计出了一个又一个的全箭方案，经过各分系统反复计算、比较、权衡，最终总设计师孙敬良拍板同意：采用由两台双向摇摆可贮存推进剂发动机组成的三级动力装置，将一级推进剂贮箱加长 4 米，多加注 40 吨推进剂，一级采用四台单机推力为 75 吨的发动机，三子级优化结构设计，发动机加固设计，全箭电子设备小型化及优化组合等众多技术措施，确定了新长征三号运载火箭的总体设计方案。火箭全长 41.901 米，芯级最大直径 3.35 米，起飞质量 248.9 吨，起飞推力约 300 吨，运载能力为地球同步转移轨道 1250 千克及太阳同步轨道 1650 千克。这个总体方案符合多快好省的设计原则，完全满足发射地球同步轨道通信卫星的要求，同时完全满足发射太阳同步轨道气象卫星的要求，顺利通过了七机部的专家审查。

特别值得一提的是，通过挖掘自身的潜力，提高了推力指标的 75 吨的发动机并不需要重新设计，而是在现有产品的基础上，通过调整发动机参数，挖掘出设计余量来实现推力的增加。发动机设计单位曾经通过调试，使发动机的推力实测值达到了80吨，但是这一“成果”被孙敬良无情地推翻了，他明确要求设计单位：“推力指标不要弄得太临界，安全好用是第一位，75吨足矣。”从此，推力为75吨的常规一级发动机成为了中国大型液体运载火箭发动机的标准产品，为大型液体运载火箭发动机的标准化工作做出了贡献。此后，中国的各型号运载火箭，包括载人航天工程的长征二号F运载火箭采用的都是推力为75吨的一级发动机。

有心栽花花不开，无心插柳柳成荫。

年过半百的孙敬良，除了负责新长征三号运载火箭的研制工作外，还要有一多半的精力花在同步进行的长征三号运载火箭的研制工作上，他的整个研制队伍也是如此。独立研制与合作研制的两个火箭型号并驾齐驱，而且两个型号还是既竞争又合作的关系，每个人都承担着两边的工作，冲突在所难免。经常是一个型号进展顺利了，另一个型号进展就缓慢；一个型号遇到困难了，另一个型号就大踏步赶上。这种一支队伍、两个型号“比学赶帮超”的情况持续了很久，大家戏称这是“跷跷板”。

作为两个型号的总负责人，孙敬良全力以赴维持着“跷跷板”的平衡。新长征三号运载火箭的方案确定后，在挑战POGO振动这个世界级难题、研制长征三号运载火箭一、二级箭载产品的同时，孙敬良带领着他的研制队伍，全面展开了新长征三号运载火箭的初样研制工作。进入到了工程研制的初样阶段，所有研制工作和试验验证都需要花钱，迫切需要国家研制经费的支持，但此时国家尚处于“文革”结束后的调整恢复期，需要用钱的地方实在太多，在计划经济的模式下，国家投资按照事有轻重缓急的原则，只能确保重点，非国家重点航天项目的工程科研任务不可能全面铺开，即便是已经确定作为发射东方红二号通信卫星另一方案的新长征三号运载火箭，国家投资也是少得可怜。

1981 年年底，孙敬良和同事们前往北京参加新长征三号运载火箭型号工作会，会上分配了新长征三号运载火箭 1982 年的研制经费预算，预算分配结果让所有参会的人都目瞪口呆——本年度火箭科研经费预算指标人民币 80 万元！ 80 万元？大家都不敢相信自己的耳朵。一年 80 万元的经费，平均到每天就 2000 块钱，这个数字都养活不了新长征三号运载火箭这支队伍的全体研制人员，用来开展初样研制和试验验证工作更是连想都不用想，压根没有任何可能。

在分组讨论的时候，所有新长征三号运载火箭队伍的人员都冲着七机部机关负责预算的人开火抨击，七嘴八舌地表示着强烈不满。由于大家情绪都比较激动，一度造成会场秩序混乱，结果被国防科委主任张爱萍知道了，当天就把主持会议的国防科委副主任、七机部领导和这群开炮的人叫到了他的办公室。

熟悉军旅生活的人应该都知道，部队出身的老首长一旦火急火燎地召见，一顿臭骂十有八九是跑不掉的。果然，刚一进张爱萍主任的办公室，这位戎马一生的开国上将就爆发了雷霆之怒："现在已经不是'文革'时期了，全国都在拨乱反正、抓纲治国，你们几个难道想造反不成？今天晚上每个人都必须做检查，每个人都要表态，你们这是什么性质的问题。"所有人都坐在那儿毕恭毕敬地接受批评，孙敬良敏锐地注意到：张爱萍主任痛批的只是他们这次开炮的行为，而针对他们这次开炮的内容只字未提。

当天晚上，白天受到张爱萍主任痛批的所有人都作了检讨，孙敬良也不例外。对于深受儒家思想熏陶、一贯注重"礼""乐"的孙敬良而言，作这样的检讨还是第一次。他在检讨里除了对自己白天的不当言论作了自我批评和剖析外，还是重申了要通过正常手段争取新长征三号运载火箭的研制经费，以保住这支研制队伍，确保新长征三号运载火箭的研制工作能够正常、顺利地开展。在张爱萍主任的亲自关心下，在大家的共同努力下，会议结束后，1982 年的新长征三号运载火箭科研经费年度预算从 80 万元涨到了 800 万元。这下子，作为新长征三号运载火箭总设计师的孙敬良高兴了，他开玩笑地说，挨了顿骂，型号经费乘了 10 倍，这顿骂挨得太值了！“价值连城”啊！

一个国家工程的火箭型号研制工作，居然要靠总设计师去“挨顿骂”来换取型号的科研经费，足以说明这个型号已经处于一个多么危险的境地，将随时面临着下马的危险。就是在这样艰难困苦的条件下，作为总设计师的孙敬良在带领大家解决长征三号运载火箭 POGO 振动难题的同时，还要呕心沥血地想尽各种办法“自保”，一是一定要保住新长征三号运载火箭这支研制队伍，二是一定要保住新长征三号运载火箭这个火箭型号。在他的身上究竟承受了多么巨大的压力，如人饮水，冷暖自知，个中滋味，只有孙敬良自己清楚。

七机部在先前制定的《1981-1990 年战略导弹和空间技术发展规划纲要》中明确指出：新长征三号运载火箭除了作为发射东方红二号通信卫星的另一运载工具之外，还应能担负气象卫星、技术试验卫星、资源卫星等发射任务。1982 年 10 月，在风云一号气象卫星大总体方案审定会上，提出了 1986 年发射风云一号气象卫星的要求，并将新长征三号运载火箭更名为长征四号 A 型运载火箭（CZ-4A，后为了统一长征系列运载火箭编号命名规则，改称为长征四号甲运载火箭），准备选用长征四号 A 型运载火箭承担风云一号试验型气象卫星的发射任务。

孙敬良组织设计人员在新长征三号运载火箭设计方案的基础上，对制导系统采取了三项技术改进措施，满足了风云一号气象卫星太阳同步轨道倾角偏差要求，并对长征四号 A 型运载火箭的设计方案，从性能、可靠性和经济性方面再次进行了优化，决策并主持实施了多项先进技术，诸如数字化姿态控制系统、三级全程氦气定压力值增压输送系统、双向摇摆伺服机构和发动机、表面张力贮箱等，把可靠性和安全性置于研制工作的首位。经过再一次优化的火箭设计方案，采用了多项先进技术，长征四号 A 型运载火箭成为了具备能够分别满足地球同步轨道和太阳同步轨道不同发射要求的“两栖”运载火箭，达到了 20 世纪 80 年代的国内领先水平。

卡尔·马克思曾经说过：“在科学上没有平坦的大道，只有不畏艰险、沿着陡峭山路攀登的人，才有希望达到光辉的顶点。”在孙敬良的主持下，长征四号 A 型运载火箭有了先进的设计方案，要把它变成一个实实在在、先进的运载工具，完成飞天的壮举，孙敬良和他的研制队伍还要走过漫长而艰辛的道路。而漫长和艰辛往往不仅仅是指在技术上的突破，有时候更多的是体现在天时、地利与人和方面。

1984 年 4 月 8 日，长征三号运载火箭托举着中国首颗地球同步轨道通信卫星，在西昌卫星发射中心成功发射，将东方红二号卫星送入距离地面约 36000 千米的地球同步轨道。长征三号运载火箭的发射成功，标志着中国已经具备了地球同步轨道卫星的发射能力，也在事实上宣告了新长征三号运载火箭作为发射地球同步轨道通信卫星另一方案使命的终结。其实早在长征三号运载火箭和东方红二号卫星一起前往发射场的时候，新长征三号运载火箭发射地球同步轨道卫星的路就已经没有了，只不过还残存着那么一丝渺茫的希望，现在长征三号运载火箭的发射成功，正式宣告了那一线残存希望的彻底破灭。襁褓中的长征四号 A 型运载火箭，刚刚出生就被堵死了一条成长之路，便转入以发射风云一号气象卫星为主的技术状态继续进行初样研制。

在刚刚开始改革开放的 20 世纪 80 年代初期，封闭了几十年的国门徐徐打开，国外先进科学技术的产物一股脑儿地涌进了大陆，中国的广大人民群众充分享受到了世界第三次工业革命的成果，一时间，“造船不如买船，买船不如租船”的纯经济理论，充斥着整个理论界。事实上，所有人都知道“卧榻之侧，岂容他人鼾睡”的道理，发达国家出于自身国家利益的考虑，绝不可能支持发展中的中国逐步强大起来。因此，在航天高科技领域，涉及国计、体现中国国防实力的军用方面，只能走独立自主、自力更生的发展道路，这是上至共和国的决策层、下至普通老百姓的共识；而在涉及民生、关注百姓生活的民用方面，则是有着国际合作、数据共享的可能。

1984 年以前，国家为了确保国防重点工程，七机部所有人力、物力和财力都投入到了“三抓”工作中，自主发射气象卫星的计划被一再搁置。在这样的国际、国内形势下，有人提出取消风云一号气象卫星工程研制计划，理由很充分：第一是集中优势兵力打歼灭战，把有限的人力、物力和财力投入到最需要的地方去；第二是风云一号气象卫星运行于极地轨道，对地观测分辨率低、周期长，这样的卫星没必要搞，用国外共享的数据就行了，等等。一时间，“711”工程的研制队伍，特别是长征四号 A 型运载火箭的队伍人心惶惶，刚刚堵死了发射地球同步轨道卫星的路，现在发射太阳同步轨道卫星的路又要不保，敢问路在何方？

路在脚下。作为风云一号气象卫星的最终用户，中国气象局强硬地坚持：一定要有属于中国自己的气象卫星。时任中国气象局局长的邹竞蒙，同时也担任着国际气象卫星组织的主席，他四处奔走，用大量事实指出发展中国自己的气象卫星的重要意义。他上下呼吁天气预报准确率的提高对减轻自然灾害的作用、中国自己气象卫星的不可取代性、极地轨道和静止轨道气象卫星的不同作用等各种需求，强烈要求风云一号气象卫星工程的研制任务不但不能下马，反而必须尽快列入国家重点工程项目。

在党中央、国务院的大力支持下，经过中国气象局，特别是邹竞蒙局长的不懈努力，风云一号气象卫星工程研制任务终于保住了。1985 年 10 月，风云一号气象卫星工程被列入“七五”期间卫星型号发展的重点项目。

是邹竞蒙局长的不懈坚持和多方奔走，才使孕育中的中国气象卫星工程没

孙敬良在纪念“中国气象卫星事业40年”座谈会上发言

有夭折，否则不知道要推迟多少年。2011 年 3 月 23 日，中国气象局、国家国防科技工业局、中国航天科技集团公司在北京联合召开了纪念“中国气象卫星事业 40 年”座谈会。在会上，多位中国科学院院士和工程院院士抚今追昔，畅所欲言，已经是 81 岁高龄、担任风云三号气象卫星工程总设计师的孙敬良无比动情地发了言，他开口的第一句话就是：“我是抱着感恩的心来参加会议的，因为如果没有邹竞蒙局长坚定不移的支持，也就没有气象卫星事业今天的发展。”

在某种程度上，长征四号 A 型运载火箭的面前，注定永远是一条布满荆棘和沼泽的道路。在邹竞蒙局长的支持下，中国航天确定有了气象卫星的这个客户，但是在航天工业部的内部，又有了另外一种声音。有人提出，既然长征三号运载火箭已经发射成功，运载能力完全覆盖了地球同步轨道，发射太阳同步轨道的气象卫星自然不在话下，长征四号 A 型运载火箭也就没有继续研制的必要了。

此时长征四号 A 型运载火箭已经进入了初样研制工作的收尾阶段。按照原定计划，1984 年要完成第三级热试车，结束初样阶段的全部工作，为此，航天工业部拨付了年度型号研制费用650万元。一位航天工业部机关的同志找到了孙敬良，好心好意地提醒说：“老孙，这650万的经费你就不要再浪费在热试车上了，拿去养人、过日子吧，或者干点别的，长征四号火箭眼看就要下马了，你就再别白费力气了。”孙敬良非常感激对方主动提醒的善意，但是依然当场一口回绝：“不干长征四号，没有了火箭，我的队伍来年吃什么！”

上有所好，下必甚焉。与此同时，上海航天局（此时上海机电二局已更名为航天工业部上海航天局）内部也出现了要求终止长征四号A型运载火箭研制工作的意见。疾风知劲草，板荡识诚臣。面对内忧外患，在全局高层的会议上，孙敬良据理力争，痛陈利害：“如果没有了长征四号，偌大的一个上海航天局将没有一发真正属于我们自己的运载火箭，就会丧失运载火箭任务的巨大份额，从此再也无法在国内运载领域占有一席之地。真的到了痛失全部运载阵地的那个地步，即便我们这些人那时候都已经作了古，也都是上海航天的历史罪人！”

庭争面折、犯言直谏的孙敬良因此受到了领导的批评，成为了“个人英雄主义”的代表。对此，他并不在意：“‘文革’结束以后，‘帽子工厂’已经多年没有开张。存货多了，发给我一顶戴戴又能如何。”一些跟随他多年的老同事好心劝他：“孙总啊，您这又是何必呢，已经五十多岁的人了，还能再干几年？您犯不着啊！”

面对这些多年在一起摸爬滚打的老同事善意的劝说，孙敬良非常感动，他发自内心地说：“火箭的这个总设计师我即使不当，对我孙敬良个人也没有任何损失，反而可以减少争执，维护全局上下一团和气。我这样拼了命地力保长征四号，不是为我自己的这个总设计师，而是为了整个上海运载火箭的生死存亡，为了给后来的人留下一片真正属于我们自己的、能够大有作为的天地。”

按照长征四号A型运载火箭的研制计划，1984年要完成第三子级常规发动机的热试车，这是在长征四号A型运载火箭上国内首次使用的薄壁共底贮箱参加的第一次大型试验，存在着相当的技术难度，国外的类似试验都是败多胜少。再加上有了长征四号A型运载火箭是否有必要存在的争论经历，这次试车就更显得至关重要，面临着只能成功、不能失败的局面。

热试车安排在太原卫星发射中心进行。在出发前的动员会上，孙敬良向全体参试人员详细讲述了目前长征四号A型运载火箭不得不面对的困难局面，明确指出这次长征四号A型运载火箭三子级热试车“没有退路，失败不起”，要求包括他自己在内的全体参试人员必须用“如临深渊、如履薄冰、诚惶诚恐、兢兢业业”的工作态度，对待试车工作的每一个细枝末节，以确保热试车的成功。

出发前夜，像孙敬良往常每次出差一样，他的妻子为他收拾着衣食住行的生活应用之物，他自己则是仔细地整理着需要随身携带的技术资料，还有每次出门必然携带的录放机和一大包的交响乐磁带，这是他遇到问题时的兴奋剂，以及空闲下来时最为喜欢的消遣爱好。

孙敬良20世纪50年代在苏联茹科夫斯基空军工程学院学习时，便喜欢上了西洋交响乐，这一喜欢就是30多年。经过“文革”的破坏，当年他从苏联带回国的硬塑胶黑唱盘已所剩无几，随着改革开放和国门的打开，他出差每到一处，必然要采购一堆交响乐磁带。可以说，他对交响乐的热爱几乎到了痴迷的程度，丝毫不亚于他对技术难题的执着。他对莫扎特、贝多芬等大家宗师的曲风特点如数家珍，常把莫扎特比作李白，把贝多芬视为杜甫，给身边不熟悉交响乐的人扫盲。这一次热试车关系重大，孙敬良把他的这些宝贝磁带整整齐齐地全部装进行李箱，期盼着这些宝贝能够给他带来好运。

突然“啪”的一声，把孙敬良吓了一跳。他回头一看，只见一个装着竹叶青酒的盒子躺在地上，酒瓶子被摔破了，汾酒的清香散发开来，逐渐弥漫了整个房间，原来是妻子收拾东西时不小心给碰掉的。孙敬良的心里“咯噔”一下：兆头不好！这瓶竹叶青酒是他到太原参加学术会议时，别人送给他的唯一一瓶礼品酒，他没舍得喝就一直珍藏着，没想到在准备再一次去山西的时候，又是在这么重要的热试车前被摔碎了。妻子的无意失手，让一直自认为是无神论者的孙敬良心头笼罩了一层挥之不去的阴霾：“自董仲舒以来，2000多年倡导天人感应，现在突然‘苍天示警’，这次热试车不会出什么问题吧？”

带着心里的这块疙瘩，孙敬良踏上了北去的征途。由于有了昨晚的“不吉之兆”，他在脑海里又把早已滚瓜烂熟的整个热试车方案和流程，特别是早已识别出来的风险点——薄壁共底贮箱及应急预案等又反反复复地“复查”了几遍，确认不存在问题。但不知道为什么，他的心里总是觉得不踏实，难道真的是因为那瓶竹叶青？他自己也苦笑着，无奈地摇了摇头。

此次试车，最大的风险点是国内运载史上第一次使用的薄壁共底贮箱。为了提高长征四号A型运载火箭的运载能力，弥补常规发动机的先天不足，作为总设计师的孙敬良在审查三子级设计方案的时候，明确要求：必须挖掘出三子级自身所有的重量潜力，最大限度地提升卫星载荷的可用重量。于是，火箭上一般被分成两个的氧化剂贮箱和燃料贮箱在长征四号A型运载火箭上设计成了一个薄壁共底贮箱，这样做的最大好处是燃料箱和氧化剂箱共用薄壁箱底，减小了贮箱自身的重量；最大的风险是薄壁共底贮箱只能承受正压，如果燃料箱的压力超过氧化剂箱的压力，就会发生爆炸。

这种薄壁共底贮箱的设计，使得火箭推进剂输送系统的控制相对复杂，不仅在飞行中要始终保持正压，就算是在加注的时候也必须特别关注共底面薄壁上的压力差值和方向，绝对不能产生负压。正是由于薄壁共底贮箱的这种特性，孙敬良在向航天工业部一位领导汇报试车准备情况时坦言，加注和试车时都有可能发生爆炸。这位领导听了孙敬良的话，沉吟片刻后断然地说：“推进剂加注的时候，你这个总设计师给我站在试车台上！”孙敬良毫不畏惧，斩钉截铁地回答道：“我的目标是我这个总设计师可以骑在发动机上试车！”

到了太原卫星发射中心，孙敬良顾不得洗去身上的疲惫，直接冲到试车场

孙敬良（左）在太原卫星发射中心

地检查热试车的准备情况。尽管在出发前向航天工业部领导汇报本次热试车准备情况的时候，他明确说出了“由于第一次使用薄壁共底贮箱，这次试车有可能失败，甚至加注时都有可能发生爆炸”的最坏后果，但是到了真正开始试验准备工作的时候，孙敬良并没有以此为由而有所松懈，他还是遵循着自己长期以来的一贯作风，严格要求每位参试人员，加强每个试验细节的检查，把可靠性放在工作的首位，从而追求试验的一次成功。

纸上得来终觉浅，绝知此事要躬行。孙敬良从脑海里的方案、流程、预案到试验现场的条件、设备再到参试产品的状态全部检查了一遍，确信不存在任何问题，这才满意地前往试验队宿舍准备休息。在去往宿舍的路上，他还在和同行的试验队人员讨论试验中可能出现的任何异常情况。不知道是谁开玩笑地说了一句“我感觉我们这是在玩火”，一句话提醒了所有的人，大家纷纷表示，试车前非常有必要在试车台发动机的周边多加几个氮气灭火器，以备不时之需。孙敬良一如既往地听进去了大家的意见，并马上安排落实。

到了正式加注的那天，孙敬良果然站在了试车台上指挥加注。大家都劝他离开这里，领导那么说只是为了强调，其实是要求他必须以确保万无一失的态度重视这次加注和试车的安全工作，并不是真的要他站在这个危险的地方，但他却纹丝不动，还认真地解释说，我当然明白领导的意图，但是只要大家看见我站在这里，每一个岗位人员的心里都会感到踏实。如果我这个总设计师都对加注没有信心，自己先跑了，大家心里会怎么想？还能安心工作吗？那样我们还试什么车！他态度坚决地拒绝了大家的好意，牢牢地钉在试车台上。

无论是火箭发射还是发动机试车，加注其实都是一项很危险的工作，常规的燃料和氧化剂对人体都是有害的，无论事先准备得多么充分，加注时设备总会有或多或少的泄漏，加注操作人员的衣着鞋帽都有着严格的规定，静电和明火更是加注的天敌，稍有不慎就会出大事。而此刻孙敬良所处的位置，正是危险的最中心。

孙敬良站立在试车台上，看着大家按照事先预定好的流程在有条不紊地工作。他表面上十分镇静，其实心里还是非常紧张，生怕有什么犄角旮旯的地方没有考虑到，或者哪个操作环节不慎出点儿纰漏，一旦出现大的意外，发生人身伤害事故不说，长征四号 A 型运载火箭可就真的要被扼杀在摇篮里了。

一切准备就绪，开始加注。突然，一个加注管路的接头不知道怎么回事从插座上脱落下来，依然喷射着推进剂的管路像条贪吃蛇一样张牙舞爪，剧毒的气体瞬间向四面八方扩散开来，浓烟呛得四周的人几乎要窒息。来不及采取任何防护措施，孙敬良和周围的同事们一起冲了上去，迅速捡起加注接头并在插座上用力拧紧。直到此时，才有人因为后怕而惊叫出声。

这个意外使孙敬良的表情变得更加凝重。他分析是刚才那个接头没有拧紧，因承受不了加注的压力而脱落，于是要求紧急彻查所有连接插头，检查结果确认所有接头连接牢固。加注在继续，所有人的心都提到了嗓子眼，好在直到加注完成，再也没有发生任何意外。

孙敬良坚信“严是爱松是害”的指导思想，他带队伍的原则一贯是严格要求，加强检查，把可靠性放在工作的首位。目前面临的险恶境地、汇报时对航天工业部领导的承诺、出发前的“竹叶青事件”和加注中的“插头插曲”，使他对本次热试车的态度更加小心谨慎，为了确保万无一失，他要求各个分系统在试车正式点火前再进行一次最全面、最严格的自检。

没想到这一查，还真查出了问题：遥测没有信号，经过现场检查，初步判断是遥测单机出了问题。为了不浪费宝贵的时间，不让其他分系统陪着遥测排除故障，孙敬良批准把遥测单机换上备份机再进行测试，主份机返厂排故。但是在更换备份机后的测试中，遥测信号却显示姿控气瓶的气压不足。这个时候已经是下午五六点钟了，大家陪着折腾了一天，好多人嘴上不说，心里早就已经不耐烦了，加上遥测刚刚更换备份机的“前科”，都猜测可能又是遥测的问题，就纷纷建议要甩开遥测进行试车。

孙敬良心里其实也很着急，但作为现场的技术指挥员，他依然保持着头脑的冷静，不为“甩开遥测试车”的建议所动。他指示遥测分系统迅速查清遥测信号的真实性，在场的国防科工委领导也表态支持孙敬良的决策，建议再次检查确认，是真的有其他问题还是遥测单机自身有问题。检查结果让众人大跌眼镜，这次真的不是遥测信号问题，真的是姿控气瓶的气压不足！

查到了真正的故障点，大家都很高兴，继续一边排除故障，一边作试车准备。孙敬良也暗地里松了口气：如果听从大多数人的意见，真的甩开遥测进行试车，那么伺服系统就不能接受实战的考验了。看来工作上还有不少值得探讨的地方，有些事情和成功之间，可能也就相差再坚持一会儿的距离。

万事俱备，只欠东风。

新型的发动机、新的增压输送系统、新的薄壁共底贮箱，这么多的新环节聚集在一起，其中难免会出现事先实在无法预计的纰漏。如果试车的时候有任何一个疏忽，处置稍有不当，就会出大问题，甚至可能箭毁人亡！国外就有过这样的先例。还真的就是怕什么来什么，开始试车刚一点火，伴随着发动机震耳欲聋的轰鸣，橘红色的火焰瞬间吞没了试车台，十几秒后，试车台上已经是大火连天。

按照长征四号 A 型运载火箭三子级发动机试车的工艺布局，发动机的上方就是薄壁共底贮箱，贮箱上挂着 10 个气瓶。如果火势不能立即得到有效控制，气瓶就会有爆炸的危险，那可都是“炸弹”啊！孙敬良来不及多想，高喊：灭火器！灭火器！发动机周边的多个氮气灭火器霎时喷射出高压气体，一下子就把火头压了下去。孙敬良擦了一把额头的冷汗，暗自庆幸到达的那天晚上“是在玩火”那灵光一闪的“先见之明”。

发动机工作了 310 秒后自动关机，长程、极端工况的热试车取得了圆满成功。孙敬良和大家一起，顶着试车后残余的毒气清理现场，获取了大量的第一手试验资料。他已经 50 多岁了，又患有肝肥大，大家都劝他赶紧回去休息，清理现场这种小事就不要亲力亲为了，但他却说：“我是总设计师，是这个项目的头儿，这个时候头儿就得上！”

三子级发动机热试车成功，标志着长征四号 A 型运载火箭初样阶段研制工作的全面完成。而这次氮气灭火的成功经验，使得直到今天的发动机热试车都还保留着这种经济实用的安全保障措施。每谈及此事，孙敬良总是自嘲：“我们比较不学无术，没有专业知识，用自己想出来的土办法第一次干‘消防’，自以为这样行就干了，没想到还真的就干成了，干成了人家也就采用了。”

在风云一号气象卫星工程的总体方案中，关于是否以长征三号运载火箭取代长征四号 A 型运载火箭执行风云一号气象卫星发射任务的争论在持续升级，卫星、运载火箭、发射场、测控等各系统也在开展相关的论证工作。

发射人造地球卫星，发射场的选择和卫星的运行轨道参数密切相关。从优化发射任务的角度上，考虑地球自转的因素，一般来说，发射场纬度越低，火箭起飞时地球自转产生的线速度越大，适用于高轨道卫星的发射，中国第一颗地球同步轨道通信卫星“东方红二号”就是从西昌卫星发射中心使用长征三号运载火箭发射升空的；而发射场的纬度越高，卫星入轨的轨道倾角范围就越大，适合于极地轨道卫星的发射。风云一号气象卫星是太阳同步轨道卫星，因此按照国内卫星发射场的分布情况，首选发射场为位于山西省的太原卫星发射中心。

长征三号运载火箭使用的是低温氢氧三级发动机，为了发射东方红二号卫星，西昌卫星发射中心专门修建、购置了液氢液氧推进剂的运输、贮存和加注的专门设施和专用设备。如果以长征三号运载火箭取代长征四号 A 型运载火箭执行风云一号气象卫星的发射任务，势必要在太原卫星发射中心重新修建、购置液氢液氧推进剂的运输、贮存和加注的专门设施和专用设备，一次性投资较大，项目的经济性较差，而且太原卫星发射中心从来没有接触过液氢液氧推进剂，安全性也存在隐患。而使用常规推进剂的长征四号 A 型运载火箭执行风云一号气象卫星发射任务则不会存在这个问题。

究竟是由长征三号运载火箭一统天下，还是继续支持长征四号 A 型运载火箭型号研制？这个问题越是论证，牵涉面越广，正反双方的论据越充足。手心手背都是肉，航天工业部决策层也陷入了两难的境地。

航天工业部党组最后决定，民主决策，投票表决。航天工业部召开了扩大会，专题讨论发射气象卫星的运载火箭选型问题，孙敬良和本型号行政负责人、上海航天局副局长施金苗一起，代表长征四号 A 型运载火箭研制队伍参加了航天工业部党组扩大会。会上，总设计师孙敬良汇报了长征四号 A 型运载火箭的主要技术优势，阐述了在太原卫星发射中心不宜用低温推进剂火箭，否则需要重复投资建设的观点，同时说明长征四号 A 型运载火箭虽未发射，但已经完成了初样研制，如果这时候下马将需要更大的经费投入，并如实说明了为弥补常规发动机的三子级推力先天缺陷而采取的针对性措施及试验验证情况，特别强调了长征四号 A 型运载火箭物美价廉、可靠性高和能够适应各个发射场的独特之处。最终投票结果：长征四号 A 型运载火箭以一票险胜！

激动人心的一票险胜，保住了长征四号 A 型运载火箭的研制任务，也保住了长征四号火箭这支研制队伍。几年来，这支队伍时时刻刻处于风口浪尖，动不动就面临着下岗再就业的风险，整天人心惶惶，军心不稳，士气不高，作为这支队伍当家人的孙敬良看在眼里，急在心上。现在几经波折，终于打赢了这场攻坚战，有了一个来之不易的名分，作为这支队伍领头人的孙敬良发自内心地感到无比高兴。

1985 年 7 月，航天工业部党组决定：上海航天局继续研制长征四号 A 型运载火箭，执行发射风云一号气象卫星任务。这个决定对孙敬良和长征四号 A 型

1985年5月，孙敬良（后排右一）与任新民（前排中）等参观王羲之鹅池

运载火箭来说是最大的动力。作为长征四号 A 型运载火箭总设计师，孙敬良带领着他的队伍，继续在探索太空的道路上奋勇攀登。

3. 屡屡创新铸精品

1986 年 8 月 18 日，国务院、中央军委联合发（1986）100 号文，明确风云一号气象卫星用长征四号 A 型运载火箭发射，并在任务分工中，确定上海航天局负责运载火箭的研制。8 月 26 日，国防科工委任命了“711”工程各系统总设计师和总指挥。至此，长征四号 A 型运载火箭有了完整的两总系统，整个研制队伍有了名正言顺的主心骨，型号研制工作驶入了快车道。

1986 年 12 月 10 日，长征四号 A 型运载火箭通过试样设计评审，正式进入试样研制阶段。孙敬良和他带领的火箭研制队伍，通过不懈地努力和坚持，终于迎来了长征四号 A 型运载火箭研制工作的春天。

子曰：“天将降大任于斯人也，必先苦其心志，劳其筋骨，饿其体肤，空乏其身，行拂乱其所为，所以动心忍性，增益其所不能。”[①] 长征四号 A 型运载火箭经历了千辛万苦，在型号正式立项之前实现了火箭三子级 310 秒长程、极端工况热试车的圆满成功，通过了东方红二号通信卫星和风云一号气象卫星这两种卫星不同状态的全箭纵向、横向振动试验，守得云开见月明，为长征四号 A 型运载火箭的试样设计方案顺利通过评审增添了浓墨重彩的神来之笔，用自己最响亮的啼哭向世人宣告了它的降生。

历尽磨难的长征四号 A 型运载火箭以优化的总体方案、第一次使用的薄壁共底贮箱、第一次使用的数字化控制系统和双向摇摆伺服机构等众多国内第一次在航天工程上应用的领先技术闪亮登场，一亮相就光彩照人，惊艳全场，就

---

①《孟子 · 告子下》。

像那浴火重生的凤凰一样，只有经过烈焰的洗礼，才能焕发出闪耀天地的光辉，最终成为万人供奉的神鸟。

作为长征四号A型运载火箭总设计师，孙敬良深深懂得，质量是航天飞行器的生命，这绝对不是一句空话。回顾自己几十年的型号研制工作经历，质量方面有过极其惨痛的深刻教训。“文革”期间，由于没有认清发动机的研制规律，片面强调会战进度，没有严把产品的质量控制关，允许发动机带“病”出厂执行任务，从而导致“701”工程飞行试验时长空一号卫星和风暴一号运载火箭的两次星箭俱毁，被人怒斥为“瘟机”孵出“坏弹”。虽然那一段不堪回首的历史早已经过去，但孙敬良始终坚持认为，由于设计质量原因而导致发射失利的深刻教训，却是永远不能、也不应该被忘记的。航天产品发射失败，个人荣辱得失是小事，重大的国家财产损失和巨大的国际政治影响，无论如何补救都无法弥补回来。

孙敬良根据自己多年的科研工作实战经验，坚持认为火箭、卫星发射失利，有80%~90%都是设计和生产上存在质量隐患而造成的。当年风暴一号运载火箭一箭三星首飞失败后，在组织二级游动发动机“翻箱倒柜”查找问题时，他总结出了“设计可靠、生产严格、试验充分”12个字，在长征四号A型运载火箭的具体研制工作中，他又一次将这“12字箴言”作为指导思想，严格要求各级设计师及生产人员，并且身体力行，率先垂范，用自己的实际行动诠释“12字箴言”的丰富内涵。

由于长征四号A型运载火箭的曲折出身和经费限制，“711”工程计划投产两发火箭就要正式发射两颗气象卫星，因此，工作目标就是首飞一次成功和两次发射连续成功。孙敬良在型号研制之初，就一再强调“我们失败不起，没有退路”，一再要求研制人员“在质量问题上要六亲不认，在处理问题时要一丝不苟”，不能有丝毫侥幸心理。他亲自担任了火箭可靠性保障协调组组长，根据型号研制生产的进度和要求，有计划、有步骤地提出各阶段可靠性工程活动的内容、程序、要求和方法，在可靠性工程的国军标、部标尚未制定的情况下，组织参照美军标 985B，并结合长征四号 A 型运载火箭的具体情况，制定了《长征四号 A 型运载火箭可靠性保证大纲》，规定了可靠性工作任务、内容、要求和完成形式，作为本型号开展可靠性活动的总体规则，从而实现了质量可靠性工作从人治向法治的转变。

在长征四号 A 型运载火箭初样研制工作开始的时候，总设计师孙敬良就确定了“设计可靠性从总体方案抓起，在满足总体要求的前提下尽量采用成熟技术，以及采用新技术需要反复论证和充分试验”的三点设计准则，并在整个研制过程中反复强调和持续贯彻。在具体工作中，孙敬良坚持高标准，严要求，他的严格是出了名的。谁不按照工艺文件操作，谁检验马马虎虎，谁出了低层次质量事故，他批评起来毫不客气，让人下不了台，甚至有的男同志都被他批评得哭过鼻子。他常说，搞航天工作，就是要严上加严、细上加细、慎之又慎。因为航天工作的特殊性决定了它在质量上决不能搞人情、走关系。如果谁这样做，或者降低标准，那就是对航天事业的极端不负责任。

孙敬良是这样说的，也是这样做的。在他的领导下，在整个长征四号 A 型运载火箭的具体研制工作中，事事处处、时时刻刻体现着“设计可靠、生产严格、试验充分”的工作理念，“12 字箴言”的指导思想无所不在。特别是在长征四号 A 型运载火箭上国内第一次使用的数字化控制系统研制过程中，孙敬良带领大家励精图治，以舍我其谁的气魄和锲而不舍的精神，闯出了一条前人从来没有走过的道路。

在 20 世纪 70 年代中期的中国，计算机数字化控制技术是一个极为高深莫测的东西，此时，台式计算机在各高等院校的实验室中尚未普及，如果能够拥有一台小型机就已经是学校综合实力的体现。工业控制计算机在工程技术领域更是停留在概念层面，阻容放大器、晶体振荡器、LC 滤波器等无源组件，仍然是工程技术领域电子学的主流产品，即便是那些已经涉足电子学领域、刚刚开始学习数字电路的初学者也无论如何都想不通，用简单到不能再简单的所谓数字量“0”和“1”怎么能够实现这么多奇妙的功能。而由数字计算机控制、能够实现一个具体功能的工程系统，则是把书本上高深莫测的概念变成了看得见、摸得着的实际产品，更是一个无比神奇的东西，给人的感觉就是距离我们的日常生活和工作都非常遥远。

随着世界导弹和运载火箭技术的飞速发展，弹箭载飞行控制系统的任务变得更加复杂多样，原先的那种采用无源组件、有源网络技术进行系统校正的控制方式，在面对新形势和新任务时显得力不从心，越来越不能适应航天技术和任务发展的需要。20 世纪 70 年代末期，国外大型运载火箭都已经采用了计算机控制技术，或者正在研制计算机控制系统。

在长征四号 A 型运载火箭的方案设计之初，孙敬良和他的战友们就瞄准了世界的先进技术发展方向，决心要成为中国第一个“吃螃蟹”的人。孙敬良以敢为天下先的勇气，拍板决定姿态控制系统采用数字计算机控制方案，这项决策使得长征四号 A 型运载火箭将成为国内第一个使用数字化校正网络、数字调零和双向摇摆伺服系统的火箭型号。在长征四号 A 型运载火箭总体方案设计评审时，钱学森也参加了，他对数字化控制的方案非常感兴趣，称赞“这是第二代运载火箭的方案”，会议间隙时还专门从座位上站起来，和长征四号 A 型运载火箭总设计师孙敬良以及搞姿态控制的人亲切握手，以表示对中国运载火箭的第一个数字化控制方案的支持。

数字化控制系统可谓是硬件搭台、软件唱戏。其显著特点是：各种控制指令都能够通过改变箭载计算机的软件设计和装定参数来实现，这样在执行每一次发射任务时，就可以避免因载荷要求的变化而重新研制火箭的相关硬件，使得在规模经济上降低研制成本，缩短研制周期，为日后的高密度研制和发射奠定快速响应的基础；同时，由于采用了数字量来替代模拟量传输指令和数据信息，可以大大减小传输误码的可能，从而提升控制系统的抗干扰能力，提高火箭的控制精度。

但是，在20世纪80年代初期，由于此时国内没有满足军用要求的成品CPU和ROM/RAM芯片，计算机硬件是由设计师自己用54系列集成电路设计、搭建而成，因此存储容量很小，运算速度也比较慢，在数据实时采集和实时控制，以及中断处理中经常会遇到硬件资源不够用的问题。受制于箭载计算机的容量和速度等硬件技术条件的限制，必须妥善解决数据实时采集、计算机运算和实时控制中可能存在的资源冲突问题，这是将数控系统投入工程实际应用的最大难题。

箭载计算机的整个技术攻关工作涉及面广、难度大，极富挑战性，已经年过半百的孙敬良再一次勇敢地直面挑战。为了攻克箭载计算机的技术难关，孙敬良要求在设计阶段就必须“软硬兼施”、双管齐下。一方面，在保证产品可靠性的前提下，箭载计算机的硬件设计需要尽可能地扩大存储容量、加快运算速度，尽可能地提高硬件资源配置。但是他清醒地知道，这个方面的努力会受制于各种条件，不能对可能取得的成果寄予过高的希望。另一方面，为了克服计算机硬件资源先天不足的困难，在进行软件设计时，必须始终以高内聚和低耦合为最终目标，以软件设计的最优化来弥补硬件资源的不足，这才是最终解决问题的途径。但是，这就要求控制软件的设计师必须非常熟悉整个控制系统的任务需求和控制流程，对软件设计者和软件设计的要求非常高，同时，对计算机软硬件的协同设计也提出了相当高的要求。

计算机硬件是软件的工作平台。要演好一台美轮美奂的大戏，首先必须要有一个尽善尽美的舞台，只有舞台设计和修建得好，戏曲中唱念做打的魅力才能完美展现。作为采用数字计算机控制方案的决策者，孙敬良深知抓好箭载计算机硬件基础的重要性，在他的领导下，“软硬兼施”的攻坚克难工作首先从箭载计算机硬件设计开始实施。

数控系统的箭载计算机硬件实际上就是一台同其他箭载产品一样的、自行设计研制的新电子设备。为了确保“设计可靠、生产严格、试验充分”，孙敬良亲自组织了多轮可行性和可靠性的反复论证，不仅考虑了技术攻关阶段，而且还从整机研制到批量生产可能遇到的问题进行全面考虑，从计算机硬件的方案设计、元器件的选用、仪表结构和制造工艺，到整机调试测试、力学、环境、电磁兼容试验等各个方面，亲自把关，严格控制。每次评审无论多忙，他必定亲自参加，甚至抽空亲自参加整机测试和环境试验，包括交付前的连续 200 小时电老炼，从不放过任何一个细小问题或蛛丝马迹，全面贯彻“采用新技术需要反复论证和充分试验”的设计准则，从而做到对箭载计算机硬件质量和可靠性心里有底，确保舞台不存在隐患，这样就为后续的精彩演出提供了完美可靠的保证。

建好了舞台，生旦净末丑等各类角色便纷纷你方唱罢我登场，软件的设计，成为了箭载计算机整个技术攻关的重头戏。按照风云一号卫星工程飞行任务的要求，火箭在飞行过程中要调整和保持飞行姿态，箭载计算机软件除实现制导功能外，还要实现全新的姿态控制功能，两者协调一致，同步工作，以完成飞行过程中的火箭控制。计算机软件的设计，事关整个飞行任务的成败，作为火箭第一责任人的孙敬良更是倾注了全部的心血。

在软件初始设计阶段，孙敬良就从源头把控软件设计质量。他要求计算机软件设计人员把按照飞行任务要求设计出来的火箭飞行程序框图，发给各有关分系统和单机的设计人员，在他亲自主持、参与下，请计算机软件设计人员用讲课的形式阐述软件设计思想，供大家学习和领会，然后又花了几天的时间组织各有关分系统和单机的设计人员认真讨论，绝不放过任何一个技术细节的问题，以确保计算机的每一个接口和软件的每一步时序都不存在冲突，确保计算机软件完整、准确地实现研制任务书的要求，避免进入程序设计阶段后再发现问题的返工。

当计算机软件设计人员把飞行控制程序设计出来以后，孙敬良专程安排了两名多年从事控制系统工作、非本次飞行控制程序设计者的专业人员来逐条审读程序，专职查找飞行控制程序中的BUG，也就是俗称的"挑刺"，挑程序的编写是否存在问题，查是否体现了高内聚和低耦合的最优化指导思想，看有没有可以进一步改进优化之处。当计算机软件设计完毕、交付验收时，他又组织各分系统和各方面的有关人员，变换采用10多种形式的干扰弹道，进行了上百次的模拟仿真飞行，以考核软件设计的可靠性和软硬件协同工作的匹配性，以尽早发现可能存在的小概率错误，确保火箭飞行时的万无一失。

20世纪80年代，软件测评的概念在全世界范围内还是一个新鲜事物，在国内更是闻所未闻。在软件工程建立以前的20世纪60年代，测评是为了表明程序软件正确而进行测试。1972年，在美国北卡罗来纳大学举行了世界首届软件测试正式会议，1975年，John Good Enough和Susan Gerhart在IEEE上发表了题为《测试数据选择的原理》的文章，从此，软件测试被确定为一种研究方向。1979年，Glenford Myers的论文《软件测试艺术》对测试做了定义：测试是为发现错误而执行的一个程序或者系统的过程。20世纪80年代早期，质量的号角开始吹响，软件测试的定义发生了改变，测试不再只是一个单纯发现错误的过程，已逐步开始包含软件质量评价的内容，并陆续制定了各类标准。1983年，Bill Hetzel在《软件测试完全指南》中指出：测试是以评价一个程序或者系统属性为目标的任何一种活动，测试是对软件质量的度量。

在领导箭载计算机技术攻关的整个过程中，孙敬良对计算机软件采取的各种控制和验证措施，都是在他提出的“设计可靠、生产严格、试验充分”这“12字箴言”指导下进行的，虽然尚未有软件测评的理念，但事实上已经初步具有了软件测试的雏形，基本达到了20世纪70年代末期世界软件测试的水平，这对国内运载火箭的第一个数字化控制方案的研制成功起了非常大的作用，也为其他类型的软件积累了研制和测试经验，是十分难能可贵的。

完成了单机的软硬件联试，箭载计算机就要在分系统乃至全箭层面接受考验。在控制分系统进行集成综合试验和火箭全箭出厂测试期间，孙敬良在处理完手头上的工作后，总是尽可能地抽更多的时间来总装厂现场蹲点，了解试验和测试情况，听取方方面面的意见和建议。在试验测试遇到问题的时候，他总是耐心听取一线人员的意见，并以打破砂锅问到底的精神挖掘技术根源，找到问题的关键症结。他总是通过集中各方面意见，然后作出自己的判断并拍板实施，帮助大家及时解决问题。有时候，他的决策也会遭到设计人员的质疑，他总是认真听取不同意见，审慎判断，并能够从善如流，及时修正不当决策，确保试验测试工作正常推进。

孙敬良经常对同志们说：“欢迎大家来挑错，我不会因为自己是总设计师，自己的错误被别人挑出来而不高兴的。”这句话一直鼓励着设计和管理人员在他面前畅所欲言，让他一直能够做到兼听则明。在10多年后，这句话还经常被中国载人航天工程副总指挥胡世祥中将引用，成为了技术民主型领导的名言。

在长征四号A型运载火箭的研制过程中，孙敬良根据国外的先进经验和自己对软件可靠性管理的理解，大力倡导软件冗余设计的理念，认真推行软件工程化的方法。他要求在设计过程中，总体系统设计诸如总体参数、载荷计算、轨道设计等均必须采用双人、双机、双程序进行计算，确保设计依据可靠、数据准确；同时加强对计算机软件的严格管理，规定软件必须执行审签制度，源程序代码必须公开化，文档必须专人负责保管，实行阶段归档，严格审查和评审，强制执行测试制等一系列可靠性保证措施，并逐步制定相关条例和型号制度，实现了从人治向法治的转变。

如果把箭载计算机当做火箭的大脑，是控制系统的指令机构，那么箭载伺服机构就是实现大脑指令的火箭手脚，是控制系统的执行机构。通常伺服机构（Servo-Mechanism）的构成包含受控体 (plant)、致动器 (actuator)、传感器 (sensor)、控制器 (controller) 等几个部分，专用箭载伺服机构的受控体或被控量为火箭的空间机械位置，或者是空间机械位置对时间的导数，即火箭的速度。

“伺服”一词源于希腊语“奴隶”的意思，人们以此命名是想把“伺服机构”当做一个得心应手的驯服工具，绝对服从控制指令信号的要求而动作，因此，伺服机构必须具备响应快、可控性好、稳定性高和适应性强等基本性能。伺服机构理论 (Servomechansim Theory) 起源于第二次世界大战期间，美军为了发展具有自动控制功能的雷达追踪系统，委托麻省理工学院发展控制机械系统的闭合回路控制技术，以提高巡航导弹等精确制导武器的精准度。明确的战争需求促进了相关理论的发展，从而一举奠定了伺服机构理论的基础。

在国内以往研制和发射的运载火箭上，采用的都是单向伺服机构，以实现推力大小和方向的单向调整，从而控制火箭的飞行位置、速度、加速度等参数。这样为了控制火箭俯仰、偏航和滚动三个方向的运动，就需要有四台发动机各自做单方向摇摆。这种工作方式控制相对简单、可靠，但是由此带来的不利之处是伺服机构的重量较大。

统计数据表明，如果火箭一子级减重 16 千克，大约对卫星载荷的贡献是 1 千克，二子级减重 6~8 千克，才能够增加 1 千克运载能力，而三子级只要减重 1 千克，卫星就可以直接增加 1 千克载荷。因此在长征四号 A 型运载火箭的设计方案中，为了提高运载能力，孙敬良要求整个火箭，特别是三子级必须最大幅度地减轻自身重量。

经过多轮反复的技术论证，孙敬良在充分听取研制人员各方面的意见之后，毅然决策火箭一、二子级继承风暴一号运载火箭经过飞行验证的成熟技术，三子级配置两台发动机，采用双向摇摆方式控制俯仰、偏航和滚动三个通道。做出这样的决策，拍板者无疑需要超人的勇气。因为在此之前，国内运载火箭的飞行试验无论成功或失败，都从未使用过双向摇摆伺服机构，现在这样的方案风险极大，它的技术难度和由此带来的新衍生问题，谁心里都没有底，事先实在无法预计，万一研制失败，必然有人要承担相应的决策责任和主要工作责任。因此，双向摇摆伺服机构的研制工作，成为了整个长征四号A型运载火箭的险中之险，面临着自古华山一条路的绝境，不能失败，只能成功。

这样一个关系整箭成败的关键设备，孙敬良不敢有丝毫的马虎，他倾注了大量的心血，给予了极高的关注。除了需要总设计师参加的决策评审一次不落外，他还经常不打招呼，自己一个人来到研制单位，不听汇报，直接找一线人员了解项目的设计研制进展情况，对遇到的困难组织相关人员集体讨论解决。

在最初做双向摇摆伺服机构设计方案时，最严苛的要求是伺服机构的重量必须控制在27千克以内，否则就无法满足孙敬良关于“三子级必须最大幅度地减轻自身重量”的全箭最优化设计要求，这是一个最关键的技术难题。设计人员绞尽脑汁，提出了几种可供选择的方案，但是这几种方案各有优缺点：有充分利用发动机推进剂工作的引流方案，这个方案可以使伺服机构的重量减少很多，可以满足重量必须控制在27千克以内的要求，但是工程实现相对复杂，可靠性会受一定影响；另一种方案是选用一个一级涡轮泵，每个伺服机构带一个电机泵，这个方案机构重量要突破27千克，同时空载地面测试也存在一定的困难。孙敬良亲自主持了多轮讨论，反复论证，集思广益，几次评审，最后孙敬良一锤定音，选用一组泵带动两个机构的方案，并使用自动旁通阀保证机构工作可靠。这个方案在国内尚属首次研制和使用，可以满足孙敬良关于“三子级必须最大幅度地减轻自身重量”的全箭最优化设计要求。

以往的经验和教训表明，液压伺服机构应用的关键问题是漏油和漏气，在学术界和工程界，漏油、漏气这“两漏”问题始终困扰着伺服机构的研究和发展。孙敬良对“两漏”问题抓得很紧，多次召开专题会议，讨论解决这两个老大难问题。经过反复试验，细致观察，深入分析，群策群力，最后确定了漏气的原因是镀铬层里存在堵头小通道，气慢慢地从这里跑出去，然后再逐渐漏到油里，再漏到空气里，就变成了真空，从而无法实现控制功能。

找到了原因，就可以有针对性地采取相应措施。在堵头上增加密封圈是简单易行的解决方法，但是由于工作环境恶劣，这个密封圈要在低温零下 42 摄氏度至高温 150 摄氏度的范围内保证密封，这不是一般密封圈的普通橡胶材料能够实现的。另外，密封圈材料中的硅含量也必须合理设计，硅量太大，摩擦力大，影响伺服机构工作；硅量太小，密封性能不好，容易造成“两漏”。参加过“701”工程大会战的孙敬良再次发扬了大会战的精神，他带领研制人员向上海橡胶研究所求援，在对方的协助下，很快攻克了技术难关，研制出了符合使用要求的橡胶密封圈，终于彻底解决了“两漏”问题，确保了双向摇摆伺服机构在中国气象卫星工程运载火箭上的首次应用。

在研制进展最艰难的时候，有人看不到前途，悲观失望，心生退意，孙敬良总是给大家鼓劲，要求大家坚持再坚持。他说:“我作为总设计师既然进行了决策，就会和大家一起承担研制失败的风险。我何尝不知道把整个火箭的希望押在一个成败未知的东西上存在的巨大风险？但是请大家想一想，如果双向摇摆伺服机构研制不成功的话，整个长征四号火箭的总体方案就失败了，这个型号也就不复存在，我这个总设计师就和大家一起失业；但是如果三子级重量减不下来的话，长征四号火箭的运载能力就不能满足目前使用和后续发展的要求，这个型号还是面临着下马的境地，大家还不是要回家抱孩子。反正我们前进或者后退都是死，那就狭路相逢勇者胜！大家舍弃身家性命，拼尽全力搏一把，也许还会有一线生机，哪怕失败了，就算是牺牲，我们也要胸膛朝前，倒在冲锋的路上！”

大家看到自己的型号总设计师如此态度坚定，虽然已经年过半百，依然还有“舍得一身剐，敢把皇帝拉下马”的豪迈气概，都被他深深地感动了，没有任何人再说一个不字，都全力以赴地投入到攻关工作中。

在长征四号A型运载火箭的众多个第一次使用的新技术中，双向摇摆伺服机构不敢说是最难的，但它绝对是“第一次”最多的。该伺服机构采用直流电机驱动电动泵作为能源，通过金属软管联接两个伺服致动器，形成整体、封闭式电液伺服机构，使外场测试、维护、安装方便；采用自动旁通阀，使工作安全可靠；采用新研制的力反馈电液伺服阀，使伺服机构动态和静态性能指标明显提高，达到了国内先进水平。这些技术都是国内第一次设计和第一次使用。

在孙敬良的直接参与和领导下，以中国第一台箭载计算机和第一次使用的双向摇摆伺服机构为代表的火箭数字化控制系统，攻克了包括网络干扰、起飞漂移、通道交耦、刚晃交耦等一系列技术难题，并经过地面的方案验证试验、系统半物理模拟试验、仿真飞行试验等各种可靠性考核，顺利通过了控制分系统的集成综合试验和火箭全箭出厂测试，整个研制工作没有发生过颠覆性的技术反复。

1986年8月18日，国务院、中央军委联合发（1986）100号文，明确风云一号气象卫星用长征四号A型运载火箭发射，1987年6月18日，长征四号A型运载火箭有了正式名分的整整10个月后，合练箭通过了航天工业部组织的出厂质量评审，整装待发，9天以后，合练箭踏上了奔赴太原卫星发射中心的征途。孙敬良带领着和他一起在夹缝中求生存，和他共同摸爬滚打了近10年的子弟兵，信心百倍、斗志昂扬地迎接着长征四号A型运载火箭的第一次大考。

孙敬良（左）等在太原卫星发射中心长征四号运载火箭前合影

太原卫星发射中心位于山西省忻州市岢岚县的晋西北高原地区，地处温带，海拔1500米左右，与芦芽山风景区毗邻。这里地处黄土高原边缘，干燥贫瘠，冬长无夏，春秋相连，年平均降水量只有530毫米，年平均气温只有4.7摄氏度，无霜期只有90天。

早在20世纪60年代初中国第一颗原子弹试验期间，党和国家领导人毛泽东、刘少奇、周恩来在听取中国人民解放军代总参谋长杨成武汇报有关作战问题时，就特别指示：解放军的导弹基地要防止苏联的突然袭击，要有备用基地，应尽早着手建设，逐步转移搬家。“两弹”结合试验前后，由国防科委、七机部一院、解放军工程兵设计院和酒泉导弹试验基地组成的联合勘察组，按照党中央的指示，根据“靠山、隐蔽、分散”的原则，勘选了新的导弹发射场场址，并于1967年开始建设华北导弹发射场（即太原卫星发射中心前身），这是新中国真正自主设计和建设的第一个导弹火箭发射场。1968年12月18日，中国自主设计制造的第一枚东风五号导弹在这里发射成功。1979年，太原卫星发射中心七号发射场区发射工位建成竣工，正满怀期待地等着迎接它的第一个运载火箭客户——长征四号 A 型运载火箭合练箭。

火箭合练就是在发射场区和发射工位上，除了不加注、不点火以外，按照火箭发射的整个流程预先演习一遍，主要用来检验火箭、发射场和支持系统的协同工作是否存在问题。对太原卫星发射中心的解放军官兵而言，合练还有一个锻炼发射队伍的作用，毕竟以前在太原卫星发射中心还没有发射过卫星，这次是他们第一次接触大型运载火箭，第一次操作大型运载火箭的仪器设备，需要有一个适应和转变的过程，另外，还要有一个发射中心的官兵与大型运载火箭研制队伍的相互磨合过程，毕竟战术型号与运载型号研制队伍的习惯做法有很大差别。

太原卫星发射中心在执行大型运载火箭试验任务时延续了战术型号的做法，发测站官兵作为一岗操作手，直接接触设备，试验队员担任二岗保驾，不能直接操作设备。一下子成了只能动口不能动手的“君子”，习惯于干工作时挽起袖子就开始的试验队员们还真是有点不适应。早年在国防部第五研究院二分院从事过战术型号研制工作的孙敬良和大家解释说：“武器试验确实是这样的，我们工厂生产好了产品交给解放军，他们去组织发射，交给他们以后，他们测试下来发现哪里有问题，我们要能够讲得清楚，否则试验任务是不能往下一个步骤进行的。这样起到一个互相监督的作用，可以发现产品里面存在什么问题，确保飞行试验的成功。”

在试验队大会上，孙敬良再一次向全体队员阐述了解放军的这个试验组织方式，请全体队员尽快适应，以便顺利开展工作。他向全体队员明确提出要求：“虽然解放军是一岗，我们是二岗，但是测试时任何人不能因此而松懈，全体队员包括我这个总设计师在内，都必须做到身处二岗的位置，承担一岗的职责，因为我们失败不起，没有退路，容不得半点儿的马虎。”

他风趣形象地向大家解释说：“什么是身处二岗的位置，承担一岗的职责呢？就是在测试的时候，一岗正襟危坐，你侧面相陪，一岗认真操作，你左顾右盼。但是，当一岗人员伸出手准备进行一个错误操作的时候，你必须第一时间抓住他的手一把拉回来，及时避免这个错误的发生。这不仅要求二岗人员对自己保驾的产品了如指掌，对整个测试流程十分熟悉，而且更为重要的是，二岗人员时刻要聚精会神地盯着一岗人员的每一个动作，同时必须具备敏锐的观察力和准确的判断力，才能预先做出防范。当然，二岗人员还要有一把子的力气，不然就算你抓住了一岗人员的手，那也是拉不回来的。”

尽管在到太原卫星发射中心参加合练前，孙敬良在上海已经组织了火箭的多轮联试和验证工作，发现并解决了不少匹配问题，相关地方都进行了相应的改进，但是在合练箭真正竖立在发射工位上后，由于环境的变化、协同工作要求的变化等因素的影响，第一次参加大考的长征四号 A 型运载火箭合练箭还是暴露出了一些问题。

火箭的箭载计算机是整个火箭的大脑，工作时要接收平台的信号和数据信息，发出遥测信息，还要根据接收到的数据和指令，经过计算处理后向执行机构发出指令，遇到终端的中断请求还要立即处理。由于箭载计算机运算速度慢、内存小，如果软件的设计有不合理之处，有的时候就会发生碰撞冲突，造成通信堵塞，甚至死机。这种碰撞问题在进行软件设计时就已经预计到了，并且事先采取了防范措施，在合练前进行的多次测试中也从来没有发生过碰撞现象，大家以为碰撞问题已经解决，没想到在合练时软件真的出现了此类问题。

对待质量问题六亲不认的孙敬良在遇到这个问题时自然一丝不苟，特别是对这种设计时已经有了预见、措施上已经做了防范、多次测试中都未发生、但还是在发射阵地暴露出来的质量问题，他更是倍加关注。在孙敬良看来，这不仅仅是一个孤立的软件碰撞问题，而是已经涉及到了他提出的“验证充分”的原则性问题，更是感到问题性质严重。他下令彻底查清原因，并亲力亲为，自己每天都待在排故现场，现场督战，现场拍板。

合练适逢中国人民解放军建军 60 周年纪念日，解放军官兵准备举办隆重的庆祝晚会，再加上这里是第一次执行大型运载火箭的合练任务，为了加强与运载火箭试验队的交流，太原卫星发射中心沈椿年司令员专程派人到试验队驻地，代表发射中心司令部盛情邀请试验队的领导参加纪念活动，军民共庆“八一”建军节，充分体现军民鱼水情。作为型号总设计师和试验队队长的孙敬良是被邀请名单上的第一人。

有过 10 多年军旅生涯的孙敬良自然知道“八一”这个节日对解放军官兵的重大意义，但是为了尽快查清并解决合练箭的软件碰撞问题，他婉言谢绝了发射中心司令部的盛情邀请，全力以赴组织问题排查。他带领设计人员前后排查了近一个星期，终于发现了合练箭软件设计的不合理之处，找到了通信堵塞的根源。

合练结束回到上海后，孙敬良放弃国庆节的休息时间，对整整两个月的合

1987年9月，孙敬良（左）与“711”工程总设计师任新民（右）合影

练工作进行了自我总结。他清醒地知道，已经过去的发射阵地合练虽然是长征四号 A 型运载火箭的首个大考，但合练毕竟只是合练，充其量也只能算是乡试，而接下来将要面临的火箭首飞才是会试，才是真刀真枪的真正大考。他在回沪两周后组织召开了长征四号 A 型运载火箭合练总结会，他在会上明确要求，在合练中出现问题的产品要立即组织彻底的改进工作，未发生问题的产品要立即组织全面的复查工作，并再次强调，我们失败不起，没有退路，要求全体研制人员立即全身心地投入到首飞火箭的生产准备工作中，确保首飞成功。

1988 年 6 月 7 日，长征四号 A 型运载火箭首发飞行箭通过了航天工业部组织的出厂质量评审。6 月 15 日，带着无数人的期望和祝福，凝聚着无数人心血和汗水的长征四号 A 型运载火箭首发飞行箭正式出厂，奔赴太原卫星发射中心，执行风云一号气象卫星的发射任务。

从此，长征四号系列运载火箭开始了它飞天的漫漫征途。

通过去年的合练，长征四号 A 型运载火箭试验队的队员们已经逐步适应了太原卫星发射中心的工作方式，第一次执行运载火箭飞行试验任务的太原卫星发射中心，也为长征四号 A 型运载火箭的这次首飞做了精心的准备，军地双方的队伍都正在逐步走向成熟。但是，首飞毕竟不同于合练，渴望成功的压力实在太大！眼看着自己亲手养大的孩子走上了考场，每一个做父母的心情都是希望孩子能够一举及第，没有人会愿意孩子名落孙山。但是，在此之前，中国的大型运载火箭从来没有过首飞成功的先例！更不要说历经了九九八十一难才艰难诞生、采用了众多项国内第一次使用的先进技术、被钱学森先生称赞为第二代运载火箭的长征四号 A 型运载火箭了！作为它的总设计师，孙敬良清楚地知道自己面临的困难和艰险，清楚地知道自己肩上的担子和压力。

科学征途有艰险，越是艰险越向前！孙敬良比任何人都渴望，渴望首飞能够成功。

没有直面挑战的勇气，怎能成为真正的英雄！他比任何人都相信，相信首飞一定成功。

孙敬良顶着巨大的压力，带着对胜利的渴望，满怀成功的信心，带领着他的队伍再度出征。

4.发发成功传捷报

历仕明代万历、天启、崇祯三朝，官至东阁大学士兼礼部尚书的贺逢圣贺文忠公在《致族人书》中这样写到："天下事皆起于微，成于慎，微之不慎，星火燎原，蚁穴溃堤。"孙敬良在领导长征四号 A 型运载火箭研制的整个过程中，时时刻刻牢牢地抓住"微""慎"两个字，如临深渊，如履薄冰，不知不觉已经走过了 10 个年头。

此刻，站在晋西北的黄土高坡上，眼望着高高耸立的火箭发射塔架，孙敬良心潮起伏，思绪万千。10 年间，已经记不清楚有多少次，在面临着型号生死存亡时，他秉笔直书，屡犯"龙颜"；已经记不清楚有多少次，在攻克了技术难题后，他欣喜若狂，额手称庆。只记得在型号经费最困难的时候，他带领着自己的队伍艰苦奋斗，白手起家；只记得在型号研制进展最坎坷的时候，他嫌从家里到单位路上单程花费两个小时太耽误时间，太浪费自己有限的精力，索性用三合板在厂房里搭了一个"违章建筑"，一住就是好几个月；只记得在型号命运最无助的时候，这个坚强的山东汉子回到家对着妻子放声痛哭"太苦了"，第二天擦干眼泪又回到单位，继续带领着自己的队伍披坚执锐，攻坚克难。现在，这一切都过去了！他带着他的子弟兵，和他亲手打造的长征四号 A 型运载火箭一起，终于登上了历史的大舞台，终于站在了舞台的最中央！

58 岁的孙敬良等待这一刻，等得实在太久了！

早在孙敬良出生的那年，毛泽东就在《星星之火，可以燎原》一文中这样写到：“它是站在海岸遥望海中已经看得见桅杆尖头了的一只航船，它是立于高山之巅远看东方已见光芒四射喷薄欲出的一轮朝日，它是躁动于母腹中的快要成熟了的一个婴儿。”新中国的第一代领导人用诗一样的语言，满怀激情地描绘了中国革命必将取得胜利的光明未来。果然，19年后，古老的神州星火已燎原，红霞满赤县，新中国如朝阳光照人间。现在，孙敬良和长征四号A型运载火箭一起，终于看到了黎明的第一缕曙光。

众所周知，黎明前往往是最黑暗的。

为了确保长征四号A型运载火箭不带质量隐患上天，确保首飞成功，孙敬良在到达太原卫星发射中心后的第一次试验队全体队员大会上就开始“痛说革命家史”，从“701”工程发动机试车8连败一直讲到1979年首次一箭三星惨败。他以近10年间自己亲身经历过的多次失败，向全体队员反复强调重视产品质量的重要性。他在向大家描述自己失败后心情的时候，用了“如丧考妣”这个成语。试验队员中有些“有知识没文化”的人不懂这个词是什么意思，他向大家解释说：“‘考’和‘妣’是指父亲和母亲，《尔雅·释亲》曰：‘父为考，母为妣。’《尚书》记载：‘二十有八载，帝乃殂落，百姓如丧考妣。’这句话的意思是：尧在位28年后去世，老百姓好像死了父母般伤心。”

会上，孙敬良明确提出了在发射场执行任务期间的工作要求：“绝不允许火箭带着问题上天！无论哪个单位，无论哪个产品，无论出现什么样的问题，只要在火箭0秒点火前如实说出来，不但不用承担责任，不会被处理，反而会立功，我会建议局里给予奖励！火箭0秒前出现的所有问题，责任都是我这个总设计师的！但是，无论哪个分系统，无论哪个个人，如果是为了维护小团体或者个人的利益，对出现的问题或者发现的隐患隐瞒不报，让火箭带着问题隐患点火上天，那就别怪我孙敬良心狠手辣，不讲交情。让我查不出来那算是你的水平高，事后只要被我查出来，我是六亲不认，从单位领导到责任个人，一律

1988年8月，孙敬良在太原卫星发射中心技术阵地长征四号A型运载火箭首飞箭前留影

严惩不贷！”

在首次会上，孙敬良给试验队员明确规定了在发射场的工作和生活纪律，其中有一条是“严禁参加有身体接触的体育活动”。发射场的生活本来就枯燥，现在规定篮球不能打、足球不能踢，3个月的时间岂不是更加难过。孙敬良看出了大家强烈的反对情绪，但丝毫不为所动，他明确说：“我们来这里是来工作的，不是来娱乐的。去年合练，我们已经有人因为踢足球踢断了腿，现在是首飞，如果因为文体活动发生非战斗减员，你的岗位怎么办？这一条没得商量，我作为火箭的第一责任人，必须严格要求，你们作为试验队员，必须无条件执行。想踢足球打篮球的，换人到这里来工作，你们回上海去玩，在发射场，没二话，不允许。”

长征四号A型运载火箭技术阵地的测试工作在如火如荼地进行，陆陆续续地暴露出了各式各样的问题，箭载飞行产品和地面测试设备都有。有的问题是属于一、二岗人员技术交流不够产生的，有的问题是由于技术状态检查不到位造成的，有的问题是岗位人员操作不慎引起的，有的问题是测试方法不合理误判的，有的问题是环境条件变化触发的……孙敬良时刻没有忘记自己作为型号

1988年，孙敬良（左二）在太原卫星发射中心技术阵地参加指挥部会议

总设计师和火箭第一责任人的身份，忠实地履行着技术决策和管理把关的职责。无论什么时候，一旦知道问题信息，他总是第一时间赶到问题现场，仔细观察问题现象，认真听取技术人员的分析汇报，判断问题的性质和危害度，分门别类地做出采取不同处理措施的决策，并要求质量人员根据决策意见跟踪每一个问题，确保每一个问题处理措施的闭环，确保产品不带有危及飞行安全的质量隐患，同时，也尽可能地不耽误测试工作的正常进行。

为了做好长征四号A型运载火箭首飞的准备工作，1988年4月20日，国防科工委、航天工业部在太原卫星发射中心召开05-1工作会议，“711”工程五大系统负责人全部参加，专题协调长征四号A型运载火箭首飞箭进场发射事宜，第一次作为发射首区承担大型运载火箭发射任务的太原卫星发射中心更是从上到下高度重视，做了大量而细致的准备工作。但是，由于发射场条件艰苦，再加上缺乏发射大型运载火箭的实际经验，准备工作难免存在疏漏。

长征四号A型运载火箭是三级火箭，三个子级之间以及火箭与卫星之间以爆炸螺栓连接，火箭在飞行中接到级间分离和星箭分离的指令时，通过控制加在爆炸螺栓上的电流使爆炸螺栓起爆，就可以完成分离的动作。另外火箭还在多处使用了电爆管，加上箭载发动机的固体药柱，三者都属于易燃易爆危险品，俗称火工品。火工品事关飞行试验的成败，保存、携带、运输时需小心谨慎，但在技术阵地的水平测试阶段用不着，不必装箭。

太原卫星发射中心在距离测试厂房有一段距离的一处山洞旁设置了存放火工品的库房，专门存放火工品。事先已经知道了这个库房条件比较简陋，为了稳妥、安全起见，首飞箭在出厂前，试验队员选用了比较好的包装箱对火工品进行了严密的防护。但是让人万万没有想到的是，长征四号 A 型运载火箭的火工品运达太原卫星发射中心后，几个当地的村民因为跑到山洞里躲雨，看到火工品的包装箱相当精致，以为里面装的是值钱的贵重物品，居然起了歹意，当起了梁上君子，顺手牵羊把电爆管给偷走了。

库房里的军用物资失窃，这还了得！太原卫星发射中心首长震怒，严令发射场保卫部门限期破案，追回被盗的军用物资，并且要求采取一切手段，确保任务期间火箭上各种产品和图纸资料的安全。“再发生类似的事，你们统统给我上军事法庭！”

保卫部门立即行动起来，在驻地地方公安部门的配合下，三五天时间就抓住了这几个小毛贼，完好无损地追回了失窃的电爆管。这个案件破了，皆大欢喜，没有对火箭后续试验工作的进展产生影响。但是，在案件侦破期间，这个案件却对火箭试验队的队员们产生了影响。

失窃的第二天，孙敬良和往常一样，准时前往技术阵地，准备开始新一天的测试工作。和往常不一样的是，技术阵地厂房门口聚集了一大群试验队员，正在吵吵嚷嚷地争论着什么。看到孙敬良来了，大家终于找到了主心骨，立即朝他围拢过来，七嘴八舌地向他诉说起来，个别脾气火爆的已经开始出言不逊了。

“孙总，厂房门口的哨兵要搜我们身，否则不让进！”

“孙总，我们跟着您到这里是来工作的，不是被人当猴耍的！”

1988年，孙敬良（右）在太原卫星发射中心领导长征四号A型运载火箭首飞箭发射工作

“孙总，您评评理，这不是侮辱人吗！”

“孙总，我们这些人，跟着您搞火箭10多年了！论对火箭的感情，他们和我们压根儿没法比！我们这些人对火箭的感情比对老婆孩子都深，怎么可能去偷厂房里的东西，去炸火箭呢！”

“孙总，我们不受这份窝囊气，不干了！”

“孙总……”

看着这群愤愤不平的部下，孙敬良没有说话。他完全明了大家此刻愤怒的心情！他心里非常清楚，10年来，这些同志跟着他，为了从无到有的长征四号A型运载火箭，励精图治，呕心沥血，跑断了腿，操碎了心，花在火箭产品上的心血和精力远比花在家人、花在孩子身上的要多得多。此刻，他实在不忍心批评他们的过于激动，不忍心责怪他们的出言不逊。

但是，有着10多年军人生涯的孙敬良心里同样知道，军令对部队的战士有着怎样的意义。今天的风波绝不是哨兵在故意刁难他们，而是为确保产品和图纸资料安全采取的“一切手段”之一，哨兵是在忠诚地执行命令，责骂、为难哨兵没有任何的作用和意义。列宁同志忘记了带出入证，不是同样被挡在了克里姆林宫之外吗?

作为长征四号A型运载火箭的总设计师，孙敬良心里更加明白，首飞箭技术阵地的测试工作不能因为任何理由而被拖延，否则将会直接影响后续发射阵地的工作。而且，今天的事情如果处理不好，会在军地双方人员的心里都留下隔阂，给以后的合作增加障碍。他沉吟片刻，分开众人向哨兵走去。

“小同志，搜身这事确实有点强人所难，而且还有一些是女同志，也不方便。要不这样，你们别动手，我们每个人自己把身上的口袋都翻出来让你们看，你觉得这样行吗？”

哨兵看了看眼前这位腰板笔直的老同志，又看了看他身上的“特”字出入证，知道这是试验队的孙敬良总设计师。听着这位比自己的父亲还要年长的大科学家这么和颜悦色地和自己商量，说的话又是那么合情合理，既没有违反部队的命令，也没有单方面维护试验队的人，更没有丝毫责难自己的意思，心里也是非常感动。他立即向值班领导报告了情况，接到指令后同意了孙敬良的意见。

得到了肯定的答复后，孙敬良将自己衣服裤子的口袋翻了过来，带头接受哨兵的检查，紧跟着孙敬良的是试验队中队部的同志。看到敬爱的孙老总带了头，试验队员们再没有人说一句话，大家纷纷学着孙敬良的样子，翻开口袋向哨位走去。

“敬礼——！”技术阵地厂房门口的哨兵们自发地向鱼贯通过哨位的试验队员们行起了军礼，他们以军人最崇高的礼节，向试验队员，向令人尊敬的孙老总表达着发自内心的敬意。

谈笑间，樯橹灰飞烟灭。一场可能的风波就这样无声无息地烟消云散了。几天后，随着火工品失窃案的告破，也就不用再翻口袋了。

由于首飞箭与合练箭任务性质的变化，箭载计算机的控制软件程序也有相应的修改。在太原卫星发射中心，孙敬良组织对控制软件进行交付验收评审，结果在验收测试时发现，箭载计算机的控制软件存在多脉冲多指令的故障。箭载计算机在火箭上的地位无可置疑，它一旦有了问题，后果将不堪设想。孙敬良当即下令：彻底查清故障原因，绝不允许带病上箭工作。相关的试验队员立即行动，投入到紧张的排查工作中。军地双方的高层领导都很重视，意见不谋而合：不惜一切代价，查！

整整查了三天，没有查出任何结果，连多脉冲的故障现象都没有再现。孙敬良一方面在排故现场组织故障复现工作，另一方面，他安排试验队里其他懂得计算机语言的同志，利用这三天的时间把所有软件的源程序都调出来，翻来覆去读了几遍，也没有发现里面有什么问题，大家一筹莫展，排查故障的工作暂时陷入了僵局。一岗的部队人员也很着急，发测站的副总师亲自来到排故现场督战。

盛夏的季节，虽然晋西北黄土高原夏无酷暑，但是几个人在没有空调的测试专用房间里熬了整整 72 小时，为了防止弄乱记录试验数据的稿纸，连电扇都没有开，房间里的空气早已浑浊不堪，人也已经晕头转向，正所谓强弩之末其势不能穿鲁缟也。孙敬良疲惫地从椅子上站起身来，一边招呼大家“都起来活

孙敬良在太原卫星发射中心现场观看测试工作

动活动，换换脑子”，一边打开房门向门外走去，准备出去呼吸一下新鲜空气，清醒一下，顺便再考虑一下后续工作的思路。

老总出去了。大家纷纷站起身，走两步，举举胳膊，伸伸懒腰，左右晃动几下发直的脖子，扭动扭动僵硬的腰板，有人顺手整理着桌上的稿纸，有人就在屋里踱起步来……

“抓到了！抓到了！脉冲……”，有人突然喊了起来。

霎时，大家一起停止了动作，目光瞬间聚集在了仪器上。

“孙总！孙总——！”喊声未落，孙敬良已经出现在房间门口，他顾不得理会是谁在喊他，直接冲到仪器前仔细观察起来，动作之敏捷简直不像一个年近花甲的人。

“你们，谁，刚才，都干了啥？”确认了观察到的现象，孙敬良回过头来，朝着屋里的众人问道。

大家面面相觑，不约而同地摇了摇头，于是，每个人都开始进行“情景再现”。

这次很快就查清楚了，是有人为了加快房间里的空气流通，打开了落地扇，于是就观察到了多脉冲的故障现象。又重复试了若干次，结果次次一样，可以认定电扇就是多脉冲的罪魁祸首。

那就是电源地线上回窜的干扰了？发测站副总师立即叫来了发射场动力部门的人，确认了电扇用的220伏交流电源和测试仪器用的220伏电源是同一路电，这下更加坚定了是电源接地不良引发故障的判断。发测站副总师亲自动手，带着人挖坑、打铁桩、灌盐水……在测试间外面临时搞了一个接地点，单独引出一根专用接地线。再试，一切正常，再试，再试，百试百灵。

问题解决了，大家都长长地舒了一口气，但是孙敬良并没有善罢甘休。他明确要求：可以按此结果向发射场司令部和航天工业部工作组做初步的汇报，但是试验还要继续做下去，再做两天，如果试验结果一切正常，说明故障定位准确，解决措施有效；如果再有多脉冲故障发生，那就要一切推倒，从头再来。

孙敬良向发射场司令部和航天工业部工作组进行了汇报，得到了军地双方高层的认同。两天以后，当试验人员面带笑容从测试间走出来的时候，所有人心里都明白，这一切都已经成为了历史。

乌云遮天难持久，红日终将放光芒。

长征四号 A 型运载火箭的首飞任务是上海航天局继风暴一号运载火箭一箭三星后组织的第一次大型号飞行试验。为了力争首飞成功，孙敬良带领着试验队员们在前线攻坚克难，解决了一个又一个的技术和管理问题，朝着胜利的目标坚定地一步步迈进。前方将士的每一次浴血奋战都深深牵动着后方亲人的心，为了鼓舞士气，上海航天局专门组织了慰问团，赴太原卫星发射中心进行火线慰问。

考虑到试验队员们在前方的生活比较单调，基本没有什么娱乐活动，航天局特意从上海音像馆租借了风靡全球的詹姆斯·邦德 007 系列片录像带，携带了录像机来到发射场。

在录像机尚未在中国大地上普及的 20 世纪 80 年代，詹姆斯·邦德 007 系列片，这可是压根见不到的稀罕玩意儿。晚饭后，在试验队值班室摆开了场子，闻讯而来的试验队员，包括一些领导，满满当当地挤了一屋子。

一盘录像带播放时长 3 个小时，放完第一盘已经是晚上 10 点多了，大家意犹未尽地又换上了第二盘，准备一鼓作气看下去。这时，值班室的门被推开了，孙敬良走了进来。他站在那里，用目光扫过了房间里的所有人，每个人和他目光接触的时候都下意识地挪开了视线。

孙敬良没有说话，转身就走，走到门口的时候，他站了一下脚步，一字一顿地说了一句：“明天还有工作，你们不要把我的队伍带坏了！”说完头也不回地走出了值班室，“砰”地一声，重重地摔上了值班室的房门。

是啊，明天还有工作。屋子里的人立即一哄而散，回宿舍睡觉，直到首飞试验任务结束，再没有人提起过看录像的事。但是，也没有任何人对孙敬良表示任何不满，大家，包括慰问团的人，反而对他这种一切为了工作而严格管理队伍，不管是谁都丝毫不留情面，甚至到了“不近人情”地步的做法充满了敬意。

英雄无奈是寂寞，道是无情却有情。严格管理到“不近人情”地步的孙敬良也有温情的一面。他一直关心着试验队里的每一位同志，无论工作多忙，哪怕正在带领同志们排除故障，只要得知哪位队员生了病，无论是共事多年的老战友还是初出茅庐的新战士，不管是主任设计师还是普通员工，他都会亲自到宿舍探望，亲手送上慰问品，祝愿患病的同志早日康复。

在20世纪80年代，太原卫星发射中心试验任务相对较少，由于加注控制机柜处于阴暗潮湿的地下室，很多地方，特别是一些电气的控制器都已经锈迹斑斑，存在着一定的质量隐患。孙敬良发现后，主动安排试验队的电装女工，帮助太原卫星发射中心的官兵对设备进行维护。女工在阴暗潮湿的地下室里连续工作了近一个星期的时间，终于使得所有的设备旧貌换新颜。她在地下室工作时，孙敬良特地安排随队的摄影人员为女工拍摄了她在恶劣环境中工作的录像，并将录像带送给第一次来发射场执行任务的女工留作纪念。这位女工非常感动，逢人便说：“孙老总在发射场日理万机，还亲自来关心我这样一名普通女工，专门安排人给我拍工作录像送给我留念，真是一位令人尊敬的好领导，一位知心的老大哥。”

“明者防患于未萌，智者图患于将来。知得知失，可与为人；知存知亡，足别吉凶。”[1] 在总设计师孙敬良的带领下，历经磨难的长征四号A型运载火箭，解

①《三国志·吴书·吕蒙传》，西晋·陈寿。

1988年，即将踏上飞天之路的长征四号A型运载火箭首飞箭

决了技术阵地测试中发生的大大小小近30个问题，终于转场到了发射阵地，昂首矗立在高高的发射塔架上，再过几天，它将踏上首次探索太空的征程。在转场动员会上，孙敬良再次告诫全体队员："技术阵地的工作我们一路'走钢丝'，总算磕磕绊绊、险象环生地闯过来了，但是行百里者半于九十！从现在转场起，到火箭点火为止，任何人都不可以有半点的松懈！全体试验队员，从我孙敬良开始，都要时时刻刻保持着如临深渊、如履薄冰的状态，直到真正胜利的那一刻！因为我们的火箭和我们自己，都注定了是失败不起、没有退路的命运。"

畏危者安，畏亡者存[①]。

长征四号A型运载火箭除了箭载产品采用了多项国内第一次使用的先进技术以外，配套研发的地面测发设备同样采用了国内第一次使用的自动测试和发射控制系统，简称卡马克系统——CAMAC系统，即Computer Aided Measurement and Control System（计算机辅助测量与控制系统）。

卡马克系统的主要功能是通过地面计算机完成数据采集并发出相应指令，实现箭载设备的全部测试控制和发射控制功能的自动化。在此之前，中国的大

①《素书》，秦末·黄石公。

型运载火箭有过采用自动化测试的成功经验，但是从来没有采用过自动发控，都是以手动的方式实现发射控制，可以称为半自动方式。1984 年，孙敬良以独特的超前眼光和大无畏的气魄，决策长征四号 A 型运载火箭的地面测发设备采用全自动方式。

在设计人员的不懈努力下，经过几年的攻关，卡马克系统在 1987 年合练中第一次亮相，虽然暴露了一些问题，但总体来说表现不凡。合练结束后，针对合练暴露出来的问题进行了针对性改进，这次随首飞箭进场保驾护航，正是踌躇满志，准备一展宏图，大显身手。

卡马克系统的工作过程其实不算复杂。它在存储器中为每一个待测物理量设定了一个装定值，并在测试时分别设置了一个容错门限，比如上下各 5%，系统工作时，计算机将装定值与被测物理量返回的数据进行比对。测量值如果落在这个门限以内，计算机会认为其对应的设备指标正常，将自动执行后续程序，并在监视器屏幕上以绿色字符显示；如果被测物理量返回的数据落在这个门限以外，计算机会认为其对应的设备工作异常，将自动中止后续程序的执行，并在监视器屏幕上以红色字符显示，提示技术人员排除故障，直到数据恢复正常后才能自动执行后续程序。在长征四号 A 型运载火箭首飞箭技术阵地的测试中，卡马克系统的表现中规中矩，一路绿灯。

转场到发射阵地以后，卡马克系统开始不断出现工作不正常的情况。先是自动发射控制部分工作异常，无法实现正常的发射控制功能，设计人员连续几天几夜进行故障排查，根本找不到故障原因，更加无法消除故障，恢复系统的正常功能。

参加发射工作的试验队员谁都知道：从技术阵地到发射阵地的转场，意味着发射工作已经进入了倒计时，剩余时间满打满算不会超过二十天，现在各系统都已经进入了临战状态，各岗位都是严阵以待，这个时候无论什么原因推迟发射，影响和损失都非常大。卡马克系统再先进、再出色，说到底毕竟还是地面测试设备，如果因为它的原因要求推迟发射显然是得不偿失的。因此，在反复确认箭载飞行产品工作正常的情况下，孙敬良无奈地拍板决策：终止卡马克系统发控部分的排故工作，不能因为地面设备的问题耽误全箭工作计划。在后续检查测试中，卡马克系统采用半自动方式工作，即测试控制继续由计算机自动运行，发射控制采用手动方式，由人工完成。全箭分系统及几次总检查工作继续按计划推进。

长征四号 A 型运载火箭和它将要发射的风云一号气象卫星一样，都是第一次参加大型飞行试验的新型号，再加上太原卫星发射中心是第一次作为发射首区承担大型运载火箭的发射任务，“三新聚会”使得从上到下都对这次发射工作十分重视，除了“771”工程总设计师任新民带领航天工业部工作组全程参与发射场工作外，上海市委副书记代表市委和市政府，带领市国防工办的人来到发射场，上海航天局的领导更是倾巢出动，全体党委委员都来到了太原卫星发射中心，为长征四号 A 型运载火箭站脚助威。这一切，无形中给正在跌跌撞撞前行的火箭总设计师孙敬良和全体试验队员们增加了更大的压力。

在需要舒缓压力的时候，孙敬良还是他的老习惯，打开录音机听交响乐。现在，保成功的压力已经大到了令人难以承受的地步，孙敬良听交响乐的次数就更频繁了，试验队员路过他宿舍房间的时候，多次看到孙敬良一个人呆呆地坐在椅子上发愣，录音机里播放着谁也听不懂的曲子。跟随他多年的弟兄们都知道，这个时候绝对不能去打扰孙老总，他现在需要的是陪伴了他 30 多年的交响乐。

一波未平，一波又起。在发射阵地最后一次总检查的测试中，卡马克系统显示器上屡次出现红字，计算机自动中止了测控程序的运行，提示某箭上设备工作异常。重新加载测试，红字没了，绿字显示该设备工作正常，测试程序自动继续运行。还没等到大家松一口气，显示器上又出现了红字，提示另一个箭上设备工作异常。重新加载测试，第二个箭上设备工作正常，又显示第三个箭上设备工作异常……在反复进行的多次测试中，卡马克系统的显示器上屡屡红灯高挂，不断显示箭上不同的设备工作异常，甚至还出现了死机的故障，需要重新启动才能恢复工作。

马上检查！孙敬良立即指示各相关单机的技术人员就在塔架的工作平台上，通过其他测试方式，对整箭状态下的箭载设备进行功能测试，同时要求卡马克系统断开箭地通道，确保不干扰箭上设备。各岗位人员立即行动起来。孙敬良、发测站总师等领导都站在离火箭不远处的塔架固定平台上，焦急地等待着测试结果。

测试结果陆陆续续出来了，箭载设备工作正常。再测一遍，还是一切正常。排除了箭载设备非正常工作的可能性，大家都不约而同地长出了一口气，纷纷把怀疑的目光投到了卡马克系统上。

卡马克系统的设计人员断开了卡马克系统与火箭连接的脱落插头，使得卡马克系统自己独立。设计人员加载自检程序对系统进行自检测试，显示正常。在没有连接脱落插头的情况下加载测试程序，此时不能构成测试回路，理论上讲应该测不到被测物理量返回的数据，测试值应该全部超过装定值的容错范围，全部显示红字才对，结果发现居然有绿色的正常值出现在显示屏上。将测试等效器连接在脱落插头上，然后加载测试程序，理论上讲测试值应该全部满足装定值的容错范围，全部显示绿字才对，结果发现居然有红色的异常值出现在显示屏上。测试结果无可辩驳地表明：问题出在卡马克系统。

孙敬良立即组织卡马克系统的设计人员连夜排除故障。

时间实在太紧张了！来不及查清故障原因，那就用备件替换！只要卡马克系统的测试功能能够恢复正常工作就是胜利！卡马克系统的机柜顿时被开膛破肚，Z80 计算机模块、C01 转换模块、测试测评模块……与数据测试有关的所有模块都换了一遍，不管用，不管用，还是不管用！设计人员已经由不断地失望变成了绝望。

怎么办？现场的所有人员都将目光聚集在了他们的主心骨身上。

孙敬良没有说话，他的脸上没有任何表情。他破天荒地没有在时间如此逼人的情况下立即做出下一步应该如何行动的决策，只是示意让辛苦了好久的同志们先回去休息。

太难了！卡马克系统现在这样的测试结果，假假真真，虚实难辨，虽然种种迹象表明是卡马克系统自身的问题，但是满屏的超差红字，万一有一个是真的，那可怎么办？那就意味着某箭上飞行单机有故障！一旦漏过去没有得到及时的处理，可能就会使得火箭带着故障点火，那可就是一失足成千古恨了，后果不堪设想！彻底甩开卡马克系统？风险极大！没有了测试数据支撑，靠什么判断火箭临射前状态是否正常？又凭什么能在发射任务书上签上“孙敬良”三个字？

卡马克系统设计有手动测试功能，但是从来没有使用过。一方面手动测试参数数量有局限性，参数量少，另一方面测试精度也比较差，合练箭和首飞箭技术阵地的测试采用的都是自动测试。现在已经临近发射了，这个时候临时改成手动测试，存在很大的风险。一旦点火，可能会由于测试的不全面或者是参数测试不到位，从而造成火箭发射失败，这个风险可不是一般的大。

怎么办？孙敬良从来没有感到过如此两难。

最终，对发射成功的渴望取得了斗争的胜利。孙敬良下定决心，彻底甩开卡马克系统自动测试功能，采用手动简易测试的方法取得临射前的测试数据，作为能否发射的决策判据。他心里非常清楚这个决策的风险，但是顾不上了！他已经完全将个人的荣辱浮沉抛在了九霄云外，只有确保发射成功，才是他思考决策的唯一目标，为了实现这个目标，任何局部的、个人的利益都必须牺牲！他决定了：冒这个风险。

孙敬良立即向“711”工程总设计师任新民和发射场司令部汇报了自己的想法，得到了军地双方高层的大力支持。

拿破仑曾说过，在战役实施中，只有一个时机是最适合的，能抓住这个时机的，即是天才。

时间紧迫，孙敬良立即组织卡马克系统状态的更改。在改变测试方式时有人发现，手动测试线路和手动发射线路接地线是串在一起的，信号存在潜通路，这可是要出大事的！火箭已经完成加注，整装待发，一切都处于不可逆的状态，留给火箭试验队解决卡马克系统问题的时间只能以小时计！

在中队部值班室里听取了设计人员简单明了的汇报后，孙敬良同意了临时串接转接盒的应急方案。转接盒很快完成了，潜通路被隔离了。但是，由于涉及到发射控制线路，而火箭已经完成加注，已经不可能再实际测试一下了，这让所有的人都直接把心提到了嗓子眼儿。

1988年，孙敬良（中）在太原卫星发射中心领导长征四号A型运载火箭首飞箭发射工作

在孙敬良做出同意临时串接转接盒的应急方案决策后，所有人都为孙敬良，为多灾多难的长征四号 A 型运载火箭捏了一把汗：命中注定要“走钢丝”的首飞箭啊！在技术阵地和发射阵地测试状况不断，先后解决了 30 多个问题才走到今天，走过来的每一步都是磕磕绊绊、险象环生，加注时又遇到泵的扬程不够，险些无法完成火箭推进剂的加注工作，这些如履薄冰的经历已经实在让人如临深渊、胆战心惊了，现在到了临发射前，干脆就是新兵直接上战场，会不会打枪都没有办法试一试，最为要命的是，这个新兵担当的还是一个无可替代、能够直接决定战役胜败的角色！孙敬良和他的火箭哪里是在走“钢丝”啊，这根

孙敬良在太原卫星发射中心
发射塔架工作现场

本就是在走“蛛丝”！在现场的每个人都觉得，长征四号 A 型运载火箭首飞成功的希望就像这一缕蛛丝，能够看得见它在空中轻舞飞扬、随风飘荡，但是想要亲手抓住它，实在实在太难太难了！要想沿着这根飘来荡去的蛛丝走向胜利的彼岸，无异于痴人说梦，简直是天方夜谭。

终于到了决战的时刻！ 9 月 7 日凌晨 4 时整，调度单机里已经下达了“30 分钟准备”的口令，孙敬良撤退到了观测发射的地堡里，这里是火箭起飞前他的工作岗位，他要在这里通过监视器上的参数值时刻监测火箭的情况，如果有问题要及时决策，最终拍板决定是否发射。这里是离火箭最近的地方，危险系数也最高，一旦发生事故，人身伤亡的危险最大。

孙敬良坐在他的工作岗位上，两眼直勾勾地盯着监视器上的参数，看着电视机里塔架的活动平台一层层徐徐展开，火箭洁白的箭体一段段显露出来，他面无表情，一言不发，就像一座《思想者》的石雕像一样，一动也不动，坐在他旁边的人紧张得不得了，死命地拽着他的胳膊，一直不肯松开。面前的工作台上除了工作笔记本，还有一个开了盖的保心丸瓶子。

“1 分钟准备！”除了调度单机中的口令以外，整个发射场没有任何声音，空气已经凝固了。

“10、9、8、7……”，零号指挥员倒计数的口令声回荡在发射场，每一个数字都像一把沉重的铁锤，狠狠地敲打在孙敬良和地堡里每一个人的心上。

“点火！”

刹那间，长征四号 A 型运载火箭一子级的四台 75 吨发动机发出了震天动地的轰鸣，仿佛同时奏响了《欢乐颂》的序曲，火箭底部喷射出的熊熊烈焰撕开了漆黑的夜幕，瞬间编织成了五光十色的美丽花环，在黎明的第一缕曙光里，胜利女神维多利亚脚踏七彩祥云，衣袂飘然，托举着风云一号气象卫星，宛若一道闪电划破长空。

腾飞！

成功了！

我们胜利了！

一直保持着《思想者》的姿势、坐着一动不动的孙敬良猛地站起身，一下子变成了《贝尔维德尔的阿波罗》的神态，几秒钟后，他又一屁股跌坐回了椅子上，成了《垂死的高卢人》的样子。

在那纷繁复杂的环境中，在无数的建议中，他坚持了自己的看法，牢牢地抓住了那把开启胜利之门的钥匙。

心力交瘁，他，太累了！

新华社消息：1988 年 9 月 7 日，北京时间 4 时 30 分，中国使用长征四号

1988年9月7日凌晨，第一发长征四号 A 型运载火箭在太原卫星发射中心发射成功

A 型运载火箭，在太原卫星发射中心成功地发射了一颗试验性气象卫星——“风云一号”。这是中国自行研制和发射的第一颗极地轨道气象卫星，也是中国第一颗传输型极轨遥感卫星。这一成功标志着中国航天技术达到了新的水平，它提高了中国天气预报的时效性、准确性以及监测灾害性天气的能力。

当天，中央电视台在气象预报节目里插播了风云一号卫星传回来的云图照片。

长征四号 A 型运载火箭的首飞成功，标志着中国成为了世界上第三个能够独立发射太阳同步轨道卫星的国家。至此，中国已掌握了研制、发射和应用三种不同轨道卫星的技术，中国在尖端科学技术方面所取得的一系列重大成就，令世人瞩目。

9 月 7 日上午 9 点，中央军委副秘书长刘华清上将在太原卫星发射中心礼堂主持召开长征四号 A 型运载火箭首飞成功庆功会，孙敬良和主任设计师们以及发射中心的部分官兵参加了大会。尽管与会人员都是一夜未眠的岗位人员，脸上都带着无法掩饰的困倦，但是每个人都沉浸在胜利的无比喜悦中。

庆功会上，各级领导都发表了热情洋溢的讲话。刘华清上将代表中央军委向上海航天局表示热烈的祝贺，他称赞上海航天局打了一个内容丰富的大胜仗，为国家做出了重要的贡献。“711”工程总设计师任新民评价说，长征四号 A 型运载火箭是国内第一个首次飞行试验就一次取得成功的大型运载火箭，开了国内运载火箭首次圆满成功的先河。太原卫星发射中心司令员沈椿年少将以军人特有的耿直笑着说，有了今天风云一号气象卫星的首次发射成功，我这个卫星发射中心的司令员才真正名副其实。

轮到长征四号 A 型运载火箭总设计师孙敬良讲话了。多年跟随孙敬良同甘共苦、对他非常熟悉的队员们都知道，孙老总思路开阔敏捷，讲话风趣幽默，尤其国学功底深厚，引经据典信手拈来，因此不少队员都伸长了脖子，期待着孙老总在今天这个欢乐的日子里，在庆祝首飞成功的庆功会上，讲出比干将莫邪

孙敬良（左）和“711”工程总设计师任新民（右）在太原卫星发射中心

舍身铸剑更加精彩的故事。谁知，孙敬良一开口，只说出了“我们成功了”五个字，就再也说不下去了。

十年铸一箭，甘苦寸心知。

在当晚的庆功宴上，孙敬良用微微颤抖的手举着酒杯，挨个给每一位试验队员敬酒，他嘴里一直重复着一句话：“感谢同志们！”等他敬完了一圈酒，几乎所有的试验队员都自发地来到孙老总面前，向他们心中公认的领路人、主心骨、老大哥，向他们敬爱的孙老总敬酒表示祝贺，这位刚刚开创了大型运载火箭首飞即获成功先河的运载火箭总设计师，用他一直在发抖的手与多年和他共同进退的同志们举杯共饮，嘴里还是重复着这一句话：“感谢同志们！”

胜利喜悦永难忘，杯中酒满幸福泪。

1989年1月19日，上海市召开大会，庆祝长征三号和长征四号A型运载火箭三次发射成功，市委书记江泽民、市长朱镕基出席会议并讲话，高度评价了上海航天技术领域取得的突出成就。江泽民在讲话中，将上海航天20年来形成的奋斗精神概括为“艰苦奋斗，大力协同，一丝不苟，不屈不挠，再接再厉”。

再接再厉！1990年9月3日，已经被任命为“711”卫星工程副总设计师

孙敬良（右）与原太原卫星发射中心司令员沈椿年（左）合影

1988年，孙敬良（中）在太原卫星发射中心与战友们举杯共庆长征四号A型运载火箭首飞成功

的孙敬良，带领他的运载火箭队伍在太原卫星发射中心再传捷报：北京时间8时53分，第二发长征四号A型运载火箭准时发射，又一次精确地将第二颗风云一号气象卫星（FY-1B）和搭载的两颗气球卫星“大气一号”分别送入预定的太阳同步轨道和试验轨道。长征四号A型运载火箭用再一次胜利的辉煌，为自己的缔造者孙敬良，为他60周岁的整寿，

献上了最珍贵的寿礼。

相隔整整9年，又一次“一箭三星”发射成功，孙敬良和他的长征四号A型运载火箭再创佳绩。至此，长征四号A型运载火箭圆满地完成了预定的发射两颗风云一号卫星的任务，以完美的表演征服了所有的观众后，光荣地退出了历史舞台。

长征四号A型运载火箭两发火箭相继发射均获圆满成功，尤其是首发一次成功，这在国内外大型运载火箭研制史上是罕见的。从此，长征四号运载火箭牢牢地占领了中国运载火箭领域的半壁江山。

1991年春节前夕，中国改革开放的总设计师邓小平来到上海视察。在上海市领导朱镕基、黄菊等陪同下，邓小平特地到位于闵行的上海航天局运载火箭总装厂——上海新中华机器厂视察。这是邓小平继1959年12月6日在上海视察中国自行设计、制造的首枚试验型液体探空火箭32年后，第二次亲临上海航天基地视察。

在长征四号A型运载火箭合练箭前，邓小平仔细听取了上海航天局苏世堃局长的汇报，当他听到该火箭已经连续两次成功发射风云一号气象卫星的介绍时，显得非常高兴，说：“这是万无一失。”

登上长城的好汉孙敬良

1990年，孙敬良和战友们成功发射第二发长征四号A型运载火箭后，上海人民夹道欢迎英雄凯旋

陪同视察的杨尚昆问：你们已经几次发射成功？

苏世堃答："七五"期间，我们参与了7次发射任务，都是箭箭成功。

邓小平说：箭箭成功，办到了，了不起，世界上没有。

当汇报到周恩来总理"严肃认真，周到细致，稳妥可靠，万无一失"的指示是确保航天成功的指导方针时，邓小平语重心长地嘱咐：你们还要继续坚持这个方针。我们决策是政治上决策，我们的决策是务虚，实干还是要靠你们，能否干好也要靠你们哪！

他握着长征四号运载火箭总设计师孙敬良的手，认真地说："感谢你们的工作。"

凝视着中国改革开放的总设计师亲切的面容，上海运载火箭的总设计师笑了，他的笑容比10年前还要灿烂。

一生大笑能几回。

1991年12月，长征四号A型运载火箭以其首飞成功和连续成功的骄人战绩，荣获了当年唯一的一个国家科学技术进步奖特等奖，总设计师孙敬良排名第一。

在人民大会堂举行的国家科学技术进步奖颁奖大会上，孙敬良从国务委员

1991年12月，孙敬良在人民大会堂接受国家科学技术进步奖特等奖颁奖

兼国家科委主任宋健手里，接过了沉甸甸的国家科学技术进步奖特等奖奖牌、证书，并代表全体获奖人员在大会上发言。

这是长征四号A型运载火箭当之无愧的殊荣！

这是对以孙敬良为代表的全体研制人员十年来卧薪尝胆、呕心沥血的最好回报！

孙敬良

孙敬良院士传记

Academician Sun Jingliang's Biography

第六章

龙腾九天

在当年“败走麦城”的地方，孙敬良连续创造“龙抬头”的传奇神话，小平台首飞成功，“出塞曲”“阳关三叠”，成就了一位中国工程院院士，也造就了独一无二的优质运载火箭。

20世纪的最后十年注定是中国航天史上不平凡的十年，中国航天人经历的大悲大喜永远无法忘怀。航天大型飞行试验一再失败，中国航天一度处于历史的低谷，面临无路可退的尴尬境地。疾风知劲草，板荡识诚臣。20世纪90年代，孙敬良带领着他的子弟兵三次远征西域，再度取得首飞成功和次次成功的骄人战绩，获得中国航天工业总公司和国防科工委的通报表彰，三次“龙抬头”成为了中国航天界的传奇神话，他所倡导的“六严”作风，在国防军工系统广为传播。

1．“出塞一曲”抬龙头

20世纪80年代末到90年代初，随着世界两极格局的突然坍溃，第二次世界大战后建立起来的、已经统治了整个世界长达半个世纪的雅尔塔体系霎时间灰飞烟灭，荡然无存，世界各国纷纷由意识形态领域的对抗转变为经济领域的竞赛，整个世界向着多元化的格局迈进。世界各国间各领域的国际性合作越来越频繁，并且有向以航天技术为代表的国防高科技领域扩张的趋势。

1990年9月3日，长征四号A型运载火箭精确地将第二颗风云一号气象卫星（FY-1B）和搭载的两颗气球卫星“大气一号”分别送入预定的轨道，为20

天后在北京开幕的第十一届亚运会的天气预报工作，提供了现代化的监测和分析工具，为中国气象预报、环境监测、防灾减灾等提供了先进手段，有效地提高了中国天气预报的时效性、准确性以及监察灾害性天气的能力，取得了一定的经济效益。

正如北京亚运会“团结、友谊、进步”的主题那样，自强不息、勇于进取、勤劳智慧的中国人民“四海会宾客，五洲交朋友”，中国的运载火箭也迈出了冲出国门、走向世界的坚定步伐。1990 年 4 月 7 日，中国长征三号运载火箭在西昌卫星发射中心发射升空，把美国休斯公司制造的亚洲一号通信卫星准确地送入了预定轨道，标志着中国的运载火箭开始进入国际航天发射服务市场。

1990年，孙敬良出访欧洲，进行学术交流

1990年7月16日，大推力运载火箭长征二号捆绑式火箭首飞发射一举成功，将一颗与澳星重量相当的模拟卫星和一颗巴基斯坦的科学试验卫星送入太空，从而揭开了中国运载火箭发射美制澳星的序幕。与此同时，美国摩托罗拉公司设计的全球移动通信系统——铱星系统也正在全球紧锣密鼓地实施，中国长征二号丙改进型运载火箭、美国德尔它2型火箭和俄罗斯质子k型火箭将分别承担共66颗铱星的发射组网任务。

按照中国航天的发展计划，“八五”期间，中国已经开始了光电成像数据传输型普查卫星“资源二号”的研制工作，预计在“九五”末期发射升空，而现役的第一代返回式照相测绘卫星FSW-1在“八五”期间还有两次发射活动，最后一次飞行任务将于1993年完成，因此要在“八五”乃至“九五”期间继续执行国土普查的任务，就急需研制第二代返回式照相普查卫星FSW-2，并在第一代返回式照相测绘卫星FSW-1退役前发射升空，投入使用。

第二代返回式照相普查卫星FSW-2从立项之日起，距离预定的发射日期只有28个月，因此被它的总设计师林华宝称为是“急中之急”的型号。而且，由于是填补任务空白的过渡工程，因此整个卫星工程的经费预算比较紧张，是一个“穷”型号。

欲上飞天路，先架登云梯。运送第二代返回式照相普查卫星FSW-2的运载火箭在尚未选定的时候，就已经注定了要同样成为“急中之急”“穷”型号的命运。

孙敬良领军的长征四号A型运载火箭，以两次连续成功的卓越表现引起了航空航天工业部的高度关注，在完成了风云一号气象卫星B星的发射任务后，航空航天工业部陆陆续续明确了长征四号运载火箭的后续任务，将承担风云一号气象卫星工程后续的C星、D星，以及资源二号卫星工程的运载任务。长征四号运载火箭已经毋庸置疑地占据了国内发射太阳同步轨道卫星的半壁江山。

为了顺利完成三颗卫星的发射任务，同时也为了更好地承担更多后续卫星工程的发射任务，孙敬良带领着他的子弟兵，对经过两次飞行试验的长征四号A型运载火箭进行了“自我超越”式的技术改进，包括箭载电子设备小型化、火箭舱体结构减重、采用推进剂利用技术、继续研制挠性陀螺平台等众多进一步的整体优化，同时保留了经过飞行验证的成熟技术，并下决心推进已经中止的三级发动机二次启动技术研制工作，以进一步提高火箭的运载能力和对载荷的适应能力。但是，由于三颗卫星研制进度的原因，长征四号运载火箭在整个“八五”期间和“九五”初期都处于发射任务的真空期，将面临着无星可发的尴尬境地。

孙敬良深知：人心散了，队伍就不好带了。在奋战长征四号A型运载火箭的10年里，多少次在面临着型号的生死存亡关头，他或秉笔直书，痛陈利害，或慷慨陈词，据理力争，或晓之以理，或动之以情……他所做的这一切，所为的目的只有一个，就是为了保住长征四号运载火箭这支研制队伍。现在，长征四号A型运载火箭以其出色的表现完美谢幕，保留住这样一支敢打硬仗、能打胜仗的队伍显得尤其至关重要。

机遇只属于有准备的人。第二代返回式照相普查卫星FSW-2的出现，使孙敬良眼前一亮，这不仅仅是出于保留住长征四号运载火箭这支研制队伍的需要，更重要的是，在他的记忆里始终有着一个梦！尘封了 10 多年的往事又一幕幕地涌上了他的心头。

1979 年，在酒泉导弹试验基地，孙敬良亲身经历了风暴一号运载火箭一箭三星发射的首飞惨败。作为火箭的技术负责人，那次发射失利对他而言创巨痛深，不仅使风暴一号运载火箭和三颗实践二号卫星总数高达上亿元的科研经费打了水漂，使上海航天丢掉了研制火箭二级游动发动机的任务，同时也丢失了发射返回式卫星这块十分重要的研制阵地。现在，历史的轮回给了他这样一个雪耻圆梦的好机会，于公于私，于情于理，无论如何都不能放弃。

孙敬良握紧了拳头，暗自下定了决心。

孙敬良向上海航天局的领导汇报了自己的想法，得到了以局长苏世堃为首的全体局领导的支持。有了领导的支持，他信心更足了，他和副局长施金苗一起，开始争取发射返回式卫星的任务。但是由于各种错综复杂的因素交织在一起，争取发射返回式卫星任务并不是那么容易。

第二代返回式照相普查卫星 FSW-2 相比 FSW-1，成像分辨率提高了一个数量级，并增加了轨道控制系统，以延长在轨工作时间，因此载荷重量有一定增加，现有的火箭要么是小马拉大车推力不够，要么就是大马拉小车浪费资源，都需要进行改进，报出来的改进费用数额都很大。而整个 FSW-2 卫星工程的经费有限，因此在选择运载工具的时候，首选的目标是物美价廉的经济适用型火箭。

在航空航天工业部组织的论证会上，有关究竟使用哪种运载火箭发射第二代返回式卫星的争论非常激烈，孙敬良在会上发表了自己的意见。他论述了研制发射任务过于集中可能会带来的潜在质量风险，说明了长征四号运载火箭物美价廉和质量可靠的优势，表示可以通过将长征四号 A 型运载火箭的三子级取消，形成一个新的二级运载火箭的手段，来满足第二代返回式卫星对运载能力的要求，同时表达了长征四号火箭研制队伍迫切求战的愿望，恳请上级机关综合考虑并给予支持。会议最后没有给出明确的结论。

路没有彻底堵死就是还有希望。苏世堃局长亲自带队，多次到北京宣传长征四号运载火箭的物美价廉、经济适用和可靠性高等特点，特别是1990年春节前，他从西昌卫星发射中心出来，顾不上回上海就直奔北京进行宣传。孙敬良更是利用自己在国内运载火箭领域的声望，无论参加大会小会，时刻不忘给长征四号运载火箭做广告。在这一段时间，孙敬良嘴里说出“长征四号”几个字的频率，比电视机里“大宝天天见”的出现频率还要高。

“急中之急”型号的时间不等人，第二代返回式卫星运载火箭选型的工作已经迫在眉睫。航空航天工业部最后决定引入竞争机制，投票表决，公平竞争。这一幕，孙敬良太熟悉了！当年在那么艰难困苦的情况下，长征四号运载火箭就是在竞争投票中以一票胜出，从而造就了国内大型运载火箭首飞成功和连续成功的辉煌。现在已经有了连续两次成功的基础，长征四号运载火箭和这支研制队伍的作风与战斗力已经得到了方方面面的认可，再加上报出来的不需要研制费、只有不到2000万元的产品费的价格又特别具有竞争力，孙敬良内心对投票充满了必胜的信心。

投票结果6∶1，孙敬良非常兴奋：10多年前，在他手里丢失掉的返回式卫星发射任务又重返了上海航天局，他又亲手拿回来了。

1990年，孙敬良（左）与上海航天局局长苏世堃（右）

任务到手了，自然十分满意，但是谁都知道这是一份“穷”“忙”的差事。为了多快好省，改变已经被注定的“穷”“忙”命运，孙敬良组织队伍，针对第二代返回式卫星的任务需求，在长征四号A型运载火箭“自我超越”式技术改进的基础上，进行了再一次适应性优化，并取消了火箭的第三子级和控制分系统仪器舱，在充分继承了经过两次成功飞行验证的成熟技术的基础上，形成了类似于“风暴一号”的两级火箭，但是火箭上携带的设备已经与当年“风暴一号”的配置大不一样了，小型化、模块化的设备和大规模集成电路已经得到了较为普遍的应用，技术达到了国内同期的先进水平。

这个新的两级火箭型号被命名为长征二号丁运载火箭，孙敬良被任命为长征二号丁运载火箭总设计师。

通过长征四号A型运载火箭研制工作及两次成功飞行的经验和教训，孙敬良坚信，只要地面上准备工作做足，火箭发射成功就是必然的。他在当年组织长征四号火箭研制时提出的“全箭总体优化”指导思想的基础上，在长征二号丁火箭的型号研制工作中，进一步将全箭总体优化设计原则体现为技术性能、可靠性和经济性的有机结合，强调设计的固有可靠性决定产品质量，要求设计人员掌握科学规律，注重设计余量的选择和把握，一定要使设计结果对元器件、原材料性能参数的差异不敏感，这样才能确保产品工作稳定，质量可靠。

孙敬良心里非常清楚，和当年的长征四号 A 型火箭一样，长征二号丁火箭还是处于在夹缝中求生存的形势，同样面临着失败不起、没有退路的现实。在整个研制过程中，孙敬良一次又一次不厌其烦地向研制队伍灌输，必须继承长征四号 A 型火箭当年如临深渊、如履薄冰的工作态度。他按照当年抓长征四号 A 型火箭时总结出来的“设计可靠、生产严格、试验充分” 12 个字和火箭总体优化的管理思想，狠抓长征二号丁火箭的质量管理工作，确保长征二号丁火箭这个新生婴儿先天基础好，后天营养足，能够健康地成长。他屡次语重心长地告诫设计人员：“干火箭的工作，最重要的是要把功夫花在发射之前的试验准备上，地面的考核验证要比上天的要求更加严格、更加充分。事先工作做足，心里就有底了。”

长征二号丁火箭这支队伍中的绝大部分人都是当年跟着孙敬良攻坚克难、经历过长征四号 A 型运载火箭坎坷曲折的老人。正如他亲手缔造的长征四号 A 型火箭一样，这支研制队伍是他一手培养并一路摔打出来的，队伍中的每一个人对他们的孙老总都有着师长父兄般的孺慕之情，对他们的孙老总都有着近乎偶像一样的崇拜，所有人对他这种严格管理的做法早已习以为常，不但没有丝毫抵触，反而都倍感亲切，觉得现在的孙老总还是当年那个和大家一起摸爬滚打的孙敬良，并没有因为地位的提高而有丝毫改变，跟着他干，即使再难都有底气，无论多苦都有前途。在孙敬良的严格要求下，每个设计和管理人员都充分发挥了个人的主观能动性，严格按照管理程序开展每一步的研制生产工作，埋头苦干，直面挑战，很多事情都想在了孙敬良的前面，很多工作比孙敬良考虑得都还要周到，这让孙敬良感到十分欣慰。

为了使长征二号丁火箭为数不多的型号研制经费花在刀刃上，已经60周岁的孙敬良在负责火箭技术、质量、计划工作的同时，又操起了自己少年时做生意的旧业，当起了型号的账房大管家。孙敬良对经费使用审查得非常严格，头脑中潜藏了多年的做生意天赋，加上对火箭飞行产品和地面测试设备技术难度了如指掌，使得他在给承制单位下拨研制经费的时候，把握得游刃有余，该多的多给，该少的少拨，多的恰如其分，少的恰到好处。曾经有个承制单位的领导背地里抱怨说："孙老总拨型号研制经费时算计得那个精明啊，恨不得把一分钱掰成八瓣花，都已经不能算是斤斤计较了，根本就是'两两'计较，甚至是'克克'计较！孙老总简直就是一个彻头彻尾的'儒商'。"这个话不知道怎么传到了孙敬良的耳朵里，他听了以后哈哈大笑，神情颇为得意："人才啊，评价的还真是贴切，这说明我算计的好。儒商就儒商，他们只要不认为我孙敬良是奸商就行。"

1991年，长征二号丁运载火箭合练箭出厂，到酒泉卫星发射中心参加合练。在合练箭出厂动员会上，孙敬良语重心长地告诫全体试验队员："大家应该还记得，1984年，当年我们长征四号A型火箭热试车时，如果不是太原卫星发射中心为我们提供了场地，我们长征四号A型火箭的命运也许就会改变，在这个方面甚至可以说，如果没有太原卫星发射中心，也就没有我们的长征四号A

1991年，孙敬良（左）在酒泉卫星发射中心领导长征二号丁火箭合练

型火箭。当然话也可以反过来讲，正是因为有了我们的长征四号A型火箭，太原发射场称为卫星发射中心才能够真正名副其实。可以毫不夸张地说，这种互相依赖的关系是真正的鱼和水的关系。但是即便是这样，长征四号A型运载火箭从合练到首飞，我们试验队和发射场官兵还是不断有磕磕碰碰的小事，甚至还有骂娘的，前后磨合了好久，一直到第二次发射的时候才感觉配合顺畅了。这些事大家都是亲历者，我想应该不会忘记吧？”

孙敬良看了看台下试验队员们回忆往事若有所思的神情，继续说了下去：“这一次长征二号丁火箭合练，我们是在酒泉卫星发射中心执行新的任务，同志们，西出阳关无故人呐！我们即将面对的是一个崭新的环境，无论对我们的设备还是对我们的人员，都是一次全新的考验。长征二号丁火箭的发射计划已经定死了，后墙不倒，没有更多的时间留给我们，让我们去适应、去磨合，现在，我要求今天在座的每一个人，都必须尽快和酒泉卫星发射中心一岗的解放军官兵建立起良好的合作关系。同志们，到了发射场就是上了战场，我们和搭档的一岗就是战友，如果相互之间没有那种能把后背放心地交给对方的信任，我们的任务是不可能顺利完成的。”

孙敬良停顿了一下，有点动情地继续说道：“在座的年长一些的同志应该记得，10 多年前，就是在酒泉这个发射场，我们的风暴一号火箭，一箭三星的任务遭遇滑铁卢，折戟沉沙。1979 年，一个多亿就这么没了，惨哪！1979 年，那时候刚刚改革开放，全国有几个一个多亿啊！正是那次惨败使我们上海丢失了发射返回式卫星的任务，同志们，我们败得很惨哪！那时候我是风暴一号火箭的技术负责人，那次惨败，我们败得服气，但是我们没有服输，10 多年来，我们励精图治，发愤图强，10 多年后的今天，我们终于又站在了发射返回式卫星的战场上！伏波惟愿裹尸还，定远何须生入关[①]。我们一定要对得起历史给予我们的这次机会！对得起我们自己这 10 多年的卧薪尝胆！”

1992 年，孙敬良（前排右三）与长征二号丁运载火箭试验队员在酒泉卫星发射中心银荷之光雕塑前合影

① 《塞下曲》，唐 · 李益。

东风浩荡，天道酬勤。1992 年 6 月，孙敬良带领着他的子弟兵，带着新生的长征二号丁运载火箭，再一次来到了酒泉卫星发射中心，准备执行第二代返回式照相普查卫星 FSW-2 的发射任务。

酒泉卫星发射中心又称东风航天城，位于甘肃省酒泉市金塔县与内蒙古自治区额济纳旗的交界处，是中国科学卫星、技术试验卫星和运载火箭的发射试验基地之一，隶属于中国人民解放军国防科工委，是中国创建最早、规模最大的综合型导弹、运载火箭、卫星发射中心。场区属内陆及沙漠性气候，地势平坦，人烟稀少，全年少雨，白天时间长，年平均气温 8.5 摄氏度，相对湿度为 35%~55%，每年约有 300 天可以进行发射试验。

酒泉卫星发射中心主要用于发射较大倾角的中、低轨道卫星。自 1958 年中心创建以来，曾为中国航

1992 年 8 月，孙敬良在酒泉卫星发射中心

天事业的发展创造过骄人的多个第一：1960 年 11 月 5 日，这里成功发射了中国制造的第一枚地地导弹；1966 年 10 月 27 日，中国第一次导弹核武器在这里发射成功；1970 年 4 月 24 日，中国第一颗人造地球卫星在这里升起；1975 年 11 月 26 日，第一颗返回式人造地球卫星在这里升空；1980 年 5 月 18 日，第一发远程运载火箭在这里飞向太平洋预定海域；1981 年 9 月 20 日，在这里第一次用一发风暴一号运载火箭将三颗卫星送入太空；1987 年 8 月，这里为法国马特拉公司提供了发射搭载服务，使中国的航天技术从此开始走向世界。

看到熟悉的七号技术阵地厂房和二号发射阵地塔架，再一次来到这里的孙敬良内心无比激动，因为就在这块土地上，有过他曾经的辉煌，地地导弹、远程火箭都曾凝聚过他的心血和汗水，但是，这块土地最令他难忘的，是他 10 多年前的惨痛记忆，而今天，这块土地也将托起他的飞天梦想。10 多年来，孙敬良念念不忘的，就是要让他亲手打造的运载火箭，在这块土地上腾飞、启航。

但是，作为长征二号丁运载火箭的总设计师，孙敬良的内心又十分沉重。1991 年春节前，邓小平同志“能不能干好要靠你们”的殷切嘱托犹在耳畔，而此刻，他清清楚楚地知道，他现在面临的，是怎样的一个严峻形势，他和他的长征二号丁火箭，身上肩负着多么重大的责任。

1990 年，第 44 届联合国大会投票通过提案，正式宣布 1992 年为国际空间年。让人万万想不到的是，在中国航天人探索太空的 20 多年历程中，国际空间年竟然成了最为惊险的一个年头。

在即将告别 1991 年、迎接国际空间年的新年到来之际，1991 年 12 月 28 日，中国在西昌卫星发射中心，使用长征三号运载火箭发射中星四号卫星，即东方红二号甲通信卫星，发射失败，卫星未能进入预定的地球同步轨道。

1992 年 3 月 22 日，中国在西昌卫星发射中心使用大推力运载火箭长征二号捆绑式火箭，发射澳大利亚第二代“澳普图斯 B1”通信卫星。刚刚进入到国际航天发射服务市场的中国航天人，首次通过中央电视台向全球现场直播澳星的发射实况，在全世界超过10亿双眼睛的注视下，零号指挥员在下达“点火”口令后被迫立即下达了“紧急关机”口令，发射失败。

中国运载火箭刚刚进入国际航天发射服务市场，就在不到3个月的时间里接连两次发射失败，中国航天人承受了无比沉重的压力，每个人的心里都是沉甸甸的。而承受压力最为巨大的，莫过于按计划即将要发射第二代返回式卫星的长征二号丁运载火箭，莫过于即将走上战场的长征二号丁运载火箭的总设计师孙敬良。

长征二号丁运载火箭和第二代返回式卫星都是新研型号，都是第一次亮相，都是首飞，每一名试验队员，特别是总设计师，责任之大、压力之重可想而知。面对乌云遮日、荆棘密布的通天之路，面临如此恶劣的舆论环境，发射成败与否，事关国家荣誉，事关国际声誉，绝对非同小可，每个试验队员都为之捏了一把汗。

确保测试安全，确保发射成功，彻底扭转上半年中国航天发射连续受挫的不利局面，成了每一位试验队员心中的奋斗目标，也是每一位试验队员心中的美好愿望。经过30多天的紧张工作，长征二号丁运载火箭完成了技术阵地的全部测试，以没有质量问题的辉煌纪录在 8 月 1 日建军节当天转场，昂然矗立在发射塔架旁。

在紧张的测试工作间隙，孙敬良带领着他的试验队员，来到位于九号半的东风革命烈士陵园，祭奠为建设和守卫东风基地长眠在这里的战友，祭奠当年曾经亲手授予他空军中尉军衔的聂荣臻元帅。两个多月前，中国的最后一颗帅星陨落，这位为了祖国的国防高科技现代化事业奋斗了几十年的开国元勋，最后将自己戎马一生的骨灰安葬在了他亲笔题词“东风革命烈士纪念碑”的“东风革命烈士陵园”里，他要在这里，继续指挥他的千军万马保家卫国。孙敬良以一个军人的最高礼节向元帅保证：一定要让睡狮猛醒，巨龙昂头。

1992年8月，孙敬良（左二）与任新民（右四）等领导在即将发射第一颗第二代返回式卫星的长征二号丁运载火箭前合影留念

1992年8月9日下午4时整，酒泉卫星发射中心零号指挥员下达了“点火”口令，第一发长征二号丁运载火箭将首颗第二代返回式照相普查卫星FSW-2准确地送入了预定轨道，发射取得了圆满成功。中国人民解放军副总参谋长徐信上将神情激动地向参试人员表示感谢：“谢谢，谢谢！感谢你们为我国的航天事业再立新功！”

一花独放不是春，万紫千红春满园。

1992年8月14日7时，在西昌卫星发射中心，长征二号捆绑式运载火箭成功地把澳星准确地送入

1992年8月9日，第一发长征二号丁运载火箭在酒泉卫星发射中心发射成功

1992年8月，长征二号丁运载火箭在酒泉卫星发射中心发射成功，第一次“龙抬头”胜利后，孙敬良露出灿烂的笑容

预定轨道。

1992年10月6日14时20分，在酒泉卫星发射中心的同一个发射工位，长征二号丙运载火箭点火升空，将第四颗第一代返回式照相测绘卫星FSW-1和搭载的瑞典“弗利亚”科学试验卫星准确送入预定轨道。

沧海横流方显英雄本色。孙敬良带领着他的子弟兵，以长征二号丁运载火箭发射场零质量问题的纪录和再一次首飞成功的辉煌，旗开得胜，奏响了中国航天第一次“龙抬头”的华彩乐章；孙敬良和他的战友们一起，挽狂澜于既倒，扶大厦之将倾，以一次近乎完美的胜利，一举扭转了这一年中国运载火箭连续发射失败的势头，挽回了中国航天的国际声誉，兑现了一个军人对元帅的承诺，实现了他自己10多年来的梦想。紧接着，中国的运载火箭军团齐心协力，屡战屡胜，扭转乾坤，将一个原本最为惊险的国际空间年，成功地打造成了一个最为精彩的国际空间年。

1992年8月11日，中共中央总书记江泽民在酒泉卫星发射中心七号技术阵地，冒雨专程接见了长征二号丁运载火箭试验队全体队员。总书记亲切地与大家合影留念，并在讲话中高度肯定了这一次至关重要的成功，同时勉励全体

1992年8月，孙敬良在酒泉卫星发射中心露出灿烂的笑容

试验队员：“长江后浪推前浪，世上新人赶旧人，希望你们把我们的航天事业推向一个新的高峰。祝你们再接再厉，不断取得新的成绩！”

在1992年这个最为精彩的国际空间年里，孙敬良也揭开了他最为精彩的人生一页，他当选为国际宇航科学院院士，登上了科学家金字塔的巅峰。

1993年，孙敬良荣获中国航天工业总公司航天奖，这是中国航天界颁发给本领域内个人的最高奖项。

这一年，孙敬良63岁。

孙敬良无论如何也没有想到，当他已经年过花甲、在中国运载火箭领域打下了一片属于自己的人生天地、个人功成名就的时候，造化小儿又一次播弄了他，再一次给了他一个自我超越的机遇。已是63岁的孙敬良，年轻时骨子里的那种敢为天下先的激情依然在熊熊燃烧，永不服输的个性使他又一次满怀豪情，勇敢地迎接了命运的再次挑战。

2．“阳关三叠”挽狂澜

“地球是人类的摇篮，但是，人类不会永远生活在摇篮里，开始他将小心翼翼地穿出大气层，然后便去征服整个太阳系。”苏联科学家康斯坦丁·爱德华多维奇·齐奥尔科夫斯基（1857-1935）的这句名言，激励着千千万万的后继者，沿着他的足迹，向着广阔的宇宙空间进军。

宇宙空间的失重环境、真空环境、高温环境、低温环境、射线环境等独特的环境，无一不是在地球上难以获得的珍稀资源。在这样的环境中，物理学、化学、材料学、生物学、生命科学等多个领域的研究工作将获得在地球环境中无法得到的成果，人类对整个世界的认知能力将取得突飞猛进的发展。能够在地球上模拟出这样的环境，自然是一个国家最高技术实力的体现，在研究工作中所花费的金钱更是一个国家经济实力的体现。但是，这样的环境在宇宙空间却是唾手可得。毋庸置疑，对空间环境的利用，才真正是一个国家综合实力的体现。

一个国家的形象，一个民族的形象，永远和它的实力紧密结合在一起。在和平利用空间环境的高科技领域里，已经多次发射、熟练掌握返回式卫星回收技术、能够独立进行卫星回收、可以集中力量办大事的中国有着无与伦比的优势。20 世纪的 80 年代后期，中国科学院借助航天工业部发射的返回式卫星，开始进行一系列包括材料合成、分离和晶体生长等在内的微重力领域空间搭载科学试验。

法国是西方国家中最早同中国建交的国家，也是在空间技术领域最早同中国开展交流的国家。1987 年 8 月，中国的第九颗返回式卫星上搭载了法国的两个微重力试验装置，第一次开始了中国航天领域初步的国际合作。与此同时，中巴地球资源卫星（代号CBERS）合作项目也在紧锣密鼓地推进。进入90年代以后，中国的运载火箭率先迈出了冲出国门、走向世界的坚定步伐，开始进入了国际航天发射服务市场，“亚星”“澳星”“瑞星”等多颗外星相继由中国的长征系列运载火箭（代号LM，LongMarch）送入太空。

面对日益多元化、广泛化的航天领域国际合作需求，中国航天几十年来自成体系的科研和管理模式已经越来越无法适应新形势和新任务的要求，国际化、市场化竞争的迫切压力，逼迫中国开始了对整个航天领域深层次的改革。1993年3月22日，八届全国人大一次会议批准撤销航空航天工业部，6月，中国航天工业总公司（国家航天局）正式成立，中国航天迈出了市场化、企业化的第一步。

按照市场化、企业化、国际化的要求，中国航天工业总公司一成立，就大刀阔斧地对下属院局厂所进行了专业方向和任务分工的调整。中航总1993【52】号文明确规定：原隶属中国空间技术研究院的卫星总体所——上海卫星工程研究所整建制划归上海航天局，除了在研的风云系列气象卫星外，上海航天局还要开展其他领域的卫星工程研制工作，成为一个“适度规模的卫星研制基地”。

1993年，孙敬良"华丽转身"

上海航天局以最积极的态度配合着中国航天工业总公司的战略调整。一方面迅速组织落实接收上海卫星工程研究所的各项准备工作，另一方面立即组建自己的卫星工程研制队伍。由于专业方向和任务分工的长期条块分割，上海航天局的卫星工程研制和管理人员，特别是高层次的卫星工程领军人才极其缺乏，急需一个"领袖级"人物来统帅全局。经过多轮精挑细选，上海航天局领导决定，让 63 岁的孙敬良跨领域挑起这副千钧重担。

廉颇老矣，尚能饭否？面对担忧和顾虑，面对困难和挑战，孙敬良从来都是越是艰险越向前。于是，他以 63 岁的"高龄""华丽转身"，成为了上海卫星工程研制队伍中年龄最大的"新兵"。局领导考虑到他已经担任了两个运载型号的总设计师，现在再承担卫星工程任务，工作实在过于繁重，因此准备卸去他身上的部分运载型号工作。显然，要调整一个型号的老总，尤其是总设计师，对型号工作没有影响是不可能的，但是必须把由此产生的影响降低到最低限度，绝对不能因为"掌门人"的更替而影响型号的成败。为了确保型号成功，局领导经慎重研究，考虑保留孙敬良担任的处于发射周期内的长征二号丁运载火箭总设计师职务，同时拟报请中国航天工业总公司批准，准备免去他所担任的处于非发射周期的长征四号运载火箭总设计师职务，孙敬良二话没说，痛快地服从了工作调整。

虽然在不久的未来即将卸任长征四号运载火箭总设计师，但孙敬良依然高度关注着他当年决策实行的、对经过两次飞行试验的长征四号A型运载火箭进行的“自我超越”式的几项技术改进工作。作为卫星工程的副总设计师，他本来已经不再需要亲自披坚执锐，在某一个领域、甚至某一个单机上攻坚克难了，但是，这几项技术改进对日后长征四号火箭性能的提高以及能否在更多卫星工程上应用有着至关重要的作用，同时又是在他自己担任运载型号总设计师期间亲自主持开展的工作，所以他没有因为即将到来的岗位变化而改变，仍然一如既往地关心这些技术改进的进展情况，并积极出谋划策，力求尽早见到成效。

在这几项技术改进中，孙敬良在小平台的研制工作上倾注了大量的心血。风暴一号运载火箭一箭三星首飞失败后，在他组织的“翻箱倒柜”式复查中，孙敬良就已经发现了现在使用的气浮陀螺平台存在的问题，并萌发了研制技术相对复杂，但体积小、重量轻的小平台的初步想法；在他带领大家为了提高长征四号火箭的运载能力而绞尽脑汁的时候，研制小平台的这个想法就已经更加清晰，需求也更加迫切。

小平台是相对于以往火箭使用的气浮陀螺平台的通俗叫法，正式名称是动力调谐陀螺平台，也称挠性陀螺平台。包括长征二号丁运载火箭、长征四号A型运载火箭和风暴一号运载火箭的三个状态在内，上海几个火箭型号使用的都是气浮陀螺平台，是以美国土星五号火箭平台，也就是发射阿波罗系列登月飞船的火箭平台为样板仿造的，尽管仿制得几乎一模一样，但是受制于当时国家基础工业水平的巨大差距，美国的平台只有50多千克，但仿制出来的平台重量达到128千克，体积重量是美国的两倍还不止，实在太大了。

在首发长征四号A型运载火箭飞行成功之际，孙敬良就将小平台的研制工作提上了议事日程。他对平台的研制人员说："阿波罗11号飞船首次登月是1969年7月20日，土星五号火箭平台充其量代表了美国20世纪60年代初期的水平。当年国家基础条件差，我们仿制出来太大，能用就行，算了。30年过去了，随着我们国家基础工业水平的迅速提高，我们自己的技术水平也要不断提高，现在到了改用挠性小平台的时候了，后面的长征四号火箭一定要用小平台。你们有困难的话，找我，要人给人，要钱给钱，一定要把挠性平台干出来。"

有了型号总设计师的决策、支持和承诺，平台的研制人员立即开始了研制工作。通过多次论证，设计人员最终选定了两个方案：一个是四框架自校准平台，这是国外同期应用的主流产品，技术功能先进，在发射场可以自动完成瞄准，不需要人工干预，但是结构复杂，体积重量相对较大；另一个是三框架方案，发射场瞄准需要人工参与，地面设备相对复杂，但结构简单，体积重量可以大幅下降。孙敬良始终坚持"简单就是可靠"的设计理念，坚持以"宁可地面设备复杂，也要飞行产品最简单"为目标的优化原则，拍板决策选定了三框架方案。

设计人员参考国外的同类产品，通过选用新型的动力调谐陀螺和新型加速度计、增加温控措施、取消锁紧机构等多种技术手段，不断优化，持续改进，终于研制出了挠性小平台样机。经过测试，技术指标普遍优于以往使用的大平台，特别是体积重量，只有大平台的零头。

转入工程应用产品研制阶段后，孙敬良丝毫没有因为这是一个暂时还没有型号应用背景的产品而降低质量要求，反而加严控制，要求小平台必须严格贯彻型号产品的可靠性设计原则，研制过程的每一步都必须按照型号飞行产品的研制流程执行。该进行的评审把关，一个都不能少；该进行的验证试验，一个也不许缺。从元器件的选用到最后的产品出厂测试，他都亲自参与，严格审查，直到研制出技术指标和质量可靠性都满足飞行要求的合格产品。

这还不算完，对研制出来的小平台，孙敬良继续贯彻他当年对长征四号 A 型运载火箭提出的“采用新技术需要反复论证和充分试验”的设计准则，下令对小平台“严刑拷打”。他要求经过三轮严格的地面试验，每次都必须一次通过，并达到满意的试验效果后才算合格。同时，他还组织进行了性能参数稳定性试验、故障模拟试验、各配套单机互换性试验，以及发射场平台单元测试过程模拟和小平台粗、精瞄准方法模拟等。在大量而又繁琐的充分考核试验中，小平台一直表现良好，没有发生任何问题，孙敬良终于认定了小平台指标合格，质量可靠，最终拍板放行：可以用于飞行试验。

小平台是为长征四号后续火箭研制的，但是孙敬良拍板放行的时候，距离长征四号后续火箭的计划发射时间还比较远，需要给它另外再找一个“婆家”。

在长征二号丁火箭第一次“龙抬头”进场发射前，小平台已经研制成功，进入到了试验考核阶段。虽然小平台的研制人员多次积极请战，强烈要求在长征二号丁火箭首飞箭上使用小平台，但是孙敬良坚持“采用新技术需要反复论证和充分试验”的设计准则，认为此时小平台地面考核试验尚且不够充分，不具备在长征二号丁火箭首飞箭上使用小平台的条件，于是态度坚决地否决了这个参战请求。

小平台自身质量比大平台减少了100多千克，技术性能的优势是十分明显的，但是，作为运载火箭的总设计师，保成功的压力实在太大，谁都不希望在自己负责的火箭上率先应用新技术和使用新产品，谁都希望自己负责的火箭上所有分系统都选用的是在别人的火箭上飞过的产品，这样可以将发射失败的风险降到最低限度，总设计师可以安心，手下干具体工作的人也干得熟门熟路，省心，大家都开心。

第一个吃螃蟹，需要有相当大的胆识和魄力，一失足成千古恨，再回首已百年身。孙敬良心里很清楚，航天是一个以成败论英雄的行业，只能够胜固可喜，不会有败亦欣然的可能。自己毕竟已经60多岁了，太太平平地守成确实是最佳选择，开拓应该是年轻人的事。在已经成功飞行的型号上改用小平台，的的确确要冒很大的风险，尤其长征二号丁火箭第一次“龙抬头”就和长征四号火箭一样，再度首飞成功，现在一旦有个闪失，自己和同志们辛辛苦苦10多年创下的次次成功的英名就会毁于一旦。但强烈的事业心和骨子里那种敢为天下先的勇气，促使他将个人的荣辱得失抛到了九霄云外，下定决心要做一个开拓者。他态度坚决地表示：“成功了，成果是你们大家的；失败了，我孙敬良引咎辞职！”他“以权谋公”，决策在自己担任总设计师的长征二号丁火箭第二发飞行箭上第一个使用小平台。

1994年5月，孙敬良带着他的队伍，带着首次装载小平台的长征二号丁运载火箭，再一次西出阳关，来到酒泉卫星发射中心。这一次，孙敬良和他的队伍面临的形势依然严峻，与1992年的时候有着惊人的相似。

1994年4月2日，新一代气象卫星“风云二号”在西昌卫星发射中心技术阵地发生灾害性故障，卫星毁坏，厂房受损；不久以后，新一代静止通信卫星“东方红三号”在西昌卫星发射中心升空，但是未能定点于预定的地球同步轨道。又是连续的两次失利，中国航天又一次走进了历史低谷。

开弓没有回头箭，历史又一次将孙敬良和他的火箭推到了命运的十字路口。他和他的火箭，又一次到了失败不起、没有退路的最紧要关头。

真的猛士，敢于直面惨淡的人生，敢于正视淋漓的鲜血。凭着多年“走钢丝”练就的超强心理素质，凭着屡屡攻坚克难培养出来的精湛业务能力，凭着对前期工作中充分验证考核的信赖，更是凭着对自己亲手打造的长征二号丁运载火箭的信任，孙敬良和他的战友们，战略上藐视残酷的现实，战术上重

1994年，第二发长征二号丁运载火箭在酒泉卫星发射中心二号发射阵地

视可能的困难，又一次面对挑战，挺起了胸膛。

在孙敬良的带领下，试验队员们严格按照发射场的工作流程，有条不紊地开始了长征二号丁运载火箭发射前的各项准备工作。单机测试、分系统测试、分系统匹配测试、整箭匹配测试、转场、总检查……全箭各单机、各分系统全部工作正常，长征二号丁运载火箭一路高歌地竖立在了酒泉卫星发射中心二号发射阵地的发射塔架旁。

明天就要发射了，试验队质量管理人员手里的《质量问题登记表》还是空白。终于可以松口气了！

《吕氏春秋·博志》有曰：全则必缺，极则必反。

推进剂加注不进去！重磅消息传来，所有人的心一下子都提到了嗓子眼。

运载火箭发射前的推进剂加注工作是发射流程中危险等级最高的一项操作，

国内外都曾经发生过火箭加注时以及加注以后的事故，一旦出现问题，后果极其严重。

孙敬良立即带领相关人员赶到加注现场，基地总师正满头大汗地和加注技术人员一起查找问题原因，不远处，身着防护服和防毒面具、全副武装的加注中队官兵列队整装待发。

问题很快查清了，原来是加注的时候状态检查没有到位，推进剂泄放阀没有关紧，经流量计累计的推进剂本应完全注入火箭贮箱，结果边加边放，有一部分推进剂从这个泄放阀门回流到了库房贮罐。现在泵房流量计指示的流量已经远远超出了长征二号丁火箭的贮箱容量，但是二级液位传感器依然显示没有加注到位，流量计指示数据与推进剂实际加注量严重不符。负责具体工作的加注中队官兵现在谁也说不清楚究竟已经加注了多少推进剂，是否足以支持长征二号丁运载火箭飞行的全程。

怎么办？最稳妥的方案是将已经加注的推进剂全部泄放出来，重新加注，这样可以确保推进剂加注数据的准确性。但是，推进剂泄放危险性极大，由此可能带来什么后果，谁心里都没有底，一个操作不慎，甚至可能会造成箭体损坏、失稳，对再次加注后的火箭发射而言，这个风险更大。

放？不放？两种意见都各有道理。不管出于何种考虑，都是为了发射成功，无论决策选择什么，都要冒很大风险。

两害相权取其轻。孙敬良考虑了一阵，先安排总体单位负责发动机的同志根据加注阀和泄放阀的流量、时间等，计算已经加注进去了多少推进剂，然后宽慰发测站的同志们：先不要泄放，看看计算结果再决策。

计算结果很快出来了，孙敬良看了一眼，微微点点头，又分别询问了试验队其他相关分系统的同志。在综合同志们的意见后，孙敬良做出了自己的判断：不用泄放，推进剂够用，可以发射。

一屋子人顿时安静了。大家谁都算过"同时开着进水阀和排水阀，多长时间能够将水池注满"的小学算术题，但是以此作为依据做出是否需要泄放、能否按时发射如此重大的决策，而且还不是针对自己管辖范围的箭上产品，这个风险可不是一般人敢于承担和愿意承担的。

大家都用敬佩的目光看着这位长者。

孙敬良非常明白现在他所说的每一个字的份量，但他更知道，在这种火烧眉毛的关键时刻，任何含糊其辞都是绝对不允许的。作为一名在运载火箭战线上奋斗了几十年的老战士，超强的全局意识和敢于担当的品格，促使他下定决心：

"我来承担决策风险，我说的，推进剂够用，可以发射。"

老夫聊发少年狂，西北望，射天狼。

胸襟、气魄、胆略、学识、责任感、大局观，缺一不可。

1994 年 7 月 3 日，第二发长征二号丁运载火箭在酒泉卫星发射中心再次升空，将第二颗第二代返回式照相普查卫星 FSW-2 送入了预定轨道，第二次奏响了"龙抬头"的乐章。孙敬良和他的战友们，顶住了巨大的压力，又一次旗开得胜，力挽狂澜，再一次扭转了中国航天面临的被动局面。

大家还没来得及欢庆"双龙抬头"的胜利，孙敬良却立即召开了全体试验队员会议。他直截了当地说："西安卫星测控中心传来的卫星运行数据显示，这

1994年7月3日，第二发长征二号丁运载火箭在酒泉卫星发射中心发射成功

一颗第二代返回式照相普查卫星的入轨精度，远远低于我们1992年发射的第一颗卫星，现在问题的‘罪魁祸首’直指小平台。这里面究竟是什么机理？我到现在还没有想明白，但是请大家放心，这一次长征二号丁火箭使用小平台是我决策的，我是型号的总设计师，所有的责任由我一个人承担。”

孙敬良的话犹如兜头一盆凉水，大家欢乐的心情一下由高峰跌到了谷底。小平台的研制人员食不下咽，坐卧不安，一面马上开始查找问题原因，一面通知自己单位的相关人员，立即在上海开始试验模拟工作。长征二号丁运载火箭第二次“龙抬头”的欢乐气氛顿时被冲淡。

两天后，从西安卫星测控中心传来消息，发射当天的实时数据处理有误，最新的遥测数据表明：

首次使用小平台的长征二号丁运载火箭，入轨精度较第一发火箭提高了一个数量级。经历了过山车般的大悲大喜，这一下大家的心才算放回了肚子里。

小平台的首飞成功，再次创下了新产品首飞一次成功的辉煌。同时，长征二号丁运载火箭也以参试产品百分之百的开箱合格率和零质量问题的骄人战绩，创下了大型运载火箭飞行试验最优秀的发射场质量纪录。第二次“龙抬头”实至名归，孙敬良和他的队伍当之无愧。

连续两次首飞成功，连续次次成功，孙敬良和他的队伍屡屡创造奇迹。成功的背后是他们严谨务实的科学态度和一丝不苟的工作作风，是他们10多年如一日，不折不扣地贯彻总设计师“设计可靠、生产严格、试验充分”工作理念的必然结果。正是这样的理念、态度和作风，造就了上海的两个型号运载火箭，也成就了孙敬良和他的运载火箭研制队伍。

连续两次“龙抬头”的骄人战绩和两次在发射场零质量问题的出色表现，使得长征二号丁火箭在业界声名鹊起，中国航天工业总公司要求立即总结长征二号丁火箭的成功经验，准备在全公司学习推广。

之后，长征二号丁火箭的成功经验被总结提炼为著名的“六严”作风：严

1994年，孙敬良（左）在酒泉卫星发射中心与试验队质量管理人员合影，纪念发射场零质量问题

1996年，孙敬良在自己的“院士办公室”

格执行上级的各项规定；严格按研制程序办事；严格技术要求；严格地面试验；严格落实行政、技术两条指挥线的岗位责任制；严格全过程质量控制。

1994 年，国防科工委决定在全国军工系统内大力推广长征二号丁火箭著名的“六严”作风，号召军工战线都要认真学习长征二号丁火箭的成功经验，加快推进中国国防科技工业现代化建设的步伐。

1995 年，长征二号丁运载火箭荣获中国航天工业总公司科技进步奖一等奖，总设计师孙敬良排名第一。

1995 年,65 岁的孙敬良当选为中国工程院院士，站上了科学家金字塔的顶峰。

中国有句俗话：再一再二不能再三。但是，对惯于被造化小儿播弄的孙敬良而言，这句话似乎并不适用。1996 年秋天，历史第三次将孙敬良和他的队伍，将他的长征二号丁运载火箭推到了风口浪尖。

1996 年是中国航天史上又一个多灾多难的年份。1996 年 2 月 15 日，长征三号乙运载火箭在西昌卫星发射中心发射国际通信卫星 708。火箭在飞行 22 秒后触地爆炸，星箭俱毁，多人伤亡，发射失败。

1996 年 8 月 18 日，长征三号运载火箭在西昌卫星发射中心发射中星七号通信卫星，火箭发射成功，但卫星未能进入预定的地球同步轨道，中星七号通信卫星无法交付用户使用。

中星七号通信卫星是由美国休斯公司承制，由中国长征三号运载火箭发射的一颗面向多个用户的民用卫星。由于未能定点成功，影响了正常投入使用，休斯公司极为恼火，公开声称：1997 年，中国与一些国家签订的有关美国制造卫星的几项合同，将视情况而定——只要长征系列运载火箭再出现问题，不管是哪个型号的，即终止合同。

正如《义勇军进行曲》中所唱的那样："中华民族到了最危险的时候，每个人都被迫发出最后的吼声。"这一次，是整个中国航天的运载火箭，到了失败不起、没有退路的最紧要关头。孙敬良和长征二号丁火箭，又一次被推到了惊涛骇浪的最中心。

使用第三发长征二号丁运载火箭发射第三颗第二代返回式卫星，这是 1996 年的最后一次大型航天发射任务，也是这两个星箭型号发射飞行任务的告别演出。在 1992 年和 1994 年，两个型号强强联手，星箭联袂出击，书写了中国航天史上两次"龙抬头"的传奇。这一次，中国航天面临的形式比起前两次来还要恶劣得多，所有的业内人士都将关注的目光投向了中国的西北边陲，将最后扭转乾坤的希望寄托在这个星箭名牌组合上，都期待它们能够以最完美的谢幕扭转局面，为中国航天再次续写神话。

但使龙城飞将在，不教胡马度阴山。1996 年 8 月 24 日，已经当选为中国工程院院士的孙敬良重披金甲战袍，再一次带着他以“六严”作风闻名遐迩的队伍和屡建奇功的长征二号丁运载火箭，开始了不破楼兰终不还的西征。

8月26日，发射指挥部召开第一次会议。会上，孙敬良神色严峻地表示：“这次发射任务，只能成功，不能失败，因为我们已经没有别的选择了。2·15爆炸事故，8·18卫星没能入轨，有些外国卫星为此取消了委托我国发射的合同，转而决定由欧洲的阿里安火箭和俄罗斯质子号火箭发射，影响太大了！现在我们真的是失败不起，没有退路！”

在全体试验队员大会上，孙敬良明确要求：全体队员每一个人都必须放下包袱，睁大眼睛，实干为主，少言为佳。

孙敬良说：“我们的长征二号丁火箭是从夹缝中诞生，在钢丝上成长。几年来，我们每一次到酒泉卫星发射中心来，都是站在悬崖边上，都是面临着生死存亡的紧要关头，都是要承载‘龙抬头’的神圣使命，不容易啊！感谢同志们，前两次我们真的做到了，正因为如此，我们获得了很多荣誉，国防科工委已经在全部的军工单位推广我们长征二号丁火箭的‘六严’作风，这是全体同志共同努力的结果。但是也正因为如此，我们身上荣誉的包袱太大、太重了。”

“中国有句古训：‘德不配位，必有灾殃。’所有的荣誉都只能说明过去，我们现在依然是处在生死存亡的关键时刻，所面临的严峻形势大家都清楚，而且，这次发射正值党的十四届六中全会召开，又值国际宇航联大会首次在北京举行，其国际国内的影响非常巨大，形势逼迫着我们，这一次不得不胜利，不能不胜利。在座的每一个人，都必须放下包袱，忘记过去，忘记一切荣誉，从零开始，睁大眼睛，查找问题。同志们，我们现在还远没有到总结经验的时候，不需要华丽的辞藻，需要的是踏踏实实的苦干。等到再一次实现‘龙抬头’愿望的时候，我们大家再一起庆祝，那个时候，所有的成绩都是大家的。”

为了确保发射成功，上级要求孙敬良在发射场必须身不离箭。孙敬良要求全体试验队员：不仅要做到身不离箭，而且更要做到心不离箭，工作时要想着火箭，吃饭时要想着火箭，连睡觉时也必须想着火箭！他形象地向队员们解释说：什么是心不离箭？在你晚上睡觉睡得很沉时，我突然把你叫起来问你火箭的某个技术参数，你都能立即对答如流，娓娓道来，这才是真正地钻进去了。

按照孙敬良的要求，运载火箭试验队的所有队员都牢记自己肩上的责任，全身心地投入到发射的准备工作中。不知不觉，1 个多月过去了，发射场的测试工作进展顺利，长征二号丁运载火箭已经高高地昂起龙头，稳稳地站在了发射塔架旁，只待点火发令枪响，就可以开始第三次“龙抬头”的飞天征程。

万事俱备，只欠东风。

最后一次发射阵地的总检查如期展开。从现场测试情况和遥测纸带数据判读结果看，各分系统均工作正常。但是，发控台二岗试验队员却向系统主任设计师报告了一个从未发现过的现象：发控台上某指示平台供电的电流表指针曾经有过瞬间晃动。

这个报告马上引起了总设计师孙敬良的高度警惕，发控事关重大，不可小视，他立即召集相关分系统人员讨论分析。由于报告描述的现象转瞬即逝，而测试数据显示一切正常，讨论暂时没有得出什么结果。但是，本着睁大眼睛、不放过任何疑点的原则，孙敬良要求补做控制分系统测试，并即刻通报了发测站领导。当天下午立即组织重做控制分系统测试，结果依然正常。

试验队和发测站一岗又组织了更大范围的分析、测试，当天晚上再次进行了控制分系统测试，通过数据一致性比对，终于发现：为挠性平台供电的单相电源电压虽然还在正常的容差范围内，但是已经偏离了单元测试时的数值，数据一致性较差，可初步判断存在异常。更换备份单机后全箭重做检查，一切正常。

但是，对换下的单机进行分析和定位故障的工作却遇到了麻烦，故障现象怎么也不复现。孙敬良下令，在会议室挂上黑板，摊开电路图，请各路高手一起上阵，分析查找故障点。从主管设计师到厂所技术负责人，甚至兄弟院的院领导都来献计献策，但仍难以找准故障点。接连几天，排故工作没有丝毫进展，眼看着日子一天天过去，预定的发射日期越来越近，大家都倍感焦虑。

夜深了，排故人员还在挑灯夜战，测试厂房灯火通明。

国庆节期间，发射阵地夜晚的温度已经降到了零度以下。突然，仪器显示故障短暂出现了，排故人员马上联想到故障和温度相关，于是把故障单机放入冰箱冷冻后测试，故障再次短暂复现。随着冷冻时间的延长，故障出现的频率不断增加，故障持续的时间也在加长。大家一鼓作气，乘胜追击，最后成功地将故障点锁定在机器中的一块电路板上。

排故人员高兴地将结果上报给了试验队和发测站领导，孙敬良和发测站总师立即赶到排故现场，确认了故障的定位。按照中国航天工业总公司对发射场发射阵地排除故障的相关规定：故障定位到单板，全箭测试正常，发射场的工作流程就可以继续推进，故障件的深入排查和举一反三工作可以等发射任务完成后回厂进行。孙敬良和发测站总师分别签发了故障问题排查定位的传真，书面向军地双方各自的上级进行汇报，准备第二天按照工作流程推进后续的测试和发射工作。

当天深夜，从北京传来消息，中国航天工业总公司领导为了确保本次发射成功，要求试验队把故障单机送到西安771所，进一步分析、排查原因，同时下令本次试验任务暂停，全体人员就地待命，等候分析结果。国防科工委特地调来一架专机，负责将相关人员和设备从酒泉卫星发射中心运送到西安骊山，中国航天工业总公司派出的专家组也立即从北京赶往771所现场。西安、北京、酒泉三地联动，经过近10天日夜不停的排查工作，终于查清故障原因是一个开关三极管内部封装引线被腐蚀，引发间断性开路，导致设备不能正常工作。

在西安排查现场，中国航天工业总公司专家组判定，此故障是非批次性的元器件质量问题。

在酒泉卫星发射中心，孙敬良组织设计人员采用可靠性评估的方法，通过认真的分析计算，得出结论：此故障是极小概率事件，不会在备份产品上重复发生。

在北京，中国航天工业总公司领导终于下定了发射的决心。

查清了故障原因，长征二号丁运载火箭在待命15天后，继续进行发射前的测试工作。在孙敬良的严格要求和身先士卒带领下，测试时大家的眼睛瞪得更大了，一眨不敢眨地盯着显示器，生怕漏掉什么意外现象。幸运的是，再没有任何意外事件发生。正如孙敬良平时所说的那样：世界上哪有那么多的意外，只要事先设计、生产和验证工作做得细致充分，发射成功是必然事件。

发射当日，国防科工委主任丁衡高上将带领国防科工委党委全体成员亲临酒泉卫星发射中心现场，为这次发射保驾护航。全中国航天人的目光再一次同时聚焦到了西北边陲，聚焦到了长征二号丁运载火箭和它的总设计师孙敬良身上。所有的人都在默默祈祷长征二号丁运载火箭旗开得胜，马到成功，祈祷“龙抬头”传奇重现，第三次再挽狂澜。

1996年10月20日，第三发长征二号丁运载火箭在酒泉卫星发射中心发射成功

1996年10月20日，长征二号丁运载火箭成功发射，将第三颗第二代返回式卫星准确地送入预定轨道，实现了从上到下所有人翘首以盼的第三次“龙抬头”，又一次扭转了中国航天面临的被动局面，重新为长征系列运载火箭赢得了信誉，并拉开了此后长征系列运载火箭连战连胜的序幕。

三次发射，三次成功。长征二号丁运载火箭不仅和它的前辈长征四号A型运载火箭一样，以首飞成功和连续成功的不败战绩被载入中国航天史册，更为令人永远无法忘记的是它的三次大逆转，三次“龙抬头”，为中国航天谱写了一首荡气回肠的出塞曲。长征二号丁运载火箭以其出色的表现，被中国航天工业总公司授予了唯一的一块“优质运载火箭”奖牌，前无古人。

1996年，长征二号丁运载火箭荣获国家科学技术进步奖二等奖，总设计师孙敬良排名第一。

1997年7月1日零时，中国政府正式开始对香港特别行政区行使主权，雄壮的《义勇军进行曲》响彻维多利亚港，鲜艳的五星红旗和香港特别行政区紫荆区旗在香港会议展览中心新翼大礼堂冉冉升起，全世界共同见证了这庄严而

1997年，孙敬良（前排右三）在太原卫星发射中心参加迎回归庆七一联欢会

神圣的一幕。中国航天人更是激动不已：此刻迎风飘扬的两面旗帜，曾在长征二号丁火箭第三次“龙抬头”的壮举中，随同第二代返回式卫星，在太空遨游15天后顺利返回。当时鉴于这次搭载的重大社会影响和火箭发射的高度风险，整个行动秘而不宣。现在，中国航天人终于可以自豪地说：从那时起，外太空中有了一抹神圣的中国红！

从1958年回国投身到航天战线，弹指一挥间，至今已过去了整整38年。造化小儿没有把当年的空军中尉播弄成一名保家卫国的将军，却把当年的海归学子磨砺成了一名运载火箭的院士，他和他亲手缔造的两个型号火箭，牢牢地占据了中国运载火箭领域的半壁江山，更为让他欣慰的是，他带出了一支以敢打硬仗、能打胜仗而著称的运载火箭研制队伍，在他的悉心指导培养下，一大批人才风华正茂，脱颖而出。

为了让青年人才尽快挑起大梁，孙敬良主动要求退位，让出了长征二号丁

1996年11月，孙敬良（前排左四）参加的中国工程院院士学术报告团与二炮首长及二炮工程学院高中职科技干部合影

运载火箭总设计师的“帅印”。

“我们的希望在青年身上，只有把青年人培养出来，我们才能放心。”孙敬良语重心长地说。

江山代有才人出，各领风骚数百年。

时光已将年轮刻上了孙敬良的额头，他已经“春风不染白髭须”[1]，但是他从未想过急流勇退，他的心里，还有一个更高更远的梦想。这个梦想将引领着这位年近古稀的老人，在中国航天的道路上继续全力攀登。

①《鹧鸪天》，南宋 · 辛弃疾。

孙敬良

孙敬良院士传记

Academician Sun Jingliang's Biography

第七章

搏击长空

二次启动的常规发动机，“自主知识产权”的微波成像仪……站在卫星工程总设计师的高度，孙敬良一如既往地支持在工程型号上采用新技术，一如既往地支持系统工程的优化、改进。

老骥伏枥，志在千里，烈士暮年，壮心不已。已经功成名就的孙敬良站上了科学家的金字塔顶端，当选为中国工程院院士。但他敢于挑战、永不服输的性格特点，使他没有选择功成身退，而是在古稀之年选择了新的挑战。他将总体方案优化设计的原则扩展到了整个卫星工程，致力于最大系统的最优化，并以敢为天下先的勇气，支持对已经被多次飞行试验充分验证的成熟技术状态进行改进的决策，成功的飞行试验填补了国内空白，实现了中国对地观测卫星技术的跨越式发展。

1. 老树春深更著花

除了自身生活的地球，人类对外太空这个未知世界一直充满着好奇和神往，从古至今广为流传着许多关于天上人间的美丽神话和传说。在中国，古籍《淮南子·览冥训》中记载了距今几千年前嫦娥奔月的飞天神话故事，这个故事的影响之大、流传之广，从中国的探月工程就以“嫦娥”命名中可见一斑；在国外，随着天文学观测科学技术的发展，人类陆陆续续发现了地球的八个兄弟姐妹，无一例外，均以流传了数千年的古希腊神话中的诸神命名。这些做法充分反映了人类对地球以外领域的向往和探索外层空间奥秘的心愿。

航天技术是探索开发和利用地球大气层以外的宇宙空间，以及地球以外其他天体的综合性科学技术，是现代科学技术中发展最快的高新技术之一，是一个国家综合国力的集中体现。相比于对宇宙空间的关注和向往，人类对外太空的探索工作却远远滞后，迄今为止，人类发展航天事业的历史不足百年。即使是从第一个制造“捆绑式火箭”并试图第一个点火飞天的英雄万户开始算起，距今也不过600多年。

中国卫星工程的起飞始于1970年。1970年4月24日，中国第一颗人造地球卫星“东方红一号”发射升空，以“上得去、抓得住、看得见、听得着”的方式，向全世界奏响了中国卫星工程的“东方红”，中国成为继苏联、美国、法国、日本之后，世界上第五个能够独立研制和发射人造地球卫星的国家。从此，中国的卫星工程千帆竞发，百舸争流，尽显“满江红”。

随着卫星工程的迅猛发展，中国航天建立起了一整套完备的工程领导系统。卫星大工程配置工程总设计师，俗称“大老总”，下设卫星、运载火箭、发射场、测控、应用等多个系统，每个系统设立各自的总设计师和总指挥，分别负责技术决策和行政指挥工作。卫星工程的每一个系统都非常复杂，绝大多数人穷其一生，也只能在其中的某个领域的某个局部展示才华和能力，毕竟术业有专攻。

孙敬良在组织第二发长征四号A型运载火箭发射风云一号气象卫星B星时，已被任命为“711”卫星工程副总设计师，开始逐步接触卫星工程各系统的相关工作，对卫星工程各系统有了部分的感性认识，但他本身担任着运载火箭系统总设计师，所以工作重心一直在火箭上。1993年，组织上决定让孙敬良改弦易辙，转战卫星领域，他丝毫没有顾忌自己已经年过花甲，欣然同意，毫无怨言。在带领长征二号丁火箭队伍书写中国航天“龙抬头”神话的同时，孙敬良以年过花甲的“高龄”，拿出了比青少年求学时期还要刻苦的学习精神，挤出时间孜孜不倦地钻研卫星资料，并且以达者为先的态度，虚心向比他年纪小得多、但是比他先闻道的“老同志”请教，丝毫没有大科学家总设计师的架子……孙敬良发愤努力，迅速转型，很快进入了新的角色。

作为上海航天局的技术顾问，孙敬良组织全局的相关技术人员，开展了多型新型卫星的立项论证工作，如通信卫星、遥感卫星，等等。虽然有些型号卫星因为国际合作和分工定点等诸多原因，最后并没有在上海生根开花，但是孙敬良带领大家参与论证工作的努力并没有白费。通过参与论证，上海航天人了解了国际卫星先进的技术发展方向，掌握了国内用户迫切的需求信息，明确了实现的技术手段和途径，为日后从事卫星领域的工作打下了坚实的基础。

欲穷千里目，更上一层楼。站在卫星工程副总设计师的高度，亲身参加了卫星工程的前期论证工作，依然担任着运载火箭系统总设计师的孙敬良越来越理解卫星系统对提高运载火箭载荷运载能力的迫切需求。在孙敬良组织的对长征四号 A 型运载火箭进行“自我超越”式的几项技术改进中，小平台通过减小自身重量的手段，为提高火箭载荷运载能力做出了贡献，提高的幅度在 100 千克左右，已经没有了可以进一步挖掘的余地。要从根本上提高火箭载荷运载能力，“下决心推进已经中止的三级发动机二次启动研制工作，以进一步提高火箭的运载能力和对载荷的适应能力”无疑是最重要、同时也最卓有成效的一项举措，才能使运载火箭的载荷运载能力实现自我超越。在这种强大的需求牵引下，孙敬良在领导长征二号丁火箭研制及发射的同时，一直在关心、支持、指导、督促、检查着发动机二次启动研制工作的进展情况。

采用发动机二次启动技术是对火箭飞行弹道进行优化的需要，是提高火箭运载能力的一个经济适用型手段。顾名思义，发动机的二次启动，就是在火箭的主动段飞行过程中，发动机关机后经过惯性飞行段再次点火工作，火箭有第二个主动加速飞行过程。这样做的目的是为了在惯性飞行段利用地球引力改变火箭飞行方向，可以充分节约火箭携带的推进剂，从而提高火箭的载荷运载能力。发射的卫星轨道越高，火箭可以利用的惯性飞行弧段就越长，节约推进剂的效果就越好。但这同时对发动机的控制和生产研制提出了更高要求，飞行过程中发动机一次关机和二次点火的时机必须非常精确，而且要在高真空和超低温环境下确保第二次点火一次成功，否则火箭的飞行弹道就会差之毫厘，失之千里。

1979 年 2 月，在确定用常规三级发动机的长征四号运载火箭作为发射东方红二号通信卫星的另一运载方案时，由于需要将东方红二号通信卫星送入地球同步轨道，对运载能力的要求较高，因此在长征四号火箭的设计方案中，就要求三子级的发动机具备二次启动功能。随着二次启动技术研制工作的逐步展开，研制人员发现常规三级发动机二次启动技术难度太大，而且由于长征四号火箭发射东方红二号通信卫星的任务被取消，对发射太阳同步轨道的风云一号气象卫星而言，长征四号火箭现有的运载能力绰绰有余，因此发动机二次启动功能就有点“鸡肋”的味道。加之长征四号火箭尚处于朝不保夕的地位，为了确保火箭发射成功，孙敬良一如既往地贯彻了自己一直遵循的“简单就是可靠”的指导思想，决策中止发动机二次启动技术研制。

两发长征四号A型运载火箭连战连捷后，为了满足后续发射任务的需求，同时也为了进一步扩大长征四号运载火箭的使用领域，孙敬良“下决心推进已经中止的三级发动机二次启动研制工作，以进一步提高火箭的运载能力和对载荷的适应能力”。他专程到承担发动机研制工作的11所去“游说”，全力推进恢复二次启动研制工作。发动机专业科班出身的孙敬良心里清楚，发动机的研制花费极大，仅组织一次大型的试车试验，花钱的速度简直就比直接烧钱的速度还要快，这种强度的研制经费需求，只靠11所自筹投入，困难很大。

20世纪90年代初期，长征四号运载火箭处于发射任务的空档期，“自我超越”式的几个专项技术改进都没有获得纵向经费支持，上海航天局的运载火箭中仅有一个物美价廉的“长征二号丁”型号有研制经费，日子过得实在有点紧巴。但即使在这样困难的条件下，孙敬良在征得了上海航天局领导的同意后，硬是自筹了上千万元研制经费给11所，以支持他们开展三级发动机二次启动研制工作。孙敬良对11所所长说：“我可是把我们上海盖房子的钱都拿来给你了。”11所从所领导到设计人员，上上下下都非常感动，马上将恢复三级发动机二次启动研制工作提上了议事日程，从全所抽调精兵强将，专门成立了高空发动机设计室，组织起强有力的队伍，全力进行攻关。

三级发动机要具备二次启动功能，这对发动机的每一个零组件都提出了更高要求。特别是在发动机二次启动时，火箭已经处于极高真空和超低温的恶劣环境中，必须确保启动一次成功，二次启动器的设计难度相当大，但这是航天发展的新需要。20 世纪 90 年代初期，在二次启动研制工作中断近 10 年之后，11 所科研人员又一次向发动机二次启动技术发起了新的冲击。孙敬良密切关注着设计工作的进展情况，对过程中每一个阶段的每一个关键点都严格把控。

20 世纪 80 年代，在方案设计阶段，11 所科研人员查阅了大量资料，了解国内外最新技术，借鉴成功经验和失败教训，并根据国内实际情况和发动机的特点，深入分析、大胆创新，完成了方案设计工作。针对 1983 年长征三号运载火箭低温氢氧发动机二次启动研制中遇到的问题，即热泵二次启动时产生夹气引起的爆燃问题，提出了发动机二次启动前采取冷却、吹除等措施的解决方案，但是在方案评审时，却遭到了火箭总体设计人员的反对。因为这样的方案需要总体在火箭的三子级上提供气源、活门等一系列的保障资源，辅助的气路和电路太复杂，而且会大幅度增加火箭三子级的自重。发动机设计人员和总体设计人员各执己见，双方谁也说服不了谁，所有人的目光都开始向孙敬良看过去。

这是他们多年来养成的共同的习惯做法。各分系统、各单机在协调工作中一旦发生分歧，大家先充分地各抒己见，此时总设计师孙敬良一言不发，认认真真地听着大家争论，等双方站在各自的立场上把问题道理说清、解决方案说透后，孙敬良便会对大家的意见进行综合分析，并做出自己的判断和决策：认为可行的想法就支持，认为不行的想法就反对；对存有疑问的地方，会点出关键之处，并有针对性地提出问题，引导大家做进一步的思考、分析，甚至进行更加深入的讨论。

此时，孙敬良的内心在激烈地斗争着：他知道，在寸土寸金的火箭三子级增加一套这样的辅助保障系统，无异于螺蛳壳里做道场，其技术难度和对运载能力的影响不说，本身就较复杂，按照自己一贯秉承的“简单就是可靠”的指导思想，他支持总体的意见；但从研制发动机的专业角度讲，设计方案中提出的冷却、吹除等措施确实是有的放矢、针对性强，整个设计方案应该是行之有效的，不应该轻易去否定。

权衡再三，孙敬良终于表态，支持火箭总体意见，不同意在火箭总体上进行大的改动，要求发动机设计人员再做一些工作，力争找到其他简便易行的解决办法。

对于类似这样争论的双方——发动机设计人员和总体设计人员而言，在他们心中，就抛开对孙老总无条件的崇拜不说，首先孙老总作为运载火箭的总设计师，是站在火箭全局甚至整个卫星工程的高度来考虑问题，其次他又是发动机专业正统科班出身的海归，对发动机工作的熟悉程度如同设计人员自己一样，甚至有过之而无不及，因此所有人都相信孙老总的判断决策是最准确、最正确的，同时也是最公正的。

按照孙敬良会上的表态决策，发动机设计人员重新开始找资料、查文献、做试验，一个个技术难题，使设计工作每向前走一步都困难重重。其间，孙敬良多次来到 11 所，给设计人员出主意、想办法，亲自和他们一起在发动机身上采取措施，寻找出路。忙碌中，转眼几年时间过去了，设计人员想尽各种办法，各种试验做了无数次，全部试验结果均无一例外地表明：爆燃这个问题仅靠发动机自身，实在无法解决。

孙敬良又一次参加了 11 所发动机的方案审查会。这一次，他一开始就旗帜鲜明地表态支持冷却、吹除方案，并且明确地说：“当时我否决了冷却、吹除方案，是怕把系统搞复杂了，方案反倒不可靠，这种想法好像挺有道理，但是通过这几年的工作发现，实际情况却不是这样，因为有些东西你绕不过去，非得上不可。这几年同志们一直都很努力，但是努力方向错了，所以我们屡屡碰壁，碰得是头破血流，现在我们又无可奈何地回到了起点，耽误了几年的时间。这是一个教训，失败的教训，这说明我们的水平还不是那么高，不怪同志们，这个责任理应由我这个决策者来承担。对于我的决策，欢迎大家来挑错，我不会因为自己是总设计师，自己的错误被别人挑出来而不高兴的。”

二次启动的研制之路充满着艰辛与坎坷。二次启动点火器设计、隔离阀设计、点火药盒膜片匹配、动密封、静密封、涡轮壳体和泵壳体之间漏火……一个个的问题不断出现，11 所设计人员便一个个地寻求解决方案。每一个问题的解决方案都涉及发动机技术状态的改进变化，对发动机研制而言，变化的都是钱哪！每一次问题和解决方案的汇报，“拿出了盖房子钱”的孙敬良都亲自参加，听汇报，审方案，拿主意，没有埋怨，没有批评，都是一如既往地给予鼓励和支持，甚至亲自冲到凤州试验基地参加涡轮泵联试，现场办公，眼见为实。

11 所红光 165 试验基地位于陕西省南部秦岭山脉中，行政区划归属宝鸡市凤县（后改名为凤州），是当年建设大三线时，在秦岭山脉两座山之间的洼地里依据山势修建而成的，典型的两山夹一沟形态，所以大家亲切地称之为“沟里”。陆游《书愤》诗中

1992年4月，孙敬良在秦岭之巅留影

的名句“铁马秋风大散关”说的就是这个地方及周边。秦岭淮河一线是天然的中国南北方分界线，这里气候寒冷，交通十分不便，要从西安先到宝鸡，宝鸡下去开始翻秦岭，翻过秦岭 90 千米山路才能到达沟里。

从宝鸡到凤州这 90 千米的山路是国道，全都在山里绕来绕去，一个弯道接着另一个弯道，典型的盘山公路，经常是连续的急转弯，路也比较窄。公路最高处比山脚下高出了 1000 米，一年中有近半年积雪不化，来往车辆过此很容易打滑，只能在车轮上加上防滑链，小心翼翼、一步一步慢慢地往前移，行驶非常困难，也很危险，一旦有一辆车出点儿什么事，这条路就会被全部堵死。孙敬良先后多次出入沟里，现场参加、检查、指导二次启动的研制和试验工作，所以，被堵在山路上便成了家常便饭。

在孙敬良多次出入沟里的路途中，最为惊险的一次是天冷雪地路滑，他乘坐的车一直向侧后方打滑，差点翻下沟去，多亏司机师傅经验丰富、处置果断，才化险为夷。孙敬良当时表现得很镇定，没说什么，直到事后从沟里回到西安，他才心有余悸地向陪同他去沟里的 11 所领导表示，“实在太危险了，下次冬天不来了。”但此话说完还没有半个月，他又一次来到 11 所，又一次拉着 11 所领导一起去沟里现场检查指导工作。

从沟里回到西安后,11 所领导拿孙敬良说的“下次不来了”的话跟他开玩笑，想从这位大科学家口中套出几句“生命诚可贵，工作价更高”之类的豪言壮语，没想到被这位大科学家一口否认:“我说过吗？你记错了吧，是我说的吗？”脸上还带着狡黠的笑容。

最为艰苦的一次进沟经历是 11 所所长陪着孙敬良乘车翻越秦岭，被堵在路上，所有的车都在排队，10 多个小时，一动也不动。天黑了，下雪天，气温又低，路上结了冰，从山顶只能看到一条车灯的火龙一直绵延到山下，根本看不到头，也没有丝毫能走的迹象，孙敬良他们困在车的长龙里，又冷又饿。11 所所长早就给沟里打了电话，让他们赶紧派人送点方便面、面包、矿泉水来救援车上这帮人，但救援队同样面临路况不好的窘境，赶过来也需要时间。车里携带的能吃的东西早已经被消灭干净，他们只能挨饿受冻。

不知过了多久，车辆终于可以慢慢蠕动了，一直慢慢前行，终于翻过秦岭到了凤州。车上人人饥寒交迫，但早已经过了饭点儿，实在饿得受不了，他们硬是敲开路边一家小饭店的门，让厨师给每人下了一碗面条，大家狼吞虎咽，这面那叫一个香啊!

11 所所长满怀歉意地对孙敬良说:“实在不好意思啊，孙总，小地方，又是这个点，只有这个了。”

孙敬良一边用手绢擦嘴，一边笑着说:“有这个已经很好了，简直就是珍珠翡翠白玉汤啊！我到这里来是找你看试验、要机器的，下次到我那儿，我请你吃大餐。”

红光165试验基地的试验进展非常不顺利，每一次试验总是出这样或那样的问题，怎么也达不到二次启动的要求。偶尔一次成功，但不知道是怎么成的，再试一次，不一定还能成……组合件的各种摸底、验证试验不计其数，仅大型试车就组织了3次，还是败多胜少，发动机设计人员疲惫不堪，心里直发慌，感觉越干越没底气了。

1996年6月，代号31-1001的发动机试车，二次启动的时候，热泵启动造成燃烧室内壁喷注器局部烧穿，压力信号器振断。

1996年11月，代号31-1002的发动机试车，二次启动0.38秒。

1997年1月，二次启动发动机通过初样转试样的转阶段评审。同年8月，代号31-1003的发动机试车，当二次启动时，氧泵温度达110摄氏度，热泵启动引起发动机局部烧穿，试车失败。尽管刚刚在“同意转入试样研制阶段”的评审结论上签过字，就遭遇失败，孙敬良还是没有一句批评的话，仍一如既往地鼓励和支持着11所，支持着设计人员。

31-1003发动机试车失败以后，经过认真地分析、解剖、摸索和尝试，设计人员把问题锁定在热泵启动上，并针对热泵启动的故障采取了一些改进措施。研制之路充满着艰辛与坎坷。石墨环材料、泵壳体、涡轮壳体、焊接工艺、火药设计……点点滴滴，每一个细节都足以影响试验成败。此时，孙敬良虽然已经卸任了运载火箭的总设计师职务，但他依然毫无保留、一如既往地关注和支持发动机二次启动研制工作的每一个细小进展。他建议总体单位专门派人常驻11所，下厂跟踪二次启动的研制情况，并及时向总体单位以及火箭系统汇报。根据运载火箭系统现场了解到的情况，这位发动机专业科班出身的海归老专家

1999年，孙敬良在华山极顶留念

经常会提出有针对性的意见和建议，并结合自己多年从事发动机研制工作的经验和教训，对具体工作予以指点，以便11所设计人员能够立即进入到下一步工作，加快发动机二次启动工作的研制进度。

1999年，孙敬良被任命为遥感卫星一号工程总设计师。

作为一名从最基层一步步走上来的卫星工程总设计师，孙敬良根据自己多年在基层摸爬滚打的经验和教训，走马上任后做的第一件事，就是认真学习卫星工程总设计师岗位职责，给自己的工作树立起明确的标准。他说："工程总设计师放手得过宽，系统总设计师会无所依靠；工程总设计师干涉得过细，系统总设计师会无所适从，这是我自己当运载火箭系统总设计师的切身体会。现在自己当了工程总设计师，己所不欲，勿施于人，所以我必须找准平衡点，工作起来才能做到不缺位，并且不越位。"

作为卫星工程总设计师，孙敬良将系统工程理念引入卫星工程的设计和研制工作中，再次以出色的全局观，将自己组织长征四号运载火箭研制时首次提出的整箭总体方案优化设计原则提升了一个层次，强调以卫星工程总体最优化设计为各系统的工作指导思想，要求各系统的总设计师都要站在卫星工程的高度，来思考和解决本系统内部的每一个技术问题。

贯彻卫星工程总体最优化的设计思想，相对增加了各系统间的协调工作。作为卫星工程的总设计师，孙敬良十分讲究管理艺术，他从不缺席系统之间的每一次会议。会上，他从整个卫星工程系统角度，协调、指导各系统的研制工作，拍板决策各系统间的技术协调关系和重大技术问题，并深入到各系统重大关键技术的攻关中；但他也从不组织召开不解决实际问题的会议，把大量宝贵的时间留给各系统总设计师们去抓具体工作。同时，他高超地维持着各系统之间的平衡，确保整体工作能够高效有序推进。

遥感卫星一号整星质量大大超过了长征四号运载火箭以前发射的卫星质量，以长征四号火箭目前具备的运载能力，发射遥感卫星一号是远远不够的，所以，必须对火箭做适应性的改进，其中最重要的改进是要大幅度提高火箭的运载能力，而火箭三级发动机的二次启动技术无疑是解决运载能力不足问题的最佳方案。

作为遥感卫星一号工程总设计师，卫星工程对火箭运载能力的迫切需求，使得孙敬良更加关注自己当年决策“推进发动机二次启动技术研究”的工作进展情况。只不过，现在他是以工程总设计师的身份去支持，是以一位发动机专业老专家的身份去指导，更多的时候是在为设计人员出谋划策，充当技术“后援团”的角色。

在前期工作的基础上，通过设计人员的努力，改进后的二次启动发动机又一次站在了11所红光165试验基地的试车台上。

2000年8月13日，代号40A004的发动机试车，再次出现内壁局部烧坏的情况。经解剖分析，发现针对热泵问题采取的改进措施之一的排放阀坏了，二次启动时没有实施氧的排放，从而造成试车失败。又一次失败，使发动机设计人员的心里有点害怕了，甚至丧失了些许信心。为确保发动机二次启动能够做到万无一失地成功，设计人员提出发动机全冷却加吹除方案。

全冷却加吹除方案，需要火箭总体做相应的改动。2000年9月6日，11所在上海召开了二次启动发动机专题评审会，运载火箭系统专门邀请发动机专业科班出身的工程总设计师孙敬良作为技术专家参加评审，以严格把关，这天恰逢孙敬良70周岁生日，孙敬良二话没说，欣然到会。会上，11所设计人员详细介绍了为确保发动机的可靠性而采用的全系统同步预冷加吹除方案。按照这

2000年，70周岁的孙敬良

样的方案，火箭上必须携带大量的气瓶，整个系统会更加复杂。孙敬良站在卫星工程总体的高度，还是秉承自己多年一贯坚持的“简单就是可靠”的指导思想，以一个发动机技术专家的身份，坚持主张把热泵预冷、副系统吹除就可以了，泵后部分的燃烧室不需要预冷、吹除。会上，他认真地给11所设计人员提建议：“你们要尽可能地采取最简单的预冷、吹除方案。”这个建议与运载火箭系统两总的意见不谋而合。

孙敬良明确地对11所的领导说：“搞发动机二次启动就是为了提高火箭的运载能力，满足卫星工程的需求。你们现在提出的全预冷加吹除的方案，确实考虑得非常周全，这样作为你们发动机是没有风险了，但对火箭的运载能力影响太大，发动机全冷却吹除的配套措施和设备往火箭上一加，就使得二次启动的火箭和一次启动的运载能力没有什么两样，正所谓‘成也萧何败也萧何’，这样一来，火箭搞二次启动还有什么意义？怎么能够把这么大的一颗卫星送入轨道？正因为如此，我才一直主张只能采取副系统吹除方案，而且，从发动机专业的角度看，副系统吹除应该是已经足够了。你们放心，即使有风险，也绝不让你们发动机分系统独自承担，这件事，我这个工程总设计师可以给你们签字画押，我孙敬良和你们共担，有问题，我们大家一起扛。”

看到古稀之年的孙敬良为了提高火箭的性能还是如此勇于担当，丝毫不怕冒风险，敢于替研制单位承担责任，说出的道理又是这样的入情入理，不容置疑，11 所的领导都深受鼓舞，下定决心跟着孙老总“利益均沾，风险共担”。

孙敬良持之以恒的坚持和一如既往的支持，深深激励和鼓舞着 11 所的领导和设计人员。在他们看来，作为火箭型号总设计师，孙敬良完全可以在长征四号 A 型运载火箭两发连续胜利以后按部就班守成，没有必要以花甲之年去搞什么二次启动冒险开创，为扩展火箭的应用领域方面储备技术，尤其现在身居卫星工程总设计师高位，更没有必要去冒这个险，搞不好就会前功尽弃，晚节不保。孙敬良能这样做，充分显示出了他的高瞻远瞩。现在，他的坚持，充分体现了他的毅力和魅力，体现了这位老科学家对火箭技术前瞻性的把控判断和的确高人一筹的远见卓识。同时，他和任新民任老总一样，身处工程总设计师高位，但仍非常了解发动机、懂发动机专业，对发动机技术细节的把控恰到好处，提建议从来不讲外行话，绝不是原则性地说说，而是经常一针见血地点到要害，往往能让设计人员恍然大悟，茅塞顿开。大家都觉得，跟着这样的总设计师，无论多累都值得。啥也别说了，干吧!

“9·6”会议上，运载火箭系统最终拍板确定了坚持采用主系统排放和副系统吹除的方案，消除了设计人员在几个方案间摇摆不定的思想，明确了此后发动机二次启动工作的努力方向。无论是作为遥感卫星一号的工程总设计师，还是作为一名多年从事发动机专业研究工作的技术型专家，孙敬良都毫无保留地全力支持运载火箭系统的决策。会后仅一周，9 月 12 日，代号 40A006 的发动机试车，干净利索，一次成功，说明针对热泵问题采取的改进措施合理、到位，副系统吹除方案行之有效。曙光在前方，胜利在招手。

孙敬良一直记得，当年会战“701”工程的时候，他自己负责研制的发动机试车总是失败，在那个“多快好省”的年代，往往一次成功就被认为可以定型，

孙敬良（右）与王希季（左）谈笑风生

可以上天，结果上天以后发生问题，造成星箭俱亡，损失惨重，这是真正的用鲜血换来的教训。前事不忘后事之师，在担任运载火箭总设计师时，孙敬良根据自己多年实际工作的经验，确定了发动机的验收原则：一次试车成功并不能说明没有问题，必须连续3次试车成功才算合格。这条原则在长征四号运载火箭以及后来的长征四号A型运载火箭和长征二号丁运载火箭的研制工作中被严格遵照执行，11所的二次启动发动机自然不能例外。

造化弄人。2001年8月23日，代号40A005的发动机试车，二次启动功率比正常值偏低了10%，试车失败。

真的是寄托的希望越大，承受的失望越大，大家的心又一次沉入了谷底：吹除、排放措施都采取了，怎么还会出现这样的问题？每个人都很难受。

在解剖分解发动机时发现，造成这次故障的原因是发动机生产厂家把一个三通上的加工毛刺没打磨干净，在经过一次启动冲击后，二次启动刚工作，毛刺就掉了下来，恰好不偏不斜地挡在了发动机氧化剂副气室管路的入口，对流量只有每秒几十克的氧化剂供应产生了阻碍作用，使得发动机的功率降低了10%。

11所将这个试验和解剖分析结果报给了上海的运载火箭总体单位。经过认真分析，运载火箭系统两总认为：这个问题是发动机生产过程中的控制问题，与发动机的设计没有关系，不影响发动机研制，此次发动机试车结果可以定为成功。运载火箭系统做出的这个判定结论得到了发动机专业科班出身的工程总设计师孙敬良的赞成，他认为运载火箭系统“机理清楚，定位准确”。随后，这个结论迅速反馈给了11所。在11所看来，总体单位能够及时、合理地定性研制中出现的问题，帮助研制单位下了决心，既把控了产品的设计质量，又减少了研制过程的反复，加快了研制进度，这对11所设计人员的帮助很大，大大鼓舞了研制人员的信心和斗志。

2001年8月27日，代号40A007的发动机试车，一次成功。

连续3次试车成功，达到了孙敬良当年确定的发动机验收标准。后来为了加强考核，孙敬良又根据发动机专业的计算结果，从发动机可靠性方面出发，希望可靠性试验子样越多越好。为了说明问题，他建议发动机进行5次长程、长时间、高混合比、大推力可靠性试车，特别提出要在夏天天气热的时候试车，以避免冬天气温低、对发动机散热是有利条件的影响。在11所技术人员的努力下，这些苛刻的验证要求全部以胜利通过。有一次，11所技术人员在最热的7月，一天之内两次进行发动机二次启动试车，“同一台发动机同一天点火4次”，都获得了圆满的成功。

常规发动机二次启动技术的研制成功，将大大提高长征四号后续火箭的运

孙敬良（右）与庄逢甘（左）讨论交流

载能力，也再一次验证了孙敬良早年提出的、几十年来持之以恒贯彻的“设计可靠、生产严格、试验充分”这“12 字箴言”的正确性和有效性。直到这个时候，孙敬良才像当年决策在自己担任总设计师的长征二号丁运载火箭上使用小平台一样，放心地全力支持在他担任工程总设计师的遥感卫星一号工程的火箭系统中，首次使用具备二次启动能力的火箭三级常规发动机，并在他担任工程总设计师的风云三号气象卫星工程火箭系统中继续使用。

这是国内常规发动机第一次采用二次启动技术。10 多年前，孙敬良担任运载火箭总设计师时决策开展的技术储备，由自己的后继者成功实现，现在终于在他自己担任工程总设计师的多个卫星工程中挑起了大梁。

在遥感卫星一号工程中，还有一项重大的技术

2005年6月，孙敬良（右一）在酒泉卫星发射中心发射阵地协调指导实践七号卫星工程

2006年年初，孙敬良参加遥感卫星一号出厂评审会

改进，就是突破了以往 2.9 米和 3.35 米两种尺寸的限制，率先使用了直径达 3.8 米的大整流罩。加上使用常规推进剂的火箭三级发动机采用了二次启动技术，仅这两项技术创新带来的相关技术状态更改就多达 161 项，所有相关的技术改进都得到了工程总设计师孙敬良的全力支持。

2006 年 4 月 27 日 6 时 48 分，中国在太原卫星发射中心用长征四号乙运载火箭，成功地将遥感卫星一号送入预定轨道。这是 2006 年中国的首次航天发射，也是自 1996 年 10 月 20 日长征二号丁运载火箭第三次“龙抬头”以来，中国航

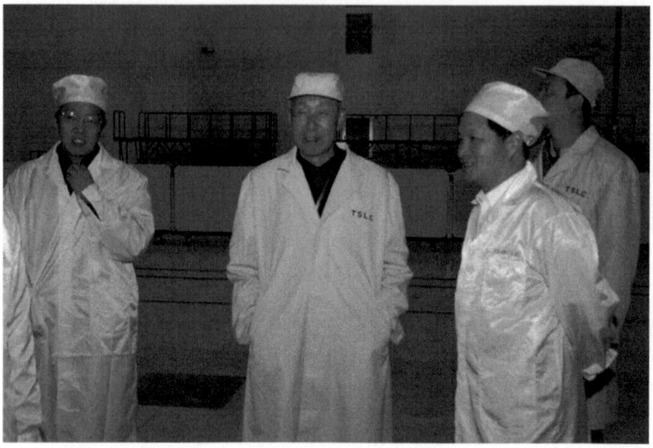

2007年10月，孙敬良（中）在太原卫星发射中心检查遥感卫星一号工程02星运载火箭系统工作的进展

天发射连续第47次获得成功。遥感卫星一号主要用于科学试验、国土资源普查、农作物估产和防灾减灾等领域，将对中国国民经济的发展发挥积极作用。

直径3.8米的大整流罩，使用常规推进剂的火箭三级发动机采用二次启动技术，这两项创新技术的首次应用，离不开已经76岁的工程总设计师孙敬良的鼎力支持。同时，由于这两项技术的首次应用，使得这发运载火箭与以往的长征四号乙火箭有了较大的状态变化，中国航天科技集团公司将其命名为长征四号丙（CZ-4C）运载火箭。从此，长征四号火箭家族中又增添了一名新成员。

孙敬良担任工程总设计师的实践七号卫星工程和遥感卫星一号工程都取得了首星成功的佳绩，遥感卫星一号工程后续的两颗卫星更是再次取得了连续成功的辉煌。辉煌的背后，是这位老人十几年的励精图治，几十年的奋发图强，是敢为天下先的勇气支持着他在中国航天的道路上一路率先前行。

老骥伏枥，志在千里，烈士暮年，壮心不已。

2. 落花时节读华章

2300 多年前，中国一位著名的浪漫主义诗人“行吟泽畔”[①]，写下了一篇著名的“千古万古至奇之作”[②]——《天问》，向上天提出了 170 多个令他困惑的问题，那时候的科学技术发展水平，实在无法满足他对天上世界的好奇和疑问。

1957 年 10 月 4 日，苏联将世界上第一颗人造地球卫星成功地送入了太空，从此，人类开始谱写探索宇宙的新篇章。

1959 年 9 月 12 日，苏联发射了“月球二号”探测器，成为世界上第一个撞击月球表面的人造航天器，人类第一次用自己探索的双手，触摸到了地球以外的精彩世界。

1961 年 4 月 12 日，苏联航天员尤里·阿列克谢耶维奇·加加林少校乘坐“东方一号”宇宙飞船，在最大高度为 301 千米的轨道上环绕地球一周，历时 1 小时 48 分钟，完成了世界上首次载人航天飞行，实现了人类脱离地球、进入太空的愿望。

1969 年 7 月 20 日，美国阿波罗 11 号飞船首次成功登陆月球，人类的足迹第一次踏上了太空中的地外天体。美国航天员尼尔·阿姆斯特朗在踏上月球表面的这一历史时刻，通过电视向地球上的所有人宣告：这只是我个人的一小步，但却是整个人类的一大步。

1977 年 9 月 5 日，美国成功发射了第一个无人外太阳系空间探测器“旅行

① 《楚辞·渔父》。

② 《离骚经讲录》，清·刘献廷。

者一号”。它是第一个提供了木星、土星及其卫星详细照片的探测器，同时也是首个冲出太阳系的人类制造的飞行器，是迄今离地球最远的人造飞行器。

相比已经飞出太阳系范围的探索太空脚步而言，人类对自身生活的星球——地球环境的认知需求更加迫切，毕竟它与人类生活的相关程度更加密切，产生的影响也更为显著。地球上有火山爆发、地震、海啸、台风、洪水等突发性灾害，也有地面沉降、土地沙漠化、干旱、海岸线变化等在较长时间内才能逐渐显现的渐变性灾害，还有臭氧层变化、水体污染、水土流失、酸雨等人类活动导致的环境灾害。人类要从科学的意义上认识这些灾害的发生和发展，同时需要拥有预报和预警能力，尽可能减小它们对人类所造成的危害，这已经是国际社会的一个共同愿望。

气象卫星是一种专门的对地观测卫星或遥感卫星，具有观测范围大、反应及时迅速、信号连续完整的特点，在对地球大气、云、陆地和海洋环境观测、遥感研究及资料搜集、气候预测、灾害性天气监测、自然灾害及预警预报、防灾减灾等方面，起着极其重要的作用。1960 年 4 月 1 日，美国发射了第一颗试验性气象卫星“泰罗斯一号”，成功地为以后的气象卫星事业开辟了道路。随后，苏联、日本、欧洲空间局、印度等国家和组织，都先后拥有了自己的气象卫星。

1988 年 9 月 7 日，孙敬良和他的长征四号 A 型运载火箭首发飞行箭，在太原卫星发射中心成功地将中国第一颗试验性气象卫星“风云一号”送入太阳同步轨道。从此，中国拥有了属于自己的气象卫星。由于遭遇强烈的太阳活动，星载设备受到宇宙射线照射，发生单粒子翻转事件，卫星姿态失控，仅仅工作了 39 天，没有达到预定的工作寿命要求。

1990 年 9 月 3 日，第二发长征四号 A 型运载火箭又一次成功地将中国第二颗试验性气象卫星“风云一号”B 星送入了太阳同步轨道。卫星正常运行 165 天后，由于星载计算机突发故障造成姿态失控，后经抢救恢复正常工作。但星载计算机受到空间环境的影响，工作不稳定，卫星断续工作，没有达到设计寿命要求。

中国气象局作为风云系列气象卫星的最终用户，对风云一号气象卫星 A 星和 B 星两次没有达到设计寿命要求的问题给予了充分的理解，并一如既往地支持中国气象卫星事业的发展。中国气象局一方面要求中国航天工业总公司针对两次卫星故障暴露出来的问题，对后续的风云一号 C 星和 D 星进行相应的技术改进，另一方面多方呼吁，努力争取风云一号气象卫星工程的更新换代型号——风云三号气象卫星工程早日立项。

2000 年 9 月，国家批准风云三号气象卫星工程立项。

风云三号气象卫星工程是中国“十五”期间投资最大的民用航天工程项目，是中国赶超世界先进水平的新一代极轨气象卫星工程，卫星设计寿命为 3 年。中国气象局国家卫星气象中心负责相应的地面应用系统工程建设，包括资料接收、处理、产品生成和分发等，国防科工委（后改称国防科工局）负责风云三号气象卫星工程的组织实施，按照专门制定的《风云三号卫星管理办法》，负责批准研制保障条件建设，任命型号总设计师和总指挥，建立工程研制指挥体系，加强卫星、运载火箭、发射场、测控、地面应用等五大系统的总体协调和专题协调，强化工程管理，组织产品质量专项复查，确保工程研制任务的顺利推进。

2001 年，孙敬良被任命为风云三号气象卫星工程总设计师。

孙敬良经常对一起战斗的同志们说，咱们搞航天工程的是一个集体，是一个大的行当，把七十二行都集中在了一起，这七十二行怎么能把它凝聚起来，把大合唱或者说交响乐唱好、奏好，这就需要有一个指挥棒，这个指挥棒就是总设计师。如果总设计师不敢于决策，或者乱决策、瞎指挥，那样的话，指挥棒运转得不灵，整个队伍就不能形成合力，卫星和火箭就没有办法上天，航天工程也就失败了。

早在风云一号卫星研制成功后，气象卫星研制人员就瞄准了更高的目标，着手风云三号卫星的预先研究，并把卫星设计标准定在了国际先进水平上，风云三号卫星从平台到探测仪器都是全新的。它比风云一号卫星重 1400 千克，为仪器提供功率由 900 瓦增加到 2400 多瓦，数据传输通道由 1 个增加到 3 个，数据传输速率提高了上百倍。

在风云三号卫星可行性方案论证的时候，上级要求上海航天局在研的两颗卫星采用一个卫星公用平台，但随着论证工作的越来越深入，风云三号卫星的构型、飞行轴指向、辐射制冷、面取向、磁场遮挡、微波成像仪隔断等，从技术上无论如何都无法同时满足两颗在研卫星采用一个卫星公用平台的要求。在上海召开的可行性审查会上，与会人员讨论得十分激烈，气氛非常紧张，各位审查专家对公用平台提出了非常不一致的意见。

经过激烈的争论，最后大家一致认为：不能讲形似，要的是神似，两颗在研卫星采用一致的技术方案、一致的系统，这才是公用平台的本质。由于各自的有效载荷不同，用途各异，两颗在研卫星的构型上不可能做到完全一致。会上，卫星工程总设计师孙敬良坚持他技术民主的一贯作风，明确表示：大力支持这样的公用平台，“要实事求是，不能为了统型而统型，什么合适就用什么”。

风云三号卫星控制分系统最早的方案是继承遥感卫星一号的方案，经过仿真，发现其满足不了风云三号卫星的使用要求，加上国内其他已经在轨飞行的卫星控制分系统的陀螺问题较多，控制分系统不可靠，卫星系统提出对控制分系统方案进行改进。作为工程总设计师，孙敬良坚持以确保整星可靠性为最终目的，全力支持卫星系统对控制分系统的改进。在他的支持下，卫星系统根据风云三号卫星的特点和陀螺的技术发展水平，最终采用了飞轮偏置动量加星敏感器加地平仪控制的方案，既能满足精度要求，又能满足长寿命、高可靠要求。

在国防科工委审查风云三号卫星整星方案时，部分专家认为，风云三号卫星控制分系统的“配置过于奢华”，提出了很多质疑意见，要求参照国内其他卫星方案进行修改。孙敬良明确表示：风云三号卫星这个方案非常合理，针对卫星自己多转动部件的特殊性，解决了其他卫星控制分系统可靠性差的问题，符合卫星长寿命的工作要求，“我本人是极其赞成这个方案的”。他以工程总设计师的身份和其他同志一起，顶住了来自各方的压力，说服了审查专家，确保了这个“豪华配置”方案没有胎死腹中，能够得以顺利实施。

运载火箭总设计师出身的孙敬良深知提高火箭运载能力的重要性和难度。在协调风云三号卫星研制的过程中，他一直说：“你们卫星太笨重了，卫星的星体结构实在是太重，这么重的星体结构要让运载火箭做多少无用功？浪费掉多少卫星有效载荷的重量？”他一直向卫星设计人员强调载荷比的概念，要求卫星的星体结构一定要减重，并根据国际上10%~12%的先进水平，强制规定星体结构重量不能超过整星重量的11%，否则整颗卫星的载荷比不够，浪费太大，“我这个工程总设计师是不会同意的”。在他的严格要求下，按照他的指导思想理念，风云三号卫星系统决策，第一次采用复合材料的构架和承力筒，有效地降低了星体结构的重量。

风云三号卫星的设计始终瞄准国际先进水平。它采用新型的卫星平台，装载着11台高性能的有效载荷探测仪器，其有效载荷的数量在国内卫星中是最多的，特别是微波成像仪，这个有效载荷在国内卫星上首次使用；同时，卫星中的20台单机有活动部件35个，星载活动部件数量是国内卫星上最多的，而且各活动部件的运行周期差异很大，从千分之几秒到几千秒不等，这些仪器设备都要安装在卫星的星体内，还必须保证各自的活动空间，同时还必须减少共振对整星稳定和姿态控制的影响，任凭总体结构设计人员怎么压缩体积，星体的最大直径还是超过了通用的3.35米整流罩的尺寸。

在工程的大总体协调会上，卫星系统提出了星体尺寸超大的问题，并着重汇报了在卫星系统内部进行的挖潜工作。参会的运载火箭系统当即明确表示，可以专门研制大整流罩以满足卫星系统的要求，但是大整流罩需要经过风洞、振动等力学试验的考核验证。主持会议的工程总设计师孙敬良非常高兴，称赞“都是站在整个工程系统的高度来考虑问题”。会后，孙敬良专门安排运载火箭总体单位再次查阅了国外的技术资料以及中国航天科技集团公司一院全部火箭的技术说明书和手册，完整地了解了国内外的整流罩发展历史，查出一院的火箭曾经有直径 3.8 米类型整流罩的方案，但并没有真正在型号上使用。而在国外的资料中，查出俄罗斯质子号火箭上曾使用过直径 4.1 米的整流罩。孙敬良心里有底了：“外国没有的东西，咱们可以有；外国已经有的东西，咱们必须有。”他果断拍板：为满足风云三号卫星系统的要求，运载火箭系统整流罩就搞 3.8 米。后来，直径 3.8 米的大整流罩在孙敬良担任工程总设计师的遥感卫星一号上首次使用。

风云三号卫星星载遥感设备功能齐全，观测谱段从真空紫外线、紫外线、可见光、红外线一直到微波频段，样样齐全，既有光学遥感，又有微波遥感，能实现全天候、全天时、多光谱、三维、定量探测，与欧、美新一代气象卫星处于同一发展水平，其观测功能居于国内气象卫星系列中遥遥领先的地位。

风云三号卫星众多的星载遥感设备，绝大多数都是国内气象卫星首次应用，其性能的好坏，将在很大程度上影响风云三号气象卫星工程的成败。作为工程总设计师的孙敬良，除了对五大系统的技术接口关系拍板决策和协调各系统协同工作外，更是高度关注星载遥感仪器设备的研制工作。

孙敬良根据自己近半个世纪的航天型号工作经验，在型号研制过程中善于抓住关键问题，深入调查，直击要害，既尊重星箭一线同志们的意见，又从确保可靠性和技术可行性的角度严格要求，推进工程研制工作。他经常直接深入车间、研究室现场办公，了解具体工作进展情况，主动出谋划策，常年累月和第一线的科研人员摸爬滚打在一起，哪里有难点，哪里就有他的身影；他注重发挥各系统总设计师、主任设计师和主管设计师等各级技术人员的作用，善于充分听取同志们正反两个方面的意见，并基于自己对技术底线的判断，对各系统间的技术接口关系善于协调，勇于拍板，敢于承担。

风云三号卫星星载微波成像仪（Microwave Radiation Imager）是卫星研发的重要有效载荷之一，也是用户最为关注、需求最为迫切且技术难度相当大的研究项目之一。对于国内第一个星上使用的微波遥感有效载荷，工程总设计师孙敬良倾注了大量的心血。

微波成像仪是国内首次自主研制的星载被动式微波遥感载荷，也是上海航天局自己承担研制工作的第一个卫星有效载荷。微波成像仪采用 5 个微波频点，水平 / 垂直双极化方式，10 通道成像，具有遥感通道多、频率覆盖宽、灵敏度高、定标精度高等特点。

在风云三号卫星工程的方案论证阶段，考虑到微波成像仪的技术难度，在国内进行了充分的调研，发现没有一家单位能够研制出满足全部技术指标的原理样机，更不用说满足飞行要求的工程产品，因此考虑走引进仿制之路。即计划以对俄合作项目为支撑，在俄罗斯做一台微波成像仪的原理样机，然后按照俄罗斯的原理样机投产国产的微波成像仪初样和正样，以确保满足风云三号卫星工程的使用要求。

按照预先制定的计划，经过多轮的技术谈判和商务谈判，1996 年，上海航天局与俄罗斯莫斯科动力学院特种设计局签订了微波有效载荷预研合同，约定 1998 年交付。大家对俄罗斯样机的期望值非常高，但合同执行情况却不容乐观，俄罗斯方面以各种理由一拖再拖，一直拖到了 2000 年年底，还没有交付原理样机。

2001 年年初，微波成像仪的国内承制单位——上海航天局所属上海航天测控通信研究所（后改称上海航天电子技术研究所，简称电子所）有点儿坐不住了，便专程请风云三号卫星工程总设计师孙敬良带队去俄罗斯莫斯科动力学院特种设计局现场考察，试图"借大神之力来吓唬小鬼"，推进样机研制工作的进展。考察组在莫斯科待了 10 天，通过现场考察，孙敬良发现俄罗斯设计人员采用的多频共体馈源设计方案虽然先进，但在工程上实现起来非常困难，所以其进度一直无法保证，存在较大的进度风险，而且产品的技术指标极有可能达不到设计值，存在着一定的技术风险。

孙敬良出访俄罗斯

出于对苏联加盟共和国航天工业技术发展水平的信任，所有人对俄罗斯方面依然残存一线期望，孙敬良也不例外，毕竟他在这里度过了自己人生中最美好的时光，莫斯科是他“梦开始的地方”，考察组回国以后，并没有马上要求俄罗斯方面更换方案。

转眼过了快 1 年，临近 2001 年年底，俄罗斯方面还是迟迟交不出来产品。眼看整个风云三号卫星工程就要转入初样研制阶段，微波成像仪这个如此重要的有效载荷，至今还没有着落，这下，连一贯淡定从容的工程总设计师孙敬良也坐不住了。

孙敬良先后多次亲自参加卫星总体、分系统等相关单位组织的专题会议，商量微波成像仪问题的解决方案。经过反复讨论，对于风云三号卫星星载微波成像仪的后续研制工作，上海航天局内部产生了三种不同意见：第一种是继续履行合同，让俄罗斯做下去；第二种是进口、国产两条腿走路，同步推进；第三种是靠自己做，力争全部国产化。三种意见交织在一起，一直争执不下，谁也说服不了谁。

究竟是坚定不移地让俄罗斯继续做下去，还是索性长痛不如短痛，让电子所改弦更张，另起炉灶？进口引进或是国产自研，不同选择的背后，既是对整个风云三号卫星工程计划风险的判断、对决策得失的分析，更主要的是对微波成像仪研制技术方案的选型：究竟是采用俄罗斯方面提出的多频共

孙敬良（左）与戚发轫（右）在一起

体馈源方案，还是选用电子所提出的馈源阵列方案。

孙敬良是电子所馈源阵列方案的坚定支持者。他认为馈源阵列方案吸收了俄罗斯和欧美同类产品的先进设计思想，技术指标优良，而且方案的工程实现比多频共体馈源方案简单，产品固有可靠性有保证。“简单就是可靠。”作为工程总设计师，孙敬良还有更加高远的考虑，那就是一定要拥有自主知识产权，一定要自己干，核心技术从来是买不来的，必须自主攻关，否则永远受制于人。他明确表态：技术上支持馈源阵列方案，管理上支持电子所自主研发，计划上要求微波成像仪必须赶上整个工程进度。

孙敬良全力支持微波成像仪走国产化研制道路的明确表态，对电子所承担“拥有自主知识产权”的微波成像仪研制任务，起了非常大的作用。最终经上海航天局局长专题办公会讨论研究，决定由电子所自行研制国内第一台星载微波成像仪，并且明确要求：微波成像仪必须在正样阶段赶上风云三号气象卫星工程的整体进度。

在以孙敬良为代表的老一辈航天人的支持下，电子所年轻的设计人员毅然挑起了这副重担。他们遇到的第一个问题就是微波成像仪的重量问题。

按照馈源阵列的微波成像仪方案，微波成像仪必须包括探测头部、中央处理器、配电单元、扫描驱动机构及控制器、冷空反射镜、火工品控制器等多个功能模块，整机重量将达到150千克左右。风云三号卫星总体最初分配给微波成像仪这个有效载荷的重量只有70千克，电子所微波成像仪技术负责人吕利清为了争取重量指标，从总体主任设计师到主管有效载荷的副总设计师找了个遍，前后协调了好几个月，将总体的重量分配指标从刚开始的70千克增加到80千克，最后增加到了100千克，但后面无论再怎么协商，总体都不肯再增加重量指标了。可对微波成像仪而言，其重量指标虽已从70千克增加到了100千克，但还是不行啊！

吕利清实在没有办法，只好找到了风云三号卫星总设计师孟执中，孟总非常为难地表示，卫星系统已经把所有的重量余量都贡献出来给了微波成像仪，确实再也没有办法给微波成像仪增加重量指标了。从孟总办公室沮丧地出来，吕利清万般无奈，思前想后好一阵子，最后把心一横，直接冲到了卫星工程总设计师孙敬良的面前。

“我要打官司！”

30多岁的毛头小伙子胆敢当不速之客，冒冒失失地闯到已经70多岁的院士面前，这个举动无疑需要极大的决心和勇气，同时也会被人看作是非常不礼貌的行为。但对于一贯讲究技术民主、对年轻人既严格要求又放手培养的孙敬良而言，却不存在任何问题，他没有表示出一丁点儿的不满情绪。

吕利清站在孙敬良面前，向他汇报了微波成像仪目前遇到的重量难题，并激动地表示："孙总，我查到的资料里，日本的同类产品是314千克，我多了不要，就要它一半的重量。多1克我都不要，就只要一半！现在卫星总体只给了我100千克，这可不是五六千克的差距，而是要差五六十千克，我实在没有办法自己消化克服。孙总，这个难题您如果不给我解决的话，那国产微波成像仪就只能是死路一条了。"

看着眼前这个情绪激动的年轻人，孙敬良好像看到了自己40多年前也是这样激动地向刘川诗政委慷慨陈词，要求总体部"一日游"的样子，这一幕何其相似乃尔！唯一不同的是，现在已轮到他自己来"扮演"刘政委的角色了，真的是年年岁岁花相似、岁岁年年人不同啊！孙敬良一面心里暗自感慨着，一面和蔼地让年轻人坐下，伸手拿过他手里的资料，认认真真地看了起来。

看完了国外资料，孙敬良抬起头，严肃地对情绪已经平和了很多的吕利清说："微波成像仪是我们自己研制的第一个有效载荷产品，国产化我也是投的赞成票，这个产品在风云三号卫星工程里一定要用上。孟总有他们的难处，这个我知道，你放心，我一定会全力支持你们，支持我们局里有效载荷专业的发展。你先回去，把资料留在我这里，我这个工程总设计师来想办法，从大系统上来解决重量指标的问题。小伙子，好好干，以后不要再说死路一条之类的话了。"

总设计师孙敬良用卫星工程系统间为数不多的余量全力支持国产微波成像仪的研制工作。没过多久，微波成像仪的重量指标放宽到了150千克，国产化的研制工作迅速走上了正轨。

2002年，俄罗斯方面终于交付了一台微波成像仪的原理性样机产品，功耗要200多瓦，还有一些指标不能满足技术要求，更为要命的是，整机重量居然达到了230多千克，这么个大家伙根本经不起振动试验的考验。这个时候，大家想起了孙敬良“国产、自研”的明确表态，都庆幸及时抛弃了依赖俄罗斯的想法，否则真的就只能是死路一条了。

在孙敬良的鼎力支持下，微波成像仪的设计人员全力以赴地投入到了研制工作中。尽管在别的设备已经进入初样研制时，微波成像仪才开始模样阶段的研制工作，在进度上整整差了一个大的工程研制阶段，但是，中国有句古话，“士为知己者死”。自古以来，“智伯国士遇我，我故国士报之”，中国的知识分子最讲究的就是知遇之恩，三顾茅庐是他们梦寐以求的愿望，六出祁山是他们鞠躬尽瘁的回报，“我们拼也要把微波成像仪拼出来！”经过将近1000个日日夜夜的奋战，2004年，“最痛苦”的第一台微波成像仪模样机问世，其性能指标满足风云三号卫星的全部要求，并且一举突破了所有的关键技术，为后面初样和正样的研制工作扫清了技术障碍。

孙敬良在风云三号卫星正样设计评审会上发言

2004年8月，孙敬良（右一）参加风云三号卫星微波成像仪初样设计评审会

第一台微波成像仪虽然在技术指标上达到了使用要求，但是离满足上天飞行的产品要求还有距离。作为航天工程应用的产品，要经过正弦/随机力学振动试验、电磁兼容试验和热真空试验等一系列空间环境的地面模拟试验，才能算作合格产品，才能保证产品在经历过火箭发射主动段恶劣的力学环境后，在太空恶劣的温度环境下正常工作。这对100多千克自身体重、拥有活动机构部件的微波成像仪来说，又是一个全新的考验。

果不其然，微波成像仪第一次做振动试验就遇到了挫折。由于系统结构设计不合理，振动响应过大，未能通过卫星总体提出的振动试验要求。一次、两次……面对试验的不断失败，电子所设计人员与卫星总体人员共同分析研究，采取各种措施，对微波成像仪系统结构持续进行改进，甚至经卫星总设计师孟执中批准，根据微波成像仪在卫星上安装位置的振动实际响应情况，调整了偏高的振动指标要求……屡败屡战，但结果仍然令人沮丧，始终过不了振动试验这个难关。

屡战屡败，电子所微波成像仪技术负责人吕利清急得满嘴起泡，只能靠面条应付一日三餐。孙敬良知道后，直接来到电子所现场了解情况，并为他指点迷津："小伙子，时间会解决一切，你还年轻，不要心急，急是急不出来的，必须靠一段时间的耐心研究。"

为了帮助微波成像仪顺利度过振动试验这个难关，根据在电子所现场了解到的情况，孙敬良敏锐地发现了症结所在。他认为，微波成像仪振动试验过不了关的原因，不是电子所设计人员努力不够，而是专业技术领域的天然壁垒。"术业有专攻"，电子所的专业技术领域是电子学，搞无线电产品是强项，但是在机械结构领域没有技术优势，解决机构振动问题的专业底蕴不足。据此，孙敬良针对微波成像仪的振动问题，提出了"大协作"的指导思想，并明确建议把微波成像仪结构机构的相关工作调整到同为上海航天局所属的上海宇航系统工程研究所进行。

孙敬良（中）观看风云三号微波成像仪测试工作进展情况

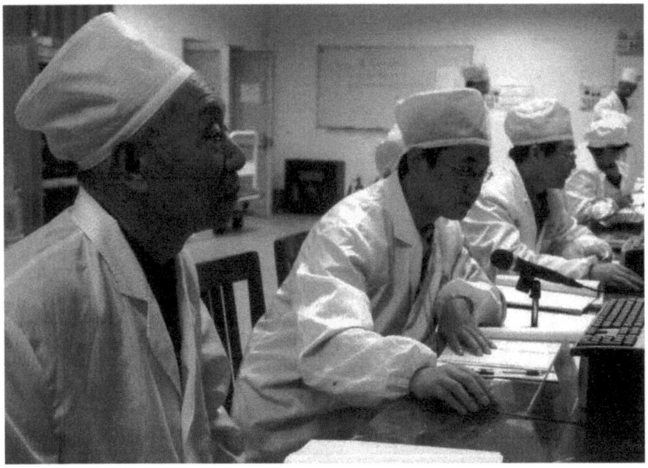

2004年，孙敬良（左一）在西昌卫星发射中心

孙敬良说，系统工程所有一个专门的研究室从事结构机构的研究工作，兵强马壮，专业技术优势突出；将任务调整过来有利于发挥系统工程所的专业技术特长，与电子所强强联合，实现优势互补，一定能够尽快解决微波成像仪振动试验不过关这个难题，帮助微波成像仪早日赶上风云三号卫星工程的整体进度。

前途是光明的，道路是曲折的，孙敬良心里很清楚自己提出的这个“大协作”思想的实现难度。他知道，在目前的航天运行体制下，研制任务就代表着研制经费，调整任务分工就意味着上海航天局下属单位之间的利益再分配，必定会得罪人，在下属单位的行政条线上将会遇到什么样的阻力可想而知。但是，为了能让微波成像仪早日赶上风云三号卫星工程的整体进度，为了整个卫星工程能够按计

2006年，孙敬良（右）参加风云三号卫星活动部件寿命试验方法及可靠性评价研讨会

划顺利完成，孙敬良下定决心，这件事必须这么办！“怕得罪人，还要我这个工程总设计师干什么。”

孙敬良立即把他的“大协作”指导思想及任务调整的建议，提交给了上海航天局领导。在局长办公会上，孙敬良像当年力保长征四号运载火箭一样痛陈利害，强调要充分认识到第一次靠自己搞微波成像仪的技术难度，必须充分发挥国内、院内单位各自的专业技术优势，不能着眼于单位的小团体利益，绝对不能以各自单位的利益为由妨碍“大协作”。“大协作”的思想得到了上海航天局领导的大力支持，最终以局党委会专题决议的形式，决定调整微波成像仪的任务分工，把微波成像仪结构机构划分给上海宇航系统工程研究所承担，并专门下发了《上海航天局监察通知书》，以克服一切阻力，确保“大协作”指导思想落实到位。

在上海航天局党委的强力推动下，孙敬良率先提出并极力倡导的这次任务分工调整顺利完成。协作关系理顺后，两家单位各自专业对口的优势逐步显现，电子所全力实现微波遥感成像功能，系统工程所充分发挥专业技术特长，一步步解决微波成像仪振动试验不过关的难题。在“大协作”的思想指导下，强强联手的双赢模式使微波成像仪的研制工作驶入了快车道。

2005 年，微波成像仪初样机一次性通过了以力学振动试验为代表的全部环境考核试验，所有技术指标满足任务书要求，顺利转入正样研制阶段。孙敬良一如既往地关心着这个启动最晚的星载有效载荷，关注着微波成像仪的每一步微小进展。

孙敬良（右）和孟执中（左）参加微波成像仪初样研制总结会

2005年，孙敬良（左二）在太原卫星发射中心观看风云三号气象卫星工程卫星系统试验进展情况

与此同时，风云三号气象卫星的条件保障项目，也就是俗称的技术改造项目在上海西南部闵行区颛桥镇郊完成建设，给微波成像仪的研制工作提供了更好的测试和试验条件，但是也给从事微波成像仪测试工作的技术人员带来了新的困难。每天，所有测试人员都要披星戴月地从上海的东北部出发，经过一个马拉松的距离穿过整个大上海，来到这里参加微波成像仪的测试工作，辛勤工作一天后，测试人员还要再花上 2 个小时的路途时间才能到家，进门往床上一躺，连饭都不想吃了。“暮归惊狗吠，晨出扰鸡鸣”就是他们工作生活的真实写照。

在被戏称为“颛桥航天城”的上海航天新区里，只有孤零零的一座天线测试厂房已投入使用，相关配套设施的建设步伐尚未跟上，四周依旧十分荒凉，就连最基本的填饱肚子问题都要到 3 千米以外的颛桥镇上才能解决。就在这样艰难困苦的条件下，76 岁的孙敬良来到了天线测试厂房，亲自参加微波成像仪的天线测试。连续整整两天，他就坐在控制室里，看着测试人员进行天线方向图的测试，并不时地向测试人员询问着相关问题，关心着测试获得的数据。全天的测试工作完成后，孙敬良还不走，他亲自参加测试数据判读和检查分析，直到确认无误，才和全体人员一起披着漆黑的夜幕离开厂房。

在微波成像仪正样机进行天线展开转动测试的时候，一位操作人员说伴随着天线转动，他听到驱动机构里偶尔传来响声，这下大家紧张了：模样初样都没问题，怎么到了正样，反而里面有响声，会不会是多余物啊？在太空失重的状态下，谁知道多余物会往哪儿飘啊！运气不好的话，一旦卡住了转动机构麻烦就大了。

一定要彻查！大家轮流到微波成像仪边上听了一遍，有的说听到了，有的说没听到，还有的说被转动的电机声淹没了，没听清。为了搞清楚到底有没有异样声音，大家专门借来了几个医用听诊器，扣在微波成像仪上仔细听，听了许多次，还是众说纷纭。有没有异样声音都不能确定，更不要说查清原因了。

问题被迅速地层层上报，很快，风云三号卫星总设计师孟执中和工程总设计师孙敬良知道了，两位院士一起来到测试现场。听完大家的情况汇报后，孙敬良和孟执中两位总设计师都坚持要亲耳听听，耳听为实。于是，两位70多岁的白发老翁，穿着白大褂工作服，每人戴着一个听诊器，仔细地对微波成像仪“望闻问切”，专注地捕捉着连年轻人都听不清楚的声音，认真地进行“专家会诊”。

这一幕场景，感动了在场所有的人，几个小姑娘已忍不住悄悄地擦起了眼角。

这一幅画面，从此成为了微波成像仪的第一幅图像，永远定格在在场的所有人心里，永远定格在上海航天局研制卫星的历程上，也永远定格在中国航天人的记忆中。

后来请来国内多位同行专家，经过认真讨论和

2006年，孙敬良参加评审会

任新民院士（前）视察风云三号卫星星载微波成像仪

分析，确认驱动机构转动时有声音是正常现象，这样，微波成像仪研制工作才又得以快马加鞭，继续前行。

作为国内首次自主研制的星载被动式微波遥感载荷，尽管是风云三号气象卫星工程中最晚启动研制工作的有效载荷，但在中国航天业内上上下下的高度关注和大力支持下，通过研制人员的奋勇拼搏，2006 年，微波成像仪正样机通过了所有的环境考核试验，交付风云三号气象卫星参加整星联试。在整个联试过程中，微波成像仪正样机工作正常，性能稳定。

终于赶上了大部队的进度！“输”在了起跑线上的“自主知识产权”微波成像仪，最后终于赢在了终点线上！

2008 年 5 月 27 日 11 时 02 分，中国首颗新一代极轨气象卫星“风云三号”在太原卫星发射中心发射成功，准确入轨。这颗装载了 11 种先进探测仪器的卫星升空后，使中国气象观测能力得到质的飞跃，星载微波成像仪工作稳定可靠，成像清晰。风云三号极轨气象卫星达到国际同类产品的先进水平，为中国气象卫星的发展做出了重大贡献，与美国、欧洲新一代极轨气象卫星一起，成为国际上最重要的三大极轨气象卫星。

风云三号卫星工程总设计师孙敬良在发射场向媒体披露：风云三号卫星在技术上实现了五大突破，即从单一遥感成像到地球环境综合观测、从光学遥感到微波遥感、从千米级分辨率到百米级分辨率、从国内接收到极地接收、从单星观测到双星组网观测，填补了国内卫星平台、有效载荷研制等方面的技术空白，所获取的数据得到了大量应用，将在气象保障、防灾减灾、环境监测等领域发挥重要作用。

媒体报道称，风云三号卫星发射成功后，不仅为即将在北京举行的第 29 届奥运会提供更加精细化的气象服务，还将使中国的中期数字化气象预报成为可能。于是，首颗风云三号气象卫星被大家亲切而自豪地称为“奥运星”。

2009 年 1 月，首颗风云三号气象卫星完成在轨交付，投入业务运行，被纳入世界气象组织业务气象卫星系统。

2010 年 11 月 5 日，第二颗风云三号气象卫星进入预定轨道，这是中国首次发射极轨气象卫星下午星，这颗卫星与第一颗风云三号气象卫星上午星组网运行，形成上、下午双星同时在轨运行的格局，由原来的一天对全球扫描 2 次变为 4 次，从而提高了对台风、雷暴等灾害性天气的观测能力。除了天气预报外，第二颗风云三号气象卫星还有监测干旱、

2009年1月，孙敬良（右七）参加风云三号 A 星在轨交付仪式

第三颗风云三号气象卫星微波成像仪遥感数据反演图：海表风速

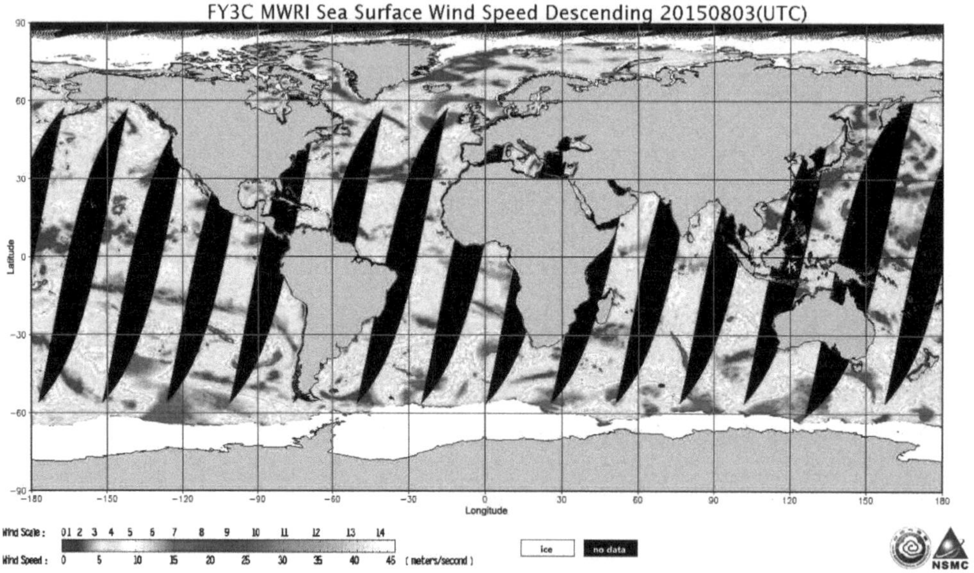

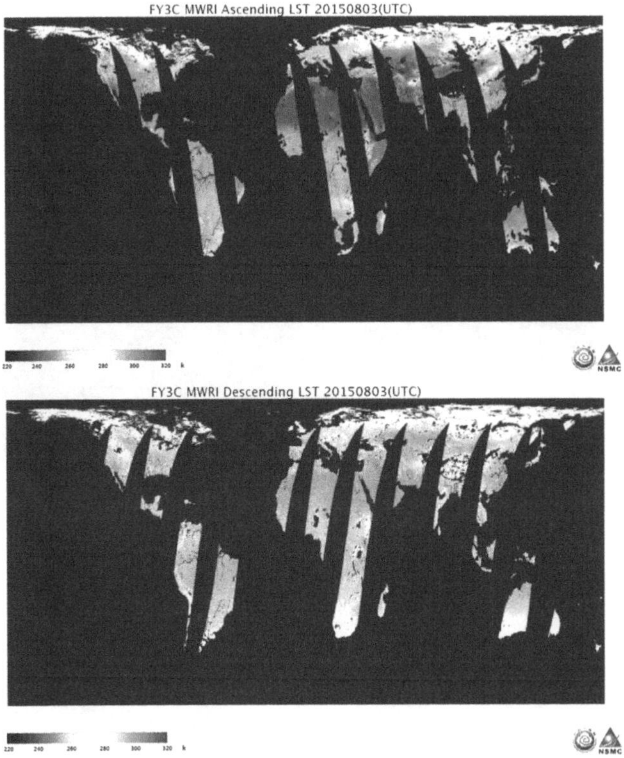

第三颗风云三号气象卫星微波成像仪遥感数据反演图：陆表温度（升轨与降轨）

水灾、沙尘暴等自然灾害和生态环境、全球冰雪覆盖和臭氧分布以及区域空气质量的能力，甚至还能对全球粮食产量进行预估。

2013 年 9 月 23 日，第三颗风云三号气象卫星成功发射升空，卫星顺利进入预定轨道。第三颗风云三号气象卫星与正在轨运行的两颗风云三号气象卫星组网运行，进一步提高了中国气象观测能力和中期天气预报能力，并可在全球范围内实施全天候、多光谱、三维、定量探测，主要为中期数值天气预报提供气象参数，并监测大范围自然灾害和生态环

2004年，半个世纪前茹科夫斯基空军工程学院的老同学孙敬良（右）、孙家栋（左）两位院士在西昌卫星发射中心相谈甚欢

2006年，孙敬良（前排左）、张履谦（前排中）、孙家栋（前排右）三位院士在西昌卫星发射中心参加加注评审会

境，同时为研究全球环境变化、探索全球气候变化规律以及航空、航海等提供气象信息。风云三号气象卫星实现三星组网后，其观测数据更新时效由 12 小时缩短为 6 小时，大幅提高了我国气象观测能力和中期天气预报能力。

由孙敬良担任工程总设计师的风云三号气象卫星工程又一次取得了首次成功、连续成功的辉煌战绩，并且迈开了卫星组网运行、走向国际市场的坚定步伐。自从以接近古稀之年转战卫星工程领域以来，孙敬良担任工程总设计师的多颗技术先进、功能齐全的新星都遨游在浩瀚的太空中，群星闪烁，熠熠生辉。

孙敬良笑了，他的笑容比22年前更加灿烂。

法国人罗曼·罗兰说："人生是一场无休、无歇、无情的战斗。"

孙敬良的一生都无休、无歇地献给了中国的航天事业，他带领着他的队伍，几十年南征北战，屡屡攻坚克难。自1988年长征四号A型运载火箭首飞成功起，20多年来，孙敬良领导和协调指导研制发射的航天型号次次成功，无一败绩。尤其是那豪气撼山岳、长箭定乾坤的每一次"龙抬头"，那曲堪称绝唱的"阳关三叠"，更是中国航天史上的神来之笔、天籁之音，令人荡气回肠、酣畅淋漓。

孙敬良用一次次的成功，树立起了共和国航天战线的丰碑。在素以成败论英雄的航天领域中，他，是当之无愧、名副其实的真正英雄。

回首自己半个多世纪的航天生涯，一个声音在孙敬良那颗依然永不安分的心中久久激荡：

壮哉，伟大的中华民族！

壮哉，伟大的中国航天！

我把此生献给你，

你让我的生命如此多彩灿烂！

孙敬良

孙敬良院士传记

Academician Sun Jingliang's Biography

第八章

传承使命

在孙敬良的战友和学生们眼里，他是勇敢果断、幽默风趣、要求严格、关爱有加的领导和先生。在他自己心里，他只是一个航天工作者，一个平平凡凡的人，度过了平平凡凡的一生。

作为航天领域的带头人，孙敬良特别注重精神的传承和队伍的培养。他特别关心同志们的工作和生活，在工作中坚持严以律事、宽以待人；在生活中用自己的影响力，努力为同志们办实事。他长期倡导并遵循的“12字箴言”已经在上海航天局内部全面贯彻，他带出的众多“子弟兵”已经成为相关领域独当一面的专家学者。他还亲自参加“从娃娃抓起”的航天宣传活动，把自己亲耳聆听到的毛主席“世界是你们的”教导代代传承。

1. 壮岁旌旗拥万夫

孙敬良个人的航天生涯，是和新中国的航天事业共同前进、同步发展的半个多世纪。在他的人生中，浓墨重彩地书写着几行黑体字：

他是上海航天两个型号运载火箭的缔造者，其中的长征四号运载火箭牢牢地占据着国内发射太阳同步轨道卫星的这半壁江山；

他率领长征二号丁运载火箭战天斗地，气贯长虹，连续三次扭转了中国航天接连失利而造成的信任危机；

他提出的“设计可靠，生产严格，试验充分”这“12字箴言”，成为了航天科研生产的标杆准则；

他 60 多岁的“华丽转身”，成为了上海研制卫星的“先行者”；

从 20 世纪 80 年代以来，他所领导和协调指导研制的全部航天型号，首飞成功，连续成功，多次首次应用国内最新技术，20 多年间无一败绩。

孙敬良一直说：“团结奋斗，齐心协力，先集体后个人，这就是中国航天能够从无到有、越来越强大的原因。”孙敬良作为亲手缔造上海运载火箭队伍的首任技术和行政领导，几十年如一日，始终贯彻着这个指导思想。他严格管理队伍，强调团队合作，对工作高标准严要求，对人更是高标准严要求。但同时，他又平易近人，关心同志们的生活，关心大家的每一点进步。

孙敬良常说：“搞航天，单枪匹马可不行，要靠集体的智慧和力量。”在孙敬良的周围，有一批非常得力的技术骨干，他们或为孙敬良的渊博学识所倾倒，或为孙敬良的个人魅力所吸引，一直与他共同进退，荣辱与共。孙敬良在工作上对他们严格要求，在生活上对他们关怀备至。

孙敬良说：“做事，要先做人。”自幼熟读四书五经的孙敬良深知，“天下熙熙，皆为利来；天下攘攘，皆为利往。夫千乘之王，万家之侯，百室之君，尚犹患

1988 年 9 月，孙敬良（正面左三）与孩子们座谈，寄语祖国未来

贫，而况匹夫编户之民乎？”[①] 他对待多年跟随自己摸爬滚打的同志们，既严格要求，又关爱有加。20世纪80年代初期，从事航天工作的待遇不高，大家生活都不富裕，当时上海航天的民品搞得红红火火，“五朵金花”竞相绽放，购买电视机、电冰箱一票难求，孙敬良利用自己的威望和影响，在不违反政策的前提下，为同志们解决生活上的困难；在申报科研奖项和评定职称时，他根据实际工作情况，尽可能地照顾同志们，让大家能够感觉到航天工作有干头，有盼头，为稳定人心惶惶的运载火箭队伍发挥了一定的作用。

1988年，第一发长征四号A型运载火箭在太原卫星发射中心历经磨难，30多个大大小小的问题使得总设计师孙敬良肩上的压力无比巨大，要一个个地解决问题，他每每夜不能寐。当时在卡马克系统的问题已经影响到了长征四号A型运载火箭的首飞，分系统主任设计师急得生病，住进了医院，在临发射前排除故障那以小时为计算单位的最紧张时刻，孙敬良硬是挤出时间，专程赶到发射场医院，看望、安慰自己的战友，然后再赶回前沿阵地指挥加转接盒的战斗。这一幕，运载火箭队伍里的老人们至今难以忘记！

① 《史记·货殖列传》，西汉·司马迁。

1994年，孙敬良和长征二号丁火箭肩负着第二次“龙抬头”的神圣使命，来到酒泉卫星发射中心，随队的一位医生擅长理疗，试验队员们都喜欢在紧张的工作之余舒缓一下筋骨，放松一下身体，但是做一次理疗差不多要花1个小时的时间，一名医生一整天根本做不了几个人。孙敬良知道了，主动来找队医商量，要求优先给技术骨干做理疗。试验队从上海带到发射场的一些贵重药品，他也让医生首先保证技术骨干使用。

正如著名军旅作家都梁在他的代表作《亮剑》中描写的那样：

“任何一支部队都有自己的传统，传统是什么？传统是一种气质，一种性格。这种气质和性格往往是由这支部队组建时，首任军事首长的性格和气质决定的，他给这支部队注入了灵魂。从此不管岁月流逝，人员更迭，这支部队灵魂永在。事实证明，一支具有优良传统的部队，往往具有培养英雄的土壤，英雄（或是优秀军人）的出现往往不是由个体形式而是由群体形式出现。理由很简单，他们受到同样传统的影响，养成了同样的性格和气质。例如，第二次世界大战时，苏联空军第16航空团P-39‘飞蛇’战斗机大队，竟产生了20名获得‘苏联英雄’称号的王牌飞行员。与此同时，苏联空军某部的‘施乌德’飞行中队产生了21名获得‘苏联英雄’称号的王牌飞行员。如果抛开政治观点，从纯军事角度看，二战中德国空军的第五十二战斗机联队也是个培养世界级王牌飞行员的温床，这个第五十二战斗机联队竟同时出现3个世界级王牌飞行员，以击落敌机架数为标准，这3个飞行员都名列世界前3名，可谓空战史上里程碑式的人物。他们是：埃里希·哈特曼，击落敌机352架；格哈德·巴尔克赫内，击落敌机301架；京特·勒尔，击落敌机275架。这3个王牌飞行员创下的惊人战绩把当时世界各军事强国的王牌飞行员们远远抛在后面，无人可及之项背。苏联空军第一王牌飞行员库尔杜布在二战中所创最高纪录为，击落敌机62架，还不及名列第3的京特·勒尔所击落敌机架数的零头。由此可见，一支部队的传统是多么重要。”

在孙敬良亲自率领过的两支火箭队伍中，得到过他“亲传”的大部分“40后”和“50后”人员，现都已到了退休年龄，回家颐养天年了；队伍中得到“亲传”的为数不多的“60后”人员，也已经逐渐成长为各个专业领域的领军人物和各个单位的行政领导。作为一名“30后”的老战士，孙敬良仍然坚守在工作岗位上，他谦虚地自嘲说，自己现在每天工作的主要内容，就是为这些“一方诸侯”们出谋划策，当好顾问，扮演好一个大参谋的角色。

在这些“封疆大吏”们的心里，80多岁的孙敬良依旧是当年那个“壮岁旌旗拥万夫”的孙老总，师长父兄般的孺慕之情，丝毫没有改变。他既有领袖作风，又幽默风趣，平易近人而乐观快活，他的学识、他的经验、他的敏锐、他的果敢、他的为人……无一不是最宝贵的财富。在工作上，甚至在生活中，他的把关和指点都是“传道授业解惑也”，能够让自己和他人收获颇丰。“别人吃堑，我们长智”“孙老总站在身后，我们感觉心里踏实”。

孙敬良对这些“一方诸侯”们说得最多的，就是如何把当年“创业艰难百战多”打下的基业牢牢守住，并且薪火相传。他一再提醒这些当年自己的部下：“创业不易，守业更难。你们这些人当年都是跟着我摸爬滚打出来的，经历过从无到有的艰难困

孙敬良（右）与长征四号运载火箭第三任总指挥在太原卫星发射中心

苦，知道今天这‘半壁江山’局面的来之不易。现今是你们‘掌权’，我相信你们能够珍惜这一切，一定能够守住现在这份基业。但是，等到你们也和我一样成了顾问的时候，会怎么样呢？后继的‘掌权’者能够理解这种‘来之不易’吗？能够珍惜这‘半壁江山’吗？所以，现在你们的任务不仅仅是要把技术传下去，更要把我们敢打硬仗、能打胜仗的作风一代代传下去，只有这样，才能牢牢守住这一片真正属于我们自己的、能够大有作为的天地，并且不断为上海航天‘开疆拓土’，谱写新篇。只有这样，我们这些人才能真正放心，也才能安心休息，颐养天年。”

孙敬良当年亲手组建、亲自指挥的两个运载火箭型号队伍，如今已经换了几任“掌门人”，队伍中队员更是不知道换了多少。但是，无论历任总设计师和总指挥的个人性格存在多么大的差异，两个运载火箭型号队伍的首任“掌门人”孙敬良奠定的“六严”作风，依旧是丝毫未变，“12 字箴言”依旧深入人心，甚至连孙敬良当年制定的“在发射场严禁参加有身体接触的体育活动”等这种规矩细节也没有丝毫改变，20 多年来一直被严格贯彻执行着。经过当年孙敬良决策实施对火箭“自我超越”的挑战式改进，如今，这两个型号已是守得云开见月明，每个型号每年都有多次发射任务，并且已经由这两个型号衍生出了多个运载火箭的型号任务，牢牢地占据着中国运载火箭领域的半壁江山。他“高标准、严要求”的带队伍方式，已经通过言传身教被广泛传播，一批批的年轻人被“严慎细实”的航天文化和关爱有加的航天氛围所吸引，并立志为航天事业奋斗终身。

2. 自有千门万户声

1988 年，长征四号 A 型运载火箭首次发射成功后，总设计师孙敬良名声大噪，各种采访、登报、交流不计其数，上海电视剧制作中心还以他为原型，拍摄了一部反映航天事业和航天人生活的 8 集电视连续剧《天梦》。为了增加电视剧内容的真实性，确保原汁原味地反映出中国航天人的工作和生活，上海电视剧制作中心特地安排了两位作家到长征四号 A 型运载火箭第二次发射的试验队里体验生活。两位作家跟着孙敬良来到太原卫星发射中心，与试验队员和长征四号 A 型运载火箭朝夕相处，亲身体验了总设计师孙敬良和试验队员的喜怒哀乐，亲身经历了航天人在火箭腾飞时的欣喜若狂。

火箭发射给予第一次亲莅现场人的唯一感觉就是震撼！那腾飞的火焰和强烈的声浪压迫，给人的感官刺激异常强烈，没有在现场亲身经历过的人根本无法体会那种难以用语言描述的感受。特别是为了火箭腾飞付出甚多的中国航天人，自己亲手研制出的火箭，现在又要亲手把它放飞，火箭发射时的那种感情变化，就像父母辛辛苦苦地把女儿从襁褓中养大成人，现在却要去参加她的婚礼一样，无法言传。

在《天梦》剧本里，编剧用非航天专业者的眼光和文学专业的语言，描写了第二发长征四号 A 型运载火箭成功发射时的情景：

“一如摩天大楼般的火箭起飞了，尾部猛烈地喷出一团团火焰，大地开始远远地离去，那高大的发射塔变得像玩具那么小。火箭穿过层层白云，天空在逐渐改变色彩，清澈晶莹的天空变成蔚蓝色，变成了紫色，变成了黑色。火箭毅然向前飞着，尾部拖着一条长长的火裙，像一把火炬，划破了太空的黑暗。”

多年以来，由于保密等原因，航天工作者个人极少受到宣传，从事航天工作的人大多隐姓埋名。1991 年,《天梦》这部 8 集电视连续剧在上海电视台播出，这是航天工业题材和上海航天人第一次走上上海银屏，在上海引起了极大的反响，大大增强了航天工业的影响力。人们开始在街头巷尾议论航天工作，上海航天局内部人员也经常讨论电视剧里男主角的行事风格与原型孙敬良“哪一点儿很像，还有哪一点儿不太像”。

电视和报纸等媒体的强大影响力，使得孙敬良的大名冲出上海，走向全国。在一份发行量很大的报纸上，原原本本地刊登了当年长征四号运载火箭初样试车时，航天工业部一位领导让孙敬良“推进剂加注的时候，你这个总设计师给我站在试车台上”的事情，以及孙敬良“我的目标是我这个总设计师可以骑在发动机上试车”的豪言壮语。航天工业部的另一位老领导在北京看到了报纸上的这篇报道后，立即给孙敬良打来电话。

在电话的那一头，老领导半开玩笑半认真地说到：“老孙呐，你这‘源于生活同时高于生活’的艺术加工总得靠点儿谱吧！当年我可是没有说过‘加注的

喜笑颜开的三位院士：孙敬良（左三）、梁晋才（左二）、孟执中（右一）

时候，你这个总设计师要站在试车台上’的话啊！”电话这一头的孙敬良听了哈哈大笑，他回答老领导说：“当年我可也没有和你说过‘我这个总设计师可以骑在发动机上试车’的话啊！报纸上的那句话确实不是你说的，但也确实有人说过；那句话确实是源于生活，但也确实没有高于生活，你就别多心了。咱们现在都已经这个年龄了，保重身体最重要。”

两年以后，电视剧的创作者在题为《从电视剧〈天梦〉谈科技工业题材的剧本创作》的文章中写到：“当我们创作人员投入到一个工业或科技领域采访时，往往首先被激动起来的，就是那种事业本身带有的迷人魅力。”[1] 航天事业本身的这种迷人魅力，在记者们采访孙敬良和他的队伍的过程中得到了完美

① 姚扣根，《上海戏剧》1993 年第 2 期，P24~P26。

的展现。

孙敬良带领着长征二号丁运载火箭队伍，书写了中国航天三次“龙抬头”的传奇神话后，长征二号丁运载火箭被中国航天工业总公司授予“优质运载火箭”称号。1997 年，中央电视台对已经当选中国工程院院士的孙敬良进行了专访，请他谈谈如何抓火箭质量工作，以及带领队伍获得“优质运载火箭”殊荣的体会。孙敬良不假思索，侃侃而谈，“12 字箴言”、“六严”作风、“严慎细实”、航天精神等如数家珍，娓娓道来，节目的录制效果非常好。

结束节目录制后，主持人特地向孙敬良表示感谢，感谢他这位中国工程院院士在航天工作的百忙之中挤出宝贵时间，为访谈节目做了充分的准备，确保了节目录制的效果，并称赞第一次“触电”的孙敬良说：“孙院士，您是最好的演员。”

孙敬良谦虚地说：“你过誉了。我不是演员，不会表演，今天我在台上的所有言行，都是一介书生本色。如果要说做准备的话，那就应该这样说，为了成功的这一天，我已经做了 10 多年的准备。因为这 10 多年来，我和我的同事们就是这么一天天度过的，我们的火箭就是这么一发发点火上天的。”

2001年，孙敬良（右二）出席上海航天局成立40 周年庆典

2000年，孙敬良在西昌卫星发射中心

人生如戏，戏如人生。这一刻，孙敬良有了庄周梦蝶的感觉。

3. 众里寻他千百度

国学大师王国维先生在《人间词话》中说：“古今之成大事业、大学问者，必经过三种之境界。‘昨夜西风凋碧树，独上高楼，望尽天涯路’①，此第一境也。‘衣带渐宽终不悔，为伊消得人憔悴’②，此第二境也。‘众里寻他千百度，蓦然回首，那人却在，灯火阑珊处’③，此第三境也。”

在经历了青少年时代刻苦求学的“第一境”，中年时期奋力拼搏的“第二境”后，孙敬良进入了自

---

①《蝶恋花》，北宋·晏殊。
②《蝶恋花》，北宋·柳永。
③《青玉案·元夕》，南宋·辛弃疾。

己人生的收获季节。如今，身处科学家金字塔顶峰的他，更加务实、谦虚、客观，俨然已经突破了王国维先生所言之“第三境”。无论面对什么，他表现出的都是开阔宏博的胸怀和实事求是的态度，“不畏浮云遮望眼，自缘身在最高层”[①]。

在神舟十号飞船载着中国梦和航天梦翱翔于太空的时候，83 岁的孙敬良又一次接受了记者的采访，他坦言：深空探测在未来必然会有更大发展，中国探测器会到越来越多的星球探究宇宙奥秘。当回答记者“您如何评价中国航天从无到有、由弱到强的历程，如何展望中国航天的未来，如何评价您自己、您的家庭对您的影响和支持”等诸多问题的时候，孙敬良谦虚而客观地回答说：

“我主张对航天成就客观评价，实事求是，不要说得天花乱坠。中国航天从无到有，主要是国家经济实力的发展，如果没有改革开放，航天事业也不可能有今天这样的进步。未来，我对航天的发展很乐观，航天对于军事意义重大，过去是陆海空，现在已经是陆海空天。航天对老百姓的生活也意义重大，通信卫星、对地遥感卫星、北斗导航卫星，等等，对国民经济有很大意义，老百姓生活已经离不开航天科技的帮助。当然，航天发展的科技意义更是不言自明，深空探测在未来必然会有更大的发展，我们国家的探测器也会到越来越多的星球，探究宇宙的奥秘。

“科学家的帽子太大了！我就是一个航天工作者，一个平平凡凡的人，度过了平平凡凡的一生。我现在还是坚持每天读书。我一般都是看专业方面最新的书籍，小说之类的很少看，有些人会感觉这很枯燥，我却感觉，读书真的比吃任何山珍海味更让我感觉愉快。还有就是听交响乐。

“我喜欢贝多芬、莫扎特，可以说音乐是我人生不可或缺的伴侣。因为在苏联上学的时候，学校里的喇叭里老是放交响乐，慢慢就感觉好听并且热爱上了。

---

①《登飞来峰》，北宋·王安石。

1990年，孙敬良出访欧洲，
在波兰贝多芬出生楼前留念

我 1958 年从苏联回国的时候，带了上百张黑胶唱片，1991 年，我有机会又去了莫斯科，又带回来几十张，除此之外，我还用磁带翻录电台里的古典音乐，起码有一两百盒。每次发射任务之前，我随身行李里必不可少的是录音机和几十盒交响乐的磁带。我最爱的还是贝多芬的交响曲，需要激励自己的时候我就听贝多芬的《命运交响曲》，需要舒缓压力的时候，我一般听贝多芬的《田园交响曲》。

“我的父母给我最大的影响就是他们身上的朴实和本分，做人要做好人，不要害人，这是我母亲给我的印象。另外，他们都与世无争，最大的理想就是过太平日子，这点儿也影响了我，让我做事情比较专一，不会好高骛远。而我也是这样教育自己子女的，不要求他们有怎样的大出息，只要求他们能做个好人，能够自食其力，我想这也是受到我父母

1986年，孙敬良和全家人在一起

对我教育的影响。”

谈起自己的家庭，这可是孙敬良最喜欢的话题，他的话匣子一下子就收不住了。他主动告诉记者：“我有一儿一女，大的是女儿，小的是儿子。因为工作繁忙的原因，在子女的成长过程中，我并没有太多的时间陪伴他们，对此我也非常愧疚，但只要有时间，我就会用自己的行动潜移默化地影响孩子，我只要求他们两点，一是做好人，二是要有一份自己愿意为之付出的事业。一转眼，孩子们都长大了。如今，我的女儿已经退休了，儿子和我是哈尔滨工业大学的校友，现在还在经商，我要求他，第一，不偷税漏税，第二，不卖假货。”孙敬良很是自豪地说：“儿子遗传了我的商业头脑。”

谈及夫人，孙敬良满是愧疚：“我的爱人叫王莉华，和我是山东老乡，我是在30岁那年和她在北京结婚的，当时是别人介绍的，可以说是媒妁之言，但不能说是父母之命，我们也算是一见钟情，自由恋爱的，她年轻的时候很漂亮。结婚后，我的工作实在太忙，经常需要加班和出差，甚至是‘屡过家门而不入’，她非常支持我的工作，无论是在上海还是在北京的时候，她从来不因为家里的事让我分心，把家里的事操持得井井有条，我两个孩子的培养和教育，基本上

2005年，孙敬良和夫人在研究生毕业典礼上合影

孙敬良的天伦之乐——“俯首甘为孺子牛”

孙敬良的幸福生活

都是由她一手包办的。现在我们已经度过了金婚，这 50 多年期间还唱过将近一年的牛郎织女，我是 1965 年先调来上海的，她 1966 年才调到上海来。半个多世纪以来，我爱人一直全心全意地照顾我，让我能够有充沛的精力和良好的身体为了航天工作而拼搏，我的所有成就都离不开她的默默支持和付出。”

孙敬良开玩笑地说：“我的军功章里有我爱人的一半多一点！按照她安排的家庭工作流程，我在家里只需要做一件事，就是在每个月发工资的那天，按时把工资上交给爱人，仅此而已。”

4. 儿大相传书种在

窗外日光弹指过，席前花影座间移。转瞬之间，孙敬良投身中国航天事业已近 60 年了。如今，孙敬良的晚年生活简单而又充实，80 多岁的他，每天风雨无阻，准时来到自己在闵行航天城的办公室，工作 6 个小时，然后下班回家。

“世界是你们的，也是我们的，但是归根结底是你们的。你们青年人朝气蓬勃，正在兴旺时期，好像早上八九点钟的太阳，希望寄托在你们身上。”当年在莫斯科亲耳聆听的领袖教导仿佛犹在耳畔，但一转眼，孙敬良已到了“老牛亦

2006年，孙敬良在研究生毕业典礼上致辞

解韶光贵，不待扬鞭自奋蹄”[①]的年龄。他知道，世界毕竟是属于年轻人的，虽然自己现在还可以继续为航天事业散发光和热，但现在更应该做的，是向年轻人传授航天传统，把自己一辈子的经验和知识倾囊相授，将航天事业的接力棒放心地交给年轻人，使之薪尽火传。

无论是对待自己的研究生，还是对待科研队伍中的年轻人，孙敬良都一视同仁，他要求所有人做设计、写报告时都要有理论分析，只有这样才能不断提高业务水平。他说：“你们对待工作不要只是干、快干，而是应该用心干、动脑筋干。你们不要认为我们是搞工程的，就不需要理论，错了！只有掌握了理论才能做到设计合理，经过科学计算出来的东西才是可信可靠的，懂理论的人，才真正是设计师，靠拼拼凑凑搞出来的东西，一定会出问题，因为你压根儿就不知道余量有多大，工作是否稳定，所以一定要有严谨的理论分析。没有理论分析的报告不要给我，我不看。”

孙敬良不仅毫无保留地向年轻人传授专业知识和学习方法，而且更主要地是向年轻人传授做人的道理。他说：“仰慕强势易，尊崇弱者难；锋芒毕露易，守拙慎语难；特立独行易，教化容人难。这是一个人的修养，更是大智慧。”

---

①《老黄牛》，臧克家。

孙敬良以自己的一生经历举例说："我这个人这辈子就是锋芒毕露，太要强，太好斗，性格中不服输的成分太重。现在回头看，这种性格也好也不好。好的是，我斗出了上海运载火箭的一片天地，斗出了一个院士，但不好的是，我这辈子不招人待见，也一直没有当什么大官，几十年来一直在技术岗位上奋斗。但是塞翁失马，焉知非福。如果走上了行政系列，恐怕20年前我就回家了，而现在我还可以继续工作。这里面有一个'度'，就只能靠你们自己去把握了。"

孙敬良一再告诫年轻人："你们必须记住的一句古话就是人非圣贤，孰能无过。'君子之过，如日月之食焉。过也，人皆见之；更也，人皆仰之。'[①] 我这一生屡屡犯错误，即使是当了院士以后，也还是不断地犯错误。但是我有一点长处，就是能够听得进别人的意见，就能够不断地改正我的错误。这么多年来，我一直和同志们说：'对于我的决策，欢迎大家来挑错，我不会因为自己是总设计师，自己的错误被别人挑出来而不高兴的'，所以我才能不断进步，有所作为。你们在一生中也会犯大大小小的错误，一定要勇于改正，同时也要允许别人改正错误，只有这样，才能和在一起的人和睦相处，共同进步。

①《论语·子张篇》。

无论是生活，还是工作，道理都是一样。”

5. 东风夜放花千树

1999 年 7 月，在维也纳召开的第三次联合国探索及和平利用外层空间会议（第三次外空会议）期间，与会国考虑到，1957 年 10 月 4 日人类第一颗人造地球卫星进入外层空间，开辟了人类探索外空的新纪元，以及 1967 年 10 月 10 日《关于各国探索和利用包括月球和其他天体在内外层空间活动的原则条约》生效，为人类开展和平利用外层空间活动奠定了法律基础，因而一致建议：将每年的 10 月 4 日至 10 日作为“世界空间周”。1999 年 12 月，联合国第 54 届大会核准了第三次外空会议提出的建议，将每年的 10 月 4 日至 10 日定为“世界空间周（World Space Week）”，以庆祝空间科技为改善人类生存条件以及对提高人类生活水平作出的贡献。

从 2000 年首届世界空间周以来，每年的世界空间周活动都有一个宣传主

2000年，孙敬良出访总部位于法国的欧洲空间局

题，并围绕该主题开展一系列活动，通过这些富有教育意义的活动，进一步宣传人类在航天领域取得的成就，普及航天知识，促进和平利用外层空间。

2000 年 10 月 4 日，第一届世界空间周在联合国总部宣布开始，其主题是“空间千禧年开始（Launching the Space Millenium）”。作为世界航天大国的中国积极响应。经国务院批准，由中宣部、外交部、国防科工委、科技部、教育部、中科院、中国航天科技集团公司和中国航天科工集团公司联合组成了联合国首届世界空间周庆祝活动中国筹委会。10 月 4 日，首届世界空间周中国庆祝大会在北京大学百周年纪念讲堂召开，拉开了中国庆祝世界空间周系列活动的序幕。

在联合国首届世界空间周期间，中国举办了丰富多彩的庆祝活动，并在上海、西安、哈尔滨等地的有关大学举办了航天院士科普报告会，旨在促进公众特别是青少年对空间的了解和认识，鼓励公众对中国空间事业的参与和支持，加强各国之间的交流，扩大中国空间事业在国际上的影响。

2000 年 10 月 9 日上午，上海举行了联合国首届世界空间周上海千人航天科普报告会，孙敬良院士做了科普报告。他首先对世界航天发展史作了回顾，高度评价了先驱们的科学理论对航天实践的指导意义，肯定了火箭、飞船、航天飞机等运载工具的巨大功绩，赞扬了应用卫星技术对防灾减灾的贡献，对形成高科技产业、促进国民经济发展的重要作用，阐述了载人航天、登月飞行的伟大历史作用和现实意义，对建造国际空间站、和平开发空间，给予了热情的支持。

孙敬良在报告结尾时指出：人类将不断开拓天疆，宇宙不再遥远。中华民族有望在新世纪的创新实践中实现航天技术的历史性跨越。

孙敬良的报告在与会人员、特别是青少年中引起了强烈的反响。在庆祝活动现场，一群群戴着红领巾的孩子们围着孙敬良，都盼望着能够得到这位大科

2000年10月，孙敬良在联合国首届世界空间周上海千人航天科普报告会会场给参会少先队员签名

学家爷爷的亲笔签名，孙敬良来者不拒，面带微笑地为孩子们一一签名留念，并热情地鼓励他们“要好好学习，将来也来发射火箭、卫星和飞船”。

邓小平同志说过，要从娃娃抓起。长江后浪推前浪，世上新人换旧人，今天围着院士要求签名的“小航天迷”们，就是明天的总设计师，就是后天的院士。他们是我们的未来，中国航天事业明天的希望就寄托在他们身上，只有把他们培养起来，我们这一代人才能够放心地休息。“我孙敬良手里的这支签字笔，归根结底一定会是他们的。”

出生于农历庚午年的孙敬良已经80多岁了。造化小儿当年的播弄使他走上了新中国的航天之路，半个多世纪的光阴和岁月见证了他的无怨无悔。他现在依然每天战斗在航天事业的第一线，仍然担任着航天工程的总设计师，耄耋之年的他，带领着一代又一代的航天老人和新人，在那条他已经奋斗了整整一生的天路上继续奋勇前行。

一日声名遍天下，满城桃李属春官[①]。在孙敬良这匹识途老马的引领下，一代又一代航天人秣马厉兵、快马加鞭，必将会使中国航天持续呈现万马奔腾、马到成功的壮观景象。

---

①《宣上人远寄和礼部王侍郎放榜后》，唐·刘禹锡。

2009年7月，年近80岁的孙敬良在上海运载火箭总装厂房检查工作

2014年12月，长征四号火箭后续型号在太原卫星发射中心执行中国长征系列运载火箭第200次发射任务

使命与梦想属于继往开来的航天新一辈

孙敬良大事年表

1930 年

9 月 6 日，出生于山东省掖县（现为山东省莱州市）。

1936 年　6 岁

1 月，就读于山东省掖县朱由村小学。

1941 年　11 岁

2 月，插班就读于黑龙江省哈尔滨市新城小学。

1942 年　12 岁

2 月，考入黑龙江省哈尔滨市公园优级小学。

1944 年　14 岁

1 月，考入黑龙江省哈尔滨市第二高等学校。

1947 年　17 岁

8 月，考入哈尔滨工业大学预科班。

1948 年　18 岁

加入新民主主义青年团（后更名为中国共产主义青年团）。

1949 年　19 岁

8 月，就读于哈尔滨工业大学采矿学系。

1950 年　20 岁

3 月，参加中国人民解放军，在空军锦州第三航空学校担任俄语翻译，后担任俄语翻译组组长。

1951 年　21 岁

8 月，被选派到苏联茹科夫斯基空军工程学院留学，学习飞机与航空发动机专业。

1956年　26岁

2月，被授予中国人民解放军空军中尉军衔。

1957年　27岁

4月，加入中国共产党。

1958年　28岁

4月，从苏联茹科夫斯基空军工程学院毕业回国，被分配到国防部第五研究院一分院三部，从事导弹发动机研制工作。

1961年　31岁

3月，被任命为国防部第五研究院一分院三部七室副主任。

1965年　35岁

4月，调至国防部第五研究院二分院21所，任副所长；后改称第七机械工业部二院21所（新新机器厂），任副所长、副厂长。

1978年　48岁

5月，调至上海市第二机电工业局，任副总工程师，全面负责上海市第二机电工业局重大航天发射型号的技术工作，任风暴一号运载火箭技术负责人。

1981年　51岁

9月20日，风暴一号运载火箭在酒泉导弹试验基地“一箭三星”发射成功。

1983年　53岁

6月，被任命为长征四号运载火箭总设计师。

6月，被任命为长征三号运载火箭副总设计师。

8月，被任命为上海航天局科学技术委员会副主任。

1984年　54岁

10月，被授予国家级有突出贡献的中青年专家，荣立航天工业部一等功。

1987 年　57 岁

3 月，荣获“1986 年度上海市优秀科技工作者”称号。

当选国际宇航科学院通讯院士。

1988 年　58 岁

9 月 7 日，长征四号 A 型运载火箭在太原卫星发射中心成功发射中国第一颗试验性极地轨道气象卫星“风云一号”。

1989 年　59 岁

6 月，被任命为上海航天局科学技术委员会主任。

荣获“全国先进工作者”称号。

1990 年　60 岁

9 月 3 日，长征四号 A 型运载火箭在太原卫星发射中心成功发射第二颗风云一号极地轨道气象卫星。

1991 年　61 岁

荣获国务院政府特殊津贴。

1992 年　62 岁

4 月，任长征二号丁运载火箭总设计师。

8 月 9 日，长征二号丁运载火箭在酒泉卫星发射中心成功发射第一颗新一代返回式卫星。

当选国际宇航科学院院士。

1993 年　63 岁

4 月，荣获中国航天工业总公司航天奖。

5 月，任上海航天局技术顾问。

9 月，荣获“国防科技工业质量工作突出贡献个人”称号。

1994年 64岁

7月3日，长征二号丁运载火箭在酒泉卫星发射中心成功发射第二颗新一代返回式卫星。

1995年 65岁

当选中国工程院院士。

1996年 66岁

10月20日，长征二号丁运载火箭在酒泉卫星发射中心成功发射第三颗新一代返回式卫星。

荣获“上海市第三届军队转业干部先进个人”称号。

1997年 67岁

荣获“全国优秀科技工作者”荣誉称号。

1998年 68岁

荣获何梁何利基金科学与技术进步奖。

1999年 69岁

11月，被任命为遥感卫星一号工程总设计师。

2001年 71岁

8月，被任命为风云三号气象卫星工程总设计师。

2002年 72岁

8月，任中国航天科技集团公司科学技术委员会顾问。

2006年 76岁

4月27日，遥感卫星一号在太原卫星发射中心发射成功。

2008年 78岁

5月27日，中国首颗新一代极地轨道气象卫星“风云三号”在太原卫星发射中心发射成功。

2010年　80岁

11月5日，中国首颗极地轨道气象卫星下午星——第二颗风云三号气象卫星在太原卫星发射中心发射成功。

2013年　83岁

9月23日，第三颗风云三号气象卫星在太原卫星发射中心发射成功，与正在轨运行的两颗风云三号气象卫星组网运行。

2016年　86岁

继续担任中国航天科技集团公司科学技术委员会顾问和风云三号卫星工程总设计师，协调指导工程后续研制工作。

第四颗风云三号气象卫星待命出厂。

后 记

敲击完键盘上的最后一个按键，我擦了擦依然湿润的眼角，不知道已经有多少次了，我被自己写下的文字感动得泪流不止。与其说我是在为孙敬良院士编写传记，倒不如说是在重温中国航天的发展历程、学习老一辈的航天精神更加贴切。

2015年3月，组织上安排我为孙院士编写传记。接到任务，我喜忧参半。喜的是：走近院士，近距离向功勋卓著的老前辈请教学习，实在是机遇难得，而且从我个人的工作经历上讲，应该有信心承担这个光荣而艰巨的任务。我于上个世纪90年代初加入航天队伍，参加过第二代返回式卫星的研制，亲身经历了孙院士扭转乾坤的三次“龙抬头”，后来又先后从事孙院士亲手缔造的两个型号运载火箭后续的研制工作以及卫星研制的管理工作，算是有一定的生活体验，写起来应该可以事半功倍；忧的是：我是数学系的本科和通信专业的硕士，写作方面没有受过系统训练，文字功底属业余爱好者水平，才疏学浅，怕难堪此重任，不能将孙院士一生众多精彩纷呈的篇章完美地记述出来，流传后世。

无论如何，既然干了，就要干好。一年来，我遇到了爱人住院、工作冲突等多种困难，但一直殚精竭虑，全力以赴。幸不辱命，在众多关心这项工作的领导和同事们的帮助下，终于完成了《孙敬良院士传记》的编写工作。

编写工作完成后，我不但没有松口气的感觉，反而越加担心。由于水平有限，总担心没有将孙院士人生最精彩的部分记述完整，没有将孙院士的形象刻画丰满，担心挂一漏万，留下遗憾。但力有不逮，无法再深入挖掘、进一步塑造，只能就此止笔。

作为《孙敬良院士传记》的作者，首先，我最要感谢的是传主孙敬良院士。

孙院士以85岁的高龄，言传口述，亲自向我讲述了他自己波澜壮阔的一生，给我提供了翔实准确的第一手素材，为我的编写工作奠定了扎实的基础。传记初稿写出来后，孙院士又亲自把关审稿，确保传记尊重历史，经得起历史的检验。在传记的整个编写过程中，孙院士“严慎细实”的态度和花费的心血，丝毫不亚于他担纲领衔的任何一个航天大工程。在传记的编写过程中，同孙院士本人的不断接触使我获益匪浅，在孙院士身上学到的东西将使我终生受益。

感谢长征四号运载火箭第三任总指挥翁伟樑研究员。翁总亲自主抓《孙敬良院士传记》的编写工作，同时从亲历者的角度，向我提供了长征四号A型运载火箭和长征二号丁运载火箭两个型号研制及发射过程中大量翔实的资料。在传记初稿完成后，翁总又认真审查，提出了很多非常有价值的修改意见和建议。作为长期跟随孙院士南征北战几十年的前辈，翁总为传记的辛勤付出，体现了他个人对孙院士的真挚感情，也保证了《孙敬良院士传记》编写工作的顺利推进。

感谢当年跟随孙院士一起战斗的徐信华、韩振宇、郑秀琴等各位老专家。各位老专家都已经到了古稀之年，为了《孙敬良院士传记》的编写工作，他们拿出了自己珍藏多年的书籍，讲述了当年许多鲜为人知的故事，提供了大量的第一手资料，甚至不顾年事已高，亲自动笔编写回忆的文字材料，为《孙敬良院士传记》的编写工作尽心尽力。他们对孙院士那种发自内心的感情令我感动，孙院士的个人魅力由此可见一斑。

感谢上海航天电子技术研究所尤祖光所长、王乃雯书记和顾芬芳副书记。三位领导全力支持《孙敬良院士传记》的编写工作，合理调配安排我的本职工作，最大限度地保证了我的写作时间。感谢一直以来和我一起并肩战斗的三位战友：王颖、梁慧芝、邱炳祥。我的战友们主动承担了业务战线的所有工作，加班加点义无反顾，确保了我能将全部精力投入到《孙敬良院士传记》的编写工作中。感谢上海航天局办公室科技委工作处蒋锋副处长承担了《孙敬良院士传记》全